온돌의 근대사

온돌의 근대사

온 돌 을 / 둘 러 싼 / 조 선 인 의 / 삶 과 / 역 사

권석영 지음

일조각

책을 내면서

온돌 연구를 시작한 지도 어언 5년의 세월이 흘렀다. 홋카이도대학교에서 유학을 하고 연구생활을 해온 20년 동안 주로 일본의 지식인과 전쟁 또는 지식인과 제국주의에 관한 연구를 해왔다. 그런 내가 어떻게 해서 온돌을 연구하게 되었을까? 돌이켜보면 확실한 계기라고 할 만한 것은 없지만 결코 우연이 아니었던 것만은 분명하다.

근대 일본인들의 글을 읽고 있자면 일부러 찾지 않아도 온돌에 관한 이야기를 자주 접하게 된다. 그 이야기들은 추운 홋카이도에서 온돌을 그리워하며 살아가는 나를 자극하기에 충분했다. 일본인들이 온돌을 찬미하고 그들의 생활 속에 보급하려고 했다는 글을 읽으면 그 문화적 가치에 한국인으로서 긍지를 느꼈고, 반대로 온돌 때문에 조선의 산이 헐벗었다거나 조선인이 나태해졌다는 등의 부정적인 글을 읽으면 조금은 분개하기도 하면서 자료를 모아 확인하고 그들의 지적에 대한 이성적 비판을 되풀이했다. 대부분의 연구자가 그렇겠지만, 그 '이성적 비판'은 내가 근대 일본의 논리나 주장을 분석할 때 습관처럼 취하는 방법이었다. 사료를 총동원해가며 그것이 어디까지 내 이성적 비판에 버틸 수 있는 주장인지 한판 힘겨루기를 하는 습관적인 행위는 온돌 연구에도 유효했다. 그러니까 처음부터 '온돌의 근대사' 연구를 하고자 했다기보다 위와 같은 과정에서 얻은 수많은 발견들이 저절로 그러한 연구를 지향하게 만들었다고 하는 것이 옳을 것이다.

지금까지 온돌 연구는 수없이 많았지만 대개가 온돌의 기원과 그 문화적 가치에 대한 것이어서 '온돌의 근대사'라고 할 만한 것은 전무하다고 해도 과언이 아니다. 그렇다 보니 연구해야 할 범위는 한없이 넓기만 한데 혼자서 부족한 지식으로 고군분투해야 하는 어려움이 있었다. 하지만 이 연구를 하는 동안 나는 늘 신선한 느낌이었고 환희로 가득 차 있었다. 이 글은 그 과정에서 얻은 소중한 결과물로, 모두 처음으로 발표하는 것들이다.

'온돌의 근대사'라는 말에서 독자들은 과연 무엇을 상상할까? 큰 자랑거리는 못 되겠지만 나는 이 글에서 독자들의 상상을 초월한 문제들을 다루었다고 자부한다. 어쩌면 '온돌의 근대사'라는 이름을 내걸고 얼마나 넓고 깊이 있는 이야기를 할 수 있는지를 시험하고 또 역설하고 싶었는지도 모른다. 그중에는 일상적이고 사소한 문제들도 있는데, 그런 것들조차도 온돌을 생각하는 데 있어서 얼마나 중요한 의미를 갖는지를 전달하고 싶었다. '온돌의 근대사'인 만큼 근대에서의 온돌의 변화나 역동성을 빼놓을 수는 없다. 그러나 한편으로는 온돌이 인간의 생활문화인 이상 이 글이 단순한 온돌의 역사가 아닌 인간의 역사여야 하는 것은 말할 것도 없다.

이 글이 있기까지는 내가 가진 몇 가지 재산이 중요한 역할을 했다. 무엇보다도 지금까지 학계에 축적되어온 온돌의 기원과 가치에 관한 연구 그리고 조선의 산림에 관한 연구가 없었다면 나 같은 문외한이 이 연구에 달려들어 새로운 영역을 개척한다는 것은 엄두도 낼 수 없었을 것이다. 이는 글 속에서 기존 연구의 부족함을 탓한 것과는 다른 또 하나의 마음이다.

둘째는 역사학계의 식민지기 조선에 관한 연구가 탈민족주의 경향을 확실하게 띠기 시작했다는 점이다. 지금까지 온돌 연구는 온돌이라는 '자랑스러운 전통문화'에 대한 '민족'의 틀에서 이루어지는 '민족'의 이야기였다. 그러한 연구는 꼭 거쳐야만 하는 과정이기는 하지만, 민족주의적인 입장은 가치 인식을 벗어난 연구를 알게 모르게 거부하기 때문에 온돌을 둘러싼 조선인의 삶과 그 역사를 온전히 그려내는 데 있어서는 저해요인이 된다. 전통문화에 대해 가치 인식을 배제하고 역사를 기술하고자 할 때 '민족'은 일종의 '구속'으로 작용할 수밖에 없다는 말인데, 내가 그 '구속'으로부터 자유로울 수 있었던 것은 최근의 역사학계의 탈민족주의적인 경향에 힘입은 바가 크다. 그러나 여기서 말하는 탈민족주의의 입장은 결코 제국주의 비판을 포기하는 것을 의미하지는 않는다. 물론 이 입장에서는 단순 명쾌한 제국주의 비판이 어려워질 수 있으나 일본의 조선 통치에 대한 냉철한 분석이 가능해질 뿐만 아니라, 경우에 따라서는 민족주의적인 입장에서 하는 제국주의 비판보다도 더 합리적이고 명확한 비판이 가능해질 수도 있다.

셋째는 어릴 적 경험한 온돌생활이다. 이 연구를 하면서 나는 상상력이 필요할 때마다 그 경험의 작은 서랍들을 하나씩 골라서 열었다. 예컨대, 우리 집에는 작은 산이 하나 있었다. 땔감을 준비해주는 사람이 따로 있어서 특별히 산에서 나무를 하거나 솔잎을 모을 일은 없었다. 누군가가 우리 산에서 나무를 잘랐다고 하는 말을 종종 들은 기억이 있다. 어디에나 있었을 법한 하찮은 기억이지만 이것은 온돌을 연구함에 있어서 아주 소중한 재산이 되었다. 근대에서 온돌의 땔감문제는 대단히 심각했는데 그 문제의 기본적인 구조 중 하나는 산을 소유한 자와 소유하지 못한 자 사이의 갈등이었다. 1930년경에는 조선 농가의 56퍼센트가 산을 소유하고 있지 않았다. 그런데 겨울의 혹한 때문에 모든 가옥의 모든 방에 온돌이 설비된 조선에서는 그들도 어떻게 해서든 적잖은 양의 땔감을 구해야만 했다. 산을 소유한 사람은 자신의 산에서 타인이 땔감을 채취했다고 하더라도 그들 역시 땔감 없이는 살아갈 수 없다는 것을 알았기 때문에 어느 정도까지는 눈감아줄 수밖에 없었다. 거슬러 올라가면 조선시대 '무주공산'의 관습으로까지 이어지는 이러한 문제를 다룰 때 내 상상력의 바탕이 된 것이 어릴 적의 기억이었다.

온돌은 대개 취사겸용이기 때문에 밥을 지으면 저절로 방이 따뜻해지는데 식민지기에는 이와 관련해서도 흥미있는 일이 일어났다. 여름철에는 난방을 할 필요가 없는데도 취사겸용인 탓에 필요 이상으로 땔감을 소비하게 된다는 말이 나왔다. 여름철 시골집 앞마당 또는 뒤곁에는 취사용 솥이 하나 걸려 있었다. 방이 더워지는 것을 피하기 위한 것이었다. 어쩔 수 없이 방에 불을 넣는다고 해도 그다지 심하게 더운 것은 아니었으며 더우면 마루에서 잠을 자는 일도 흔했다. 경험을 통해서 이러한 사정을 이해하고 있었기에 외국인들이 조선인은 여름이면 길이나 들에서 잠을 잔다고 기록한 것을 읽을 때 나는 그들이 조선을 미개사회로 보고 있다고 분개할 필요가 없었을 뿐만 아니라, 달콤한 어릴 적 추억에 잠기기까지 했다.

위와 같은 세 가지의 소중한 재산이 없었다면 이 글은 존재할 수 없었을 것이다.

우리 선조들은 찬밥을 꺼리고 주로 온식을 했는데 그래서인지 추운 계절에는 집에서 사육하는 농우農牛에게도 온식을 먹였다. 일본인들이 문제삼기 시작하면서 통제를 받게 된 이 습관에 대해서는 아직도 충분히 설명하기 어렵다. 답을 찾지 못해 아버지께 여쭈어보았다. 정답이라고 장담할 수는 없지만 종합적이고 인간미 넘치는 따뜻한 대답을 주셨다. 이 책 속의 쇠죽 쑤기에 대한 견해는 그 대답을 내 나름대로 정리한 것이다. 따뜻한 온돌에 걸맞은 풀이를 들려주신 아버지께 감사드린다.

부엌에서 식사 준비를 하시는 어머니 옆에서 불을 때며 여자아이처럼 수다를 떠는 일이 종종 있었다. 밥솥에 불 때는 것을 어디에서 멈춰야 하는지 모르는 나에게 어머니가 가르쳐주신 것은 가마솥의 '눈물'이었다.

솥 안의 물이 끓어서 솥과 뚜껑 사이로 '눈물'이 주르륵 흐르고 나면 남아 있는 불로 충분하다는 뜻이었다. 온돌 연구를 하면서 어머니와 작은 꼬마가 있는 이 부엌의 풍경을 빛바랜 사진이라도 꺼내 보듯이 몇번이고 떠올렸다. 그래서 타국에서 하는 온돌 연구지만 늘 현장감이 있었고 그 자리를 늘 어머니께서 함께하셨다. 돌아가신 어머니께 감사드리며 이 책을 바친다.

이 글을 쓰면서 여러분들의 도움을 받았다. 조선인 강제노동에 관한 연구를 하고 계신 시라토 히토야스白戶仁康 씨는 홋카이도의 조선인 노동자가 온돌을 사용한 것을 증명하는 데 필요한 귀중한 자료를 제공해주셨다. 재일본민단 홋카이도 지부 사무국장 이규량 씨는 홋카이도에 거주하는 교포들이 과거에 온돌을 사용했는지 여부에 대해 사방으로 알아봐주셨다. 도쿄에 있는 재일한인역사관의 라기태 연구원은 식민지기 재일교포들의 온돌 사용에 대해 들은 증언을 이야기해주셔서 큰 도움이 되었다. 온돌 연구가 무르익어갈 무렵 홋카이도대학교에서 1년간 연구생활을 하시게 된 서울대학교 한경구 선생님은 함께 식사를 할 때면 내가 마구 쏟아내는 온돌 이야기를 진지하게 들어주셨다. 돌이켜보면 그것이 일조각에서 이 책을 출판하게 된 인연이 되었던 것 같다. 일조각의 여러분들께도 신세를 많이 졌다. 이 모든 분들께 진심으로 감사드린다.

연구에 몰두하다 보니 가족들과 함께할 시간을 많이 갖지 못했다. 그래도 볼멘소리 한번 없이 항상 격려와 응원을 아끼지 않은 아내와 두 아들에게 고마움을 전하고 싶다.

2010년 11월

홋카이도 삿포로에서 권석영

차례

일러두기

1. '온돌溫突' 외에 '구들'이라는 명칭도 있으나 근대의 문헌에서는 '온돌'이 일반적으로 사용되고 있다. 여기서는 번잡을 피하기 위해 '온돌'로 통일하고, 인용문은 원문에 따라 표기했다.
2. 연료를 가리키는 말에는 '땔감'과 '연료' 두 가지가 있다. 이 글에서는 재래식 온돌과 관련해서는 '땔감'을, 개조온돌에 주로 쓰이던 석탄과 연탄에 대해서는 '연료'로 통칭했다. 일본 측 자료에서 일반적으로 사용되던 '燃料'를 인용할 때는 석탄, 연탄 등의 대체연료를 포함할 때에만 '연료'로 했다.
3. '산림'은 산과 산속의 숲을 말하고, '삼림'은 수목집단(임목)과 수목이 있는 토지(임지)를 말한다. 그런데 실제로 이 둘을 구분해서 사용하기가 어려울 뿐 아니라 과거의 산림 관련 자료에 사용된 용례를 보아도 명확히 구분지어 사용한 것으로 보기는 어렵다. 예를 들면, '산림보호'와 '삼림보호', '산림황폐'와 '삼림황폐'는 같은 의미로 쓰여왔다. 이와 같은 점을 고려하여 이 책에서는 산림으로 통일하되 인용 시에는 원문을 그대로 따랐다.

들어가기에 앞서

온돌관의 모순

한국인에게 '온돌(구들)'이란 무엇일까?

우선은 민속학에서 그 답을 찾는 것이 좋을 듯하다. 1928년 손진태는 「온돌예찬」[1]이라는 글에서 온돌을 조선문화의 "태반胎盤"이자 조선의 민족성을 길러낸 "자모慈母"라고 규정했다. 온돌이야말로 조선문화와 조선의 민족성을 형성한 근원이라고 본 것이다. 이것은 온돌에 전혀 새로운 의미를 부여한 온돌의 '재발견'이었다. 이러한 그의 온돌관은 현대 민속학으로 그대로 이어졌다. 주강현이 온돌을 가리켜 "우리 문화의 영원한 탯자리"라고 표현한 것은 그 대표적인 예이다.[2] 민속학뿐만이 아니다. 조선일보 칼럼니스트로서 역사와 문화론에 커다란 족적을 남긴 이규태도 "온돌은 우리 삶과 넋의 바탕"이라고 했다.[3] 이에 대해 최근 들어 생활문화의 하나로서 온돌이 갖는 문화적 가치에 대해 많은 현대인들이 찬사를 보내고 있다는 것은 새삼 논할 필요도 없다.[4]

이러한 것들은 온돌이라는 전통문화에 대한 특별한 의미 부여 또는 설명이라고 할 수 있다. 그렇다면 일상적으로 온돌을 사용하는 생활자들에게 온돌은 어떤 것이었을까?

한국사회에서는 너무나 당연하여 아무도 의식하지 않고 살아가지만, 무엇보다도 모든 지역의 모든 방이 온돌로 되어 있다는 것은 세계의 난방문화와 비교해볼 때 실로 놀라운 일이다. 그런데 이처럼 완전 온돌화가 이루어진 것은 17세기 이후로 그 역사는 의외로 짧다. 보급 상황이 지방마다 다르고 시대에 따라 달랐다고는 해도 그 이전에는 온돌방이 없는 집이 대부분이었고, 있더라도 큰 집에 노약자를 위해 한두 개 설치하는 것이 고작이었다. 옛날 사람들에게 한반도의 혹한을 견뎌내는 것이 더없이 중요한 과제였다고 한다면, 그 자연조건을 극복하고 쾌적한 생활을 할 수 있게 되었다는 의미에서 온돌의 본격적인 보급은 분명히 획기적인 문화 발전이었다.

그렇게 온돌문화가 본격적으로 정착되면서 조선시대 사람들은 온돌 생활에 완전히 매료되었다. "등 따뜻하고 배부르면 된다"는 행복관이라든가 허리를 "지진다"는 식의 언어표현 등에는 아주 특이한 우리 조상들만의 '열감각'이 잘 나타나 있다. 19세기 말에 한 서양인은 이 같은 조선인의 독특한 온돌생활에 혀를 내둘렀다.

> 조선 사람들은 방바닥에서 자기 때문에 바닥이 너무 뜨거워서 거의 데다시피 하는 일이 종종 일어난다. 그러나 태평스런 조선 사람들은 이것을 마다하기는커녕 오히려 즐기는 것 같았는데, 한쪽이 잘 데워지면 다른 쪽으로 돌려서 몸을 고르게 데운다. 이러한 조선 사람들에게 감탄하면서도 내 자신이 그들처럼 하기는 매우 어려웠다.[5]

조선인의 열감각이나 따뜻함에 대한 열망은 외국인의 상상을 초월했다. "조선인에게 온돌은 말로 형언할 수 없는 것"[6]이라고 한 어느 일본인의 말도 같은 뜻으로 이해할 수 있다. 그러고 보면 개화기를 지나면서 해외로 나간 많은 사람들이 가장 그리워한 것 중의 하나가 온돌이었다는 사실도[7] 납득할 만하다.

현대를 살아가는 한국인은 어떠한가? 아파트 생활이라든가 침대 생활이 일반화되면서 이전과 같은 열감각은 많이 없어졌다고 할 수도 있겠으나 지금도 모든 거주공간에 온돌설비(바닥난방)를 갖추는 것을 보면 여전히 생활 속에서 온돌이 차지하는 의미가 결코 작지 않음을 알 수 있다. 또 불을 직접적으로 이용하고 정감이 넘치던 재래식 온돌을 좀처럼 찾아볼 수 없게 된 지금, 사람들은 그것에 향수를 느끼기도 한다.

이렇게 볼 때 온돌은 예나 지금이나 한국사회에서 대단히 중요한 전통문화이며 삶의 한가운데에 자리 잡은 생활문화의 핵심임이 분명하다. 그러나 이것이 온돌의 전부는 아니다. 우리에게는 이와는 모순된 또 다른 온돌의 이미지가 존재한다.

'화식火食'이라는 말이 있었다. 지금은 사어가 되어버렸지만 1930년대까지만 해도 흔히 쓰이던 말이다. 여기에는 난방 없이 겨울을 날 수 없는 기후조건 때문에 땔감이 식량 못지않게 중요하다는 뜻이 담겨 있다.[8] 땔감을 식량과 동등하게 보는 습관과 관련해 '시량柴糧(땔감과 식량)'이라는 단어도 있었는데, 생활에 걱정이 없다는 뜻으로 "시량에 걱정 없다"라는 말이 쓰일 정도였다.[9] 이 같은 땔감의 중요성이라는 점에서 보면 조선사회에 존재했던 '무주공산無主公山'†이 갖는 의미는 대단히 컸다고 할 수 있다. 그러나 무주공산이라는 공유지에서 이루어지는 자유로운, 혹은 무분별한 땔감 채취는 '공유지의 비극'을 초래할 수도 있었다. 실제로 조선의 산림은 극도로 황폐해 있었는데 당연히 그것은 땔감 소비와도 무관하지 않았다.

어려서 들은 수수께끼가 하나 있다.

"이 산 저 산 다 잡아먹고 입 딱 벌리고 있는 게 뭐게?"

답은 온돌의 아궁이란다. 1930년에 출판된 최현배의 글에도 "이 산, 저 산, 다 집아믹고도 어훔하다(어훙한다—지은이 주)는 구들방의 아궁지"[10]라는 표현이 있고, 1909년의 글에도 우리나라 속담에 "이 산 저 산이 모두 한 아궁이에 희생된다는 말이 있다"라는 기록이 있다.[11] 우리는 재래

† 무주공산
무주공산이란 부근 주민이 임의로 땔감 등을 채취하던 임야를 말한다.[12] 한 산림사 연구에서는 이를 "자유접근 체제의 자원용익" 관행이라고 했다. 이 연구에서는 조선에서는 사점私占된 사양산私養山에서도 무주공산의 관행이 통용되었다고 논하면서 이를 가리켜 "사양산 위의 무주공산" 관행이라고 이름지었다.[13]

식 온돌에 대해 향수를 느끼기도 하고 그 자랑스러운 전통문화에 찬사를 보내기도 하며, 또 조선문화의 뿌리로 여기기도 하지만, 한편으로는 온돌을 마치 주변의 산을 남김 없이 갉아먹은 괴물처럼 여겨온 것도 사실이다.

이것은 중대한 모순이 아닐까? 필자는 이 모순 속에 온돌의 근대사가 상당 부분 응축되어 있다고 본다. 산림황폐와 문화적 가치 · 긍지 사이에서 온돌은 파란만장한 역사를 걸어왔다. 그것은 다름 아닌 조선인의 온돌생활에 관한 역사이며 또한 그 심부에까지 깊숙이 관여하고 또 온돌을 필요로 하기도 했던 일본의 역사이기도 하다. 그런데 지금까지 온돌을 둘러싼 이러한 역사에 대한 관심은 거의 존재하지 않았다. 여기서는 본격적으로 문제를 논하기 전에 우선 기존의 온돌연구에서 밝혀온 온돌의 기원과 보급의 역사에 대해 간단히 언급해두겠다.

온돌의 역사

온돌의 역사에 관해서는 민속학과 건축학 분야에서 많은 연구가 이루어졌는데, 손진태의 「온돌문화전파고」[14]를 시작으로 온돌의 기원에서 보급까지의 긴 역사를 밝혀왔다. 방대한 양의 연구가 있으나, 여기서는 온돌의 역사에 관한 종합적이고 면밀한 연구라고 볼 수 있는 김남응의 『문헌과 유적으로 본 구들 이야기 온돌 이야기』를 중심으로 소개하겠다.

문헌과 유적을 종합적으로 검토한 김남응은 이렇게 말한다.

> 구들은 한반도 북부나 우리 민족의 활동무대였던 만주 일대에서 기원전 3세기 또는 그 이전에 시작되었다. 그리고 구들은 고구려와 함께 주변 이웃나

라로 전파되고 한반도 전역으로 보급된 것으로 보인다. 비록 구들의 초기 형태이긴 하지만 기원후 1~3세기에 속하는 것들이 남한의 여러 곳에서도 속속 발굴되고 있고, 특히 남해안 지역에서도 발굴되고 있는 것으로 볼 때 구들은 늦어도 기원후 3세기경까지는 이미 한반도 남쪽 끝에까지 전파되어 있었다.[15]

온돌은 움막집에서 한 개의 노爐를 설치해서 사용하는 데서부터 시작되었는데 그 발전단계는 다음과 같이 설명할 수 있다.

> 집 한가운데의 노지爐址(화덕자리—지은이 주)에서 부뚜막형으로, 그리고 부뚜막을 더 연장하여 직선형 구들(고래)로, 그리고 'ㄱ'자형 구들로, 그다음에는 여러 줄의 구들로, 그리고는 드디어 실室 또는 방 전체를 구들로 하는 형태로 발전하여왔고, 또 방 한 칸을 구들로 난방하기 시작한 때부터는 방 단위로 난방 면적을 늘리는 형태로 발전하여왔다.[16]

온돌이 이렇게 오랜 세월 동안 면면히 이어져 내려올 수 있었던 것은 온돌의 특징과 깊은 관계가 있다. 여기서 그 주된 특징을 짚어보고 넘어가자. 온돌과 마찬가지로 복사열을 이용하는 바닥난방으로 그리스 로마 시대의 공중욕장에 난방시설로 사용되던 하이퍼코스트Hypocaust라는 것이 있다. 김남응은 온돌이 계승되어온 요인을 밝히기 위해 하이퍼코스트와 비교하여 그 차이점을 논했는데, 그것은 다시 말하면 온돌의 특징에 관한 고찰이기도 했다. 그는 온돌에는 복사열을 이용한 바닥난방이라는 점 외에도 몇 가지 두드러진 특징이 있다고 했다.[17]

첫째, 온돌은 처음부터 주거용으로 출발하였고 취사를 하기 위해 불을 때면 난방도 되는 일석이조의 원리였다. 둘째, 온돌은 일반 서민들이 흙과 돌이라는 자연 재료로 축조하는 서민의 난방법으로 출발했다. 셋째, 기본

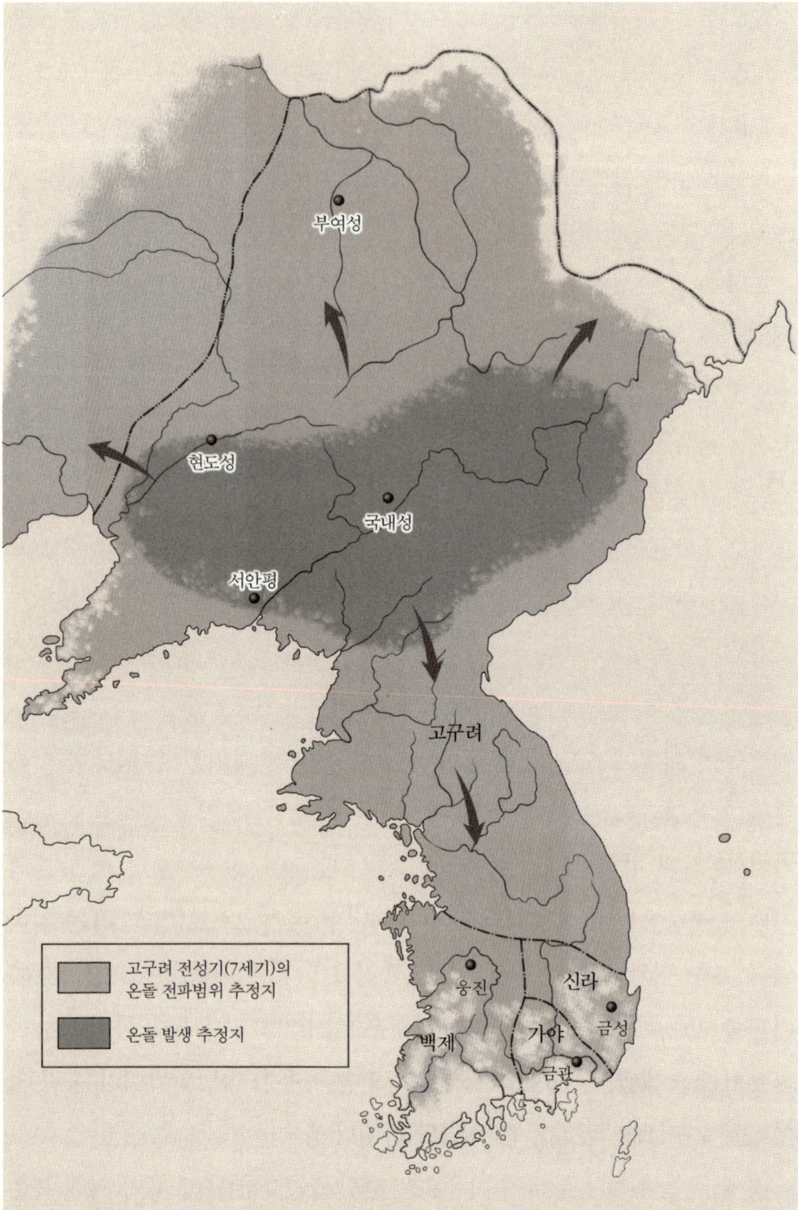

그림 0-1 온돌 발상지와 고구려 전성기까지의 온돌 전파범위 추정도

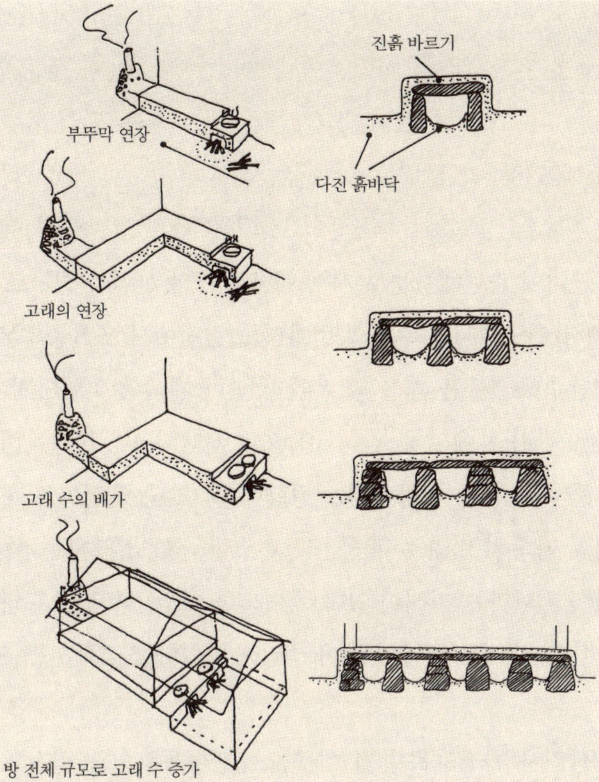

그림 0-2 구들(온돌) 발전단계도

적으로는 설비하는 데 특별한 기술이 필요하지 않고 재료도 주변의 흙이나 자연석을 이용했기 때문에 서민들이 직접 또는 이웃 간에 서로 도와서 만들었다. 즉 "저렴한 비용으로 누구나 감당할 수 있는 난방법"[18]이었다.

간단히 말하자면, '일상생활에 밀착해 있고 서민적'이라는 점이 온돌이 지닌 중요한 특징 중 하나였다. 그리고 바로 이런 점 때문에 하이퍼코스트가 문화로서 단절되어 잊힌 데 반해 온돌은 오랫동안 이어져올 수 있었던 것이다.

이상 온돌의 기원과 보급의 역사 그리고 특징에 대해서 간단히 개설

했다.

공백으로 남은 온돌의 근대사

온돌의 근대에 관련해서는 크게 주택사 연구와 산림사 연구로 나눌 수 있다. 주택사 연구에서는 주택의 변화라는 관점에서 조선총독부가 1941년부터 영단주택營團住宅을 지을 때 온돌방을 한 개씩 설치했다거나[19] 총독부 관사·철도관사 등에 온돌이 적극적으로 채택되고 일본인들의 일반 가옥에도 한두 개씩 온돌이 설치되는 경향이 있었다는[20] 점이 지적되었다. 한편 조선인 가옥의 변화로서는 온돌방이 한두 개밖에 없는 이른바 '문화주택'이 생겨났다는 지적이 있다.[21] 이러한 연구는 이민족과의 접촉 속에서 온돌이 맞은 새로운 국면을 어느 정도 밝혔다는 점에서 중요한 의미가 있다.

한편 산림사 연구의 주류를 이루는 조선총독부의 산림정책에 관한 연구는 총독부가 산림을 탈취하고 산림 이용을 극도로 제한했다는 문제를 논하고 있다는 점에서[22] 온돌과 땔감문제에 관련되는 연구로서 의미가 있다. 또 구체적으로 총독부의 산림정책이 조선인의 생활권을 박탈했고 그로 인해 산림범죄가 양산되었다고 하는 지적도 있다.[23] 온돌의 근대사가 태반은 땔감문제와 관련된다는 의미에서 이러한 연구성과는 중요하다. 그런데 이와 관련한 문제가 그렇게 단순하지만은 않다. 무엇보다도 조선총독부가 식량만큼이나 중요한 땔감문제를 전혀 배려하지 않고 조선을 통치할 수 있었을지가 의문이다. 따라서 땔감문제와 관련해 어떤 정책이 어떻게 시행되었는지를 구체적으로 살펴보는 것이 중요하다.

그러나 주택사나 산림사는 어디까지나 주택사이고 산림사일 뿐 결코 온돌의 근대사가 될 수 없다. 또 온돌에 관한 독립된 연구는 모두 그 기원과 근대 이전의 역사만을 기술하고 있을 뿐이어서 엄밀하게 말하자면 온돌의 근대사 연구는 거의 공백상태라고 해도 과언이 아니다.[24] 그 공백을 나타내는 상징적인 사실은 온돌의 역사를 기술한 대부분의 연구가 근대를 뛰어넘어 해방 후를 다루고 있다는 것이다.

지금까지 온돌의 역사에 대한 연구는 대부분이 '민족'이라는 틀에서 생산되는 민족의 이야기였다. 이것은 온돌의 근대를 생각함에 있어서 중대한 걸림돌이 되지 않을까? 19세기 말에서 식민지기에 걸쳐 온돌은 이방인들과의 관계 속에서 큰 변화를 겪게 된다. 특히 일본은 조선인의 온돌생활에 깊이 관여했고 자국민의 식민植民을 위해 또는 북진을 위해 온돌을 필요로 하기도 했다. 온돌을 둘러싼 문제 중 어느 하나도 일본, 일본인을 빼놓고 논할 수 있는 것은 없다고 해도 과언이 아니다. 이것은 곧 온돌의 근대사가 '민족'의 틀이 아니라 '제국 일본'이라는 틀 속에서 기술되어야 함을 말한다.

온돌을 둘러싼 '제국주의 경험'

근대에 들어서 온돌이라는 전통문화가 겪은 하나의 거대한 사건은 근대법, 합리성, 기술 등과 같은 근대성과의 만남(또는 충돌)이었다. 그런 의미에서 최근에 흔히 접하는 '식민지 근대'론에 대한 검토가 우선 필요할 것 같다. '식민지 근대'론은 논자나 시기에 따라 차이가 있어 통틀어서 말하기는 어려우나 대략적으로는 다음과 같이 정리해볼 수 있다.

김진균·정근식의 『근대 주체와 식민지 규율권력』[25]과 신기욱·마이클 로빈슨의 『한국의 식민지 근대성』[26]으로 대표되는 초기의 연구는 식민지

상황에 놓인 사회에서 형성된 근대의 성격, 식민지에 나타나는 근대성의 양상을 원리적으로 토의·연구하기 위해 '식민지 근대'를 분석개념으로 삼았다.[27] 이 연구의 최대 특징은 탈민족주의, 탈근대주의라는 입장에서 접근했다는 점이다. 그 후로 논의가 진행되면서 차츰 식민지사회에서 '근대'를 경험한 주체에 축을 둔 연구가 늘어났고,[28] 또 식민지 주체의 근대 경험에 대한 관심은 일상생활에 대한 관심으로도 나타났다.[29]

한편 이러한 연구는 식민지 권력에 포섭되지 않은 다양한 양태의 '일상적인 저항'을 검토하려는 특징을 나타내고 있기도 하다.[30] '일상적인 저항'이란, 윤해동에 따르면 자신들의 이해관계를 공공화하려는 시도나 일반적인 범죄행위처럼 민족이라는 척도로는 파악할 수 없는 저항을 의미한다.[31]

탈민족주의·탈근대주의의 입장에서 식민지 근대를 논하고 일상생활에 대한 관심 속에서 식민지기 주체의 경험을 논하고자 하는 이러한 연구 동향은 필자의 온돌 연구에도 여러 면에서 자극이 되었고 겹치는 부분도 있다. 그러나 온돌의 근대사 연구는 '식민지 근대'라는 틀로는 논할 수 없는 문제들을 다루게 된다. 첫째, '식민지 근대'라는 틀(개념)은 본래 식민지기의 조선사회와 그 사회를 살아가는 조선인의 경험을 기술하고자 하는 것이어서 어디까지나 그 관심의 대상을 조선·조선인에 한정할 수밖에 없다. 이에 반해 일본·일본인을 빼놓고는 논할 수 없는 온돌의 근대사 연구는 '제국 일본'이라는 틀 속에서 이루어져야 한다는 점에서 큰 차이를 보인다. 둘째, 조경달은 '식민지 근대'론을 비판하면서 생활주의의 입장에서 철저하게 전통적인 생활에 매달렸던 사람들의 삶이 갖는 무게를 주장했는데,[32] 온돌의 근대사는 생활자적인 입장에서 산림정책과 충돌하는 그러한 사람들의 행위에 역점을 둔다. 앞서 지적한 바와 같이 이 점은 일부 '식민지 근대'론과 일치하는 점이기도 하지만, 온돌의 맬감

문제를 둘러싼 조선농민의 행위는 폭력적인 산림정책에 대한 끊임없는 도전이며 계속적인 교섭과 양보를 이끌어내기도 할 만큼 중대한 것이었다. 따라서 농민들의 생활자적인 입장에서의 저항과 산림정책 간의 상호 관계성에 역점을 둘 필요가 있다.

이상 '식민지 근대'론과의 관계를 논하면서 이 연구의 특징에 대해 정리했는데, 이를 좀더 명확한 방법론으로 제시할 필요가 있을 것 같다. 앞에서 이미 시사한 바와 같이 이 연구의 중요한 특징 중 하나는 '제국사 시점'(어떤 문제에 대해 '제국 일본'이라는 틀 속에서 망라하여 검토하려고 하는 시점)이다. 이에 대해 상술하기 전에 '식민지 근대'론이 관심을 가져온 '경험'을 제국사 시점에서 재검토해볼 필요가 있다. 일본에 대한 '협력'이든 '저항'(일상적인 저항을 포함)이든 혹은 무관심이든, 식민지민의 경험은 그 주체가 식민지 권력과 맺는 관계성을 의미한다. 다시 말하면, 식민지민의 경험과 식민지 권력의 경험은 제각각 존재한다기보다 서로 어우러져 함께 그 관계성을 구성하는 축이라고 보는 것이 마땅하다. 따라서 이 연구에서 '경험'이란, 단순히 식민지 주체의 경험이라기보다 '제국 일본' 안에서 역사적으로 맺어진 다양한 상호관계성(또 그 실체)을 의미한다. 윤해동은 식민지민의 "일상적 경제범죄"가 일본에 "이적행위"로서의 의미를 갖는다는 점에 주목했다.[33] 이것을 예로 들자면, 그러한 범죄가 왜 일어났는가 하는 것 자체가 하나의 관계성을 의미하는데, 그것은 한발 더 나아가 식민지 권력에 대해 식민지의 불안정과 통치상의 어려움을 안겨주게 된다는 점에서 또 다른 관계성을 나타낸다. 그러한 관계성으로서의 경험이 정책상의 전환을 낳고, 그것이 또 다른 경험의 연쇄를 낳을 수도 있었다. 물론 식민지민의 저항이 여기서 말하는 상호관계성으로서의 경험을 유발하는 필수요소는 아니다. 테사 모리스 스즈키Tessa Morris-Suzuki는 일본의 사할린 이민에 관한 논문에서 "식민지 제국 내라든가 그 주위의 경계를 넘어서 여러 방향으로 …… 퍼져간 사람들의 이동"과 "이민에서 볼 수 있는 쌍방향의 이동이나 귀향 등의 움직임이 초래하는 사회적·문화적 결과에 주의"를 기울여야 한다고 했다.[34] '제국 일본'의 정책과 사람의 이동에 동반되는 접촉·혼효混淆·갈등·협조·수용, 그리고 "사회적·문화적 결과" 등이 모두 상호관계성으로서의 경험이라고 할 수 있다. 온돌의 근대사 연구는 바다를 건너 조선·사할린·만주 등으로 간 일본인, 홋카이도와 사할린을 포함하여 일본 각지로 간 조선인의 이동과 삶, 또는 그것이 빚어내는 온돌을 둘러싼 다양한 관계성을 시야에 넣지 않으면 안 된다.

이어서 제국사 시점을 논하고 다시 한번 이 경험에 대해 논하기로 하자. 미즈노 나오키水野直樹는 식민지 지배 연구의 새로운 동향으로 '제국사'라는 시점에서의 연구를 소개하고, 각 지역의 정치·사회·정책을 제국 전체의 틀 속에서 상관관계에 있는 것으로 파악해야 한다고 주장했다.[35] 제국사라는 시점의 유효성에 대해서는 이 밖에도 여러 논고가 시사해주는 바이다. 이타가키 류타板垣龍太는 조선에서의 식민지 근대가 한반도 내부에 갇힌 경험의 영역이 아니라고 하면서 '조선사'의 틀을 벗어난 "새로운 대화의 장, 새로운 관계성"이 요구된다고 했다.[36] 단, '식민지 근대'라는 개념은 구조적으로 보아 한반도의 외부로 열린 경험의 영역을 포괄적으로 분석하는 데 적합하지 않으므로 이것은 미즈노 나오키의 주장과도 연결된 또 다른 모색이었다고 볼 수 있다. 한편 히라타 마사히로平田雅博는 새로운 제국사 연구의 동향에 관한 논고에서 "식민지와 본국을 하나의 틀 안에서 논하려고 하는 시도"를 소개하고, 에드워드 사이드Edward W. Said의 『문화와 제국주의』[37] 제1장의 제목인 "overlapping territories, inter-twinded histories"를 참조하여 "겹쳐지고 서로 얽힌 경험의 복잡한 역사"를 인정할 필요가 있다고 지적했다.[38]

이와 같은 다양한 논고에 이끌려 필자가 논하고자 하는 것은 '제국주의 경험'이라는 분석의 틀이다. 우선 지금까지 논해온 것을 바탕으로 이를 정의해보자. '제국주의 경험'이란 제국주의 과정[39]에서의 다양한 경험을 말한다. 그 과정은 제국 전체나 제국 내의 각 지역간(식민지와 본국, 식민지와 식민지), 지배자와 피지배자 또는 피지배자들 사이, 각 개인이나 단체 사이에 다양한 관계를 만들어낸다. 제국주의 정책이 수행되는 그 영역에서 널리 이동이 촉진됨으로써 인적으로 뒤섞여 사람들은 모두, 그러나 왕왕 질적으로 서로 다른 경험을 한다. 같은 민족, 같은 계급, 또는 동성이라고 해서 모두 같은 경험을 하는 것은 아니다. 상호관계성이나 그 실체를 의미하는 '경험'이란 구체적으로 말하자면, 억압과 피억압, 폭력과 협조·저항·일탈, 민족의 테두리를 초월한 갈등과 혼효 및 그 "사회적·문화적 결과" 등 매우 다양하다.

이 글이 목적으로 하는 온돌의 근대사는 결국 온돌을 둘러싼 제국주의 경험에 관한 기술, 즉 "겹쳐지고 서로 얽힌 경험의 복잡한 역사"이다.

이 책은 크게 6개의 장으로 구성되어 있다. 온돌의 근대사의 전사前史에 해당하는 제1장 「조선의 명물 민둥산과 온돌」에서는 파란 많은 역사의 출발점이 되는 황폐한 산림의 유래를 살핀다. 한국병탄 이전까지의 산림 황폐화에 대해 총체적으로 검토함으로써 온돌책임론의 시비를 논하고, 온돌이 맞이하게 되는 새로운 국면을 조명하는 데 목적이 있다.

제2장 「온돌의 영광과 오욕」에서는 온돌이 외국인들의 경험과 분석의 대상이 됨으로써 온돌에 대한 찬미 또는 폄하가 난무하고, 그 영향을 받은 조선 지식인 사회에서도 종전과는 다른 시선으로 온돌을 보게 되는 양태를 논한다. 가장 중요한 생활문화로서 거의 무의식적으로 영위되던 온돌이 근대에 들어서 밟게 되는 영광과 오욕의 역사는 온돌에 대한 우리들

의 모순된 인식을 그대로 나타내준다.

제3장 「산림을 둘러싼 일상적 투쟁」에서는 조선총독부의 산림정책과 땔감문제의 관계를 논한다. 삼림령에 의해 사유재산권을 인정함으로써 그때까지 인정되어온 조선인의 무주공산을 박탈한 조선총독부와 생활권을 찾기 위한 조선농민들 간의 치열한 투쟁, 그 과정에서 진행되는 온돌의 경제성 상실, 조선인 간의 갈등 등을 묘사한다.

제4장 「온돌생활의 수난」에서는 근대적인 온돌 개조와 온돌의 합리적인 사용법을 지도·장려하는 식민지 권력과 조선농민의 관계를 살펴봄으로써 온돌생활의 수난을 논한다. 또 그 과정에서 나타난 조선 지식인 또는 신문과 서민들과의 관계에 대해서도 고찰한다.

제5장 「대체연료와 온돌의 변화」에서는 석탄, 연탄, 왕겨 같은 대체연료의 보급과 그에 따른 온돌의 구조 변화, 온돌생활 자체의 변화를 논한다. 그 핵심을 이루는 것은 온돌을 본격적으로 사용하게 된 일본인과 조선인의 연쇄적인 온돌 관련 발명이다. 특히, 연탄 사용과 관련해서 많은 발명이 이루어져 온돌 구조에 큰 변화가 일어났으며, 그렇게 해서 본격화되는 연탄 사용은 온돌생활에 있어서 하나의 작은 '혁명'이었다.

제6장 「바다를 건넌 온돌」에서는 바다를 건너 조선 밖으로 퍼져나간 온돌문화에 대해 논한다. 남방문화에 가까운 주거문화를 가진 일본이 홋카이도를 영유하면서 품게 되는 북방문화에 대한 갈망은 일본인 정치가나 지식인들의 시선을 끊임없이 온돌로 향하게 했다. 1945년까지 북방을 중심으로 온돌이 어떻게 어느 정도 보급되었는지, 또 현재 일본의 바닥난방인 '유카단보床暖房'는 언제부터 어떻게 시작되었는지를 중점적으로 논한다. 온돌생활을 떠나 일본으로 간 조선인의 삶 속에 나타난 온돌에 대한 갈망과 온돌 사용의 흔적을 살피는 것도 의미가 있을 것이다.

제1장

조선의 명물 민둥산과 온돌

들어가며

1970년대까지 황폐한 산림을 보고 살던 세대에게 온돌은 '이 산 저 산 다 잡아먹고도 모자란 듯이 탐욕스럽게 입을 벌리고 있다'는, 말하자면 산림황폐화의 주범이라는 이미지가 상당히 강하지 않을까? 이런 인식은 학계에서도 마찬가지여서 온돌을 민둥산의 주범인 양 말하는 경우가 드물지 않다.

예를 들면, 조선시대의 온돌에 관한 어느 연구에서는 16, 17세기에 온돌이 급증함에 따라 늘어난 가정용 땔감에 대한 수요가 산림황폐의 주범이었다고 보고 있다.[1] 뒤에서 자세히 논하겠지만 한국병탄 전후의 많은 일본인들도 조선인이 마구잡이로 온돌용 땔감을 채취하기 때문에 산림이 헐벗은 것으로 보았다. 한편 일찍이 조선총독부의 산림정책을 논했던 권영욱은 일본인들이 걸핏하면 조선말기 산림황폐의 근본 원인이 조선인의 생활태도에 있다고 말해온 것을 비판했다. 그러나 조선인 옹호에 핵심을 둔 그의 주장은 조선인의 그러한 생활태도가 "사회제도상의 여러 가지 문제"라든가 무력하고 전근대적인 "이조 권력의 산림정책"에서 유래된 것이라고 함으로써 결국 산림황폐화의 중심에 가정의 땔감 소비가 위치하고 있음을 인정한 모양새가 되었다.[2] 땔감 소비의 대부분을 차지하는 것이 온돌임은 이루 말할 것도 없으니 결국 직접적인 요인으로 말하자면 온돌이 주범이라는 것이 된다.

필자도 '온돌무책론溫突無責論'을 피력하려는 것은 아니다. 온돌이 산림황폐의 주된 요인 중 하나임을 부정할 수는 없다. 그러나 우리는 온돌에만 지나치게 과도한 책임을 지워온 것이 아닐까? 이 문제를 생각할 때 18~19세기의 산림황폐화를 논한 이우연의 연구는 꼭 짚고 넘어갈 필요가 있다.[3] 조선후기에 산림이 극도로 황폐했다는 그의 견해에 대해서는 동의 한다. 다만 여기서 확인해두고 싶은 것은 산림황폐의 원인을 어떻게 보았는가 하는 점이다. 이우연의 연구는 인구가 증가함에 따라 임야에 대한 수요 역시 증가하고, 그로 인해 산림이 헐벗게 되는 '인간과 자연환경의 관계'에 주목함과 동시에 그 관계를 잇는 제도까지 문제 삼았다. 그는 이렇게 말한다.

> 조선시대에는 인구가 증가하면서 목재와 땔감에 대한 수요가 증가하였고 임산물 채취도 늘어났으며, 15세기 말부터 있었다는 소빙기小冰期와 온돌 보급 등이 땔감 수요의 증가에 더욱 박차를 가했다. 한편 인구 증가는 경지에 대한 수요 증가로도 이어져서 화전에 의한 개간, 즉 경지 확대가 광범위하게 이루어졌다. 이렇게 하여 수탈되는 산림을 살리기 위해서는 적합한 산림제도가 필요한데 조선의 경우는 그것이 결여되어 있었다. 무주공산으로 상징되는 산림은 그저 과소투자와 과대소비의 대상일 수밖에 없었다.

이우연은 이것을 하딘G. Hardin의 용어를 빌려 "공유지의 비극"†이라고 했다.

그러나 이것은 반쪽짜리 논리에 불과하다. 외적의 침입 같은 전쟁요인은 일반적으로 우리가 상상하는 것보다 훨씬 더 중요한 의미를 갖는데, 이우연의 연구는 산림황폐문제를 순수하게 내재적인 요인으로만 고찰하고 있으며, 17세기 이전까지의 산림이 어떤 상태에 있었는지에 대해서는 묻지 않는다. 또 산림황폐의 메커니즘을 밝히려고 한 점은 주목할 만하지만 좀더 심층적으로 고찰할 필요가 있지 않을까 생각한다. 그의 연구

† 공유지의 비극
미국의 미생물학자 하딘G.Hardin은 1968년, 다수가 이용할 수 있는 공유자원이 제한 없이 이기적으로 이용될 경우에 남획에 따른 자원의 고갈이 초래된다는 이론을 내세우며 이를 '공유지의 비극 the tragedy of the commons'이라고 정의했다.[4]

에서는 산림 수탈이 목재, 땔감, 농업비료 등의 임산물 소비와 개간이라는 행위로써 이루어졌다고 보았다. 또한 요업이나 제철업 같은 산업에서의 땔감 소비에도 관심을 보였는데, 특히 온돌용 땔감과 개간이라는 행위를 중점적으로 논했다. 이렇게 본다면 산림황폐의 책임에서 온돌이 차지하는 비율은 상당히 크다고 하지 않을 수 없으며, 온돌은 역시 산림을 다 잡아먹는 괴물일 수밖에 없다.

한편 조선시대의 산림황폐문제는 국가의 존망이라는 거대한 담론 속에서도 가장 중요한 요소로 다루어지기도 한다. 경제사학자 이영훈은 19세기 조선의 "위기"에 대해 이렇게 말한다.[5]

> 보기에 따라 그 위기는 1905년 조선왕조의 멸망이 어떤 강력한 외세의 작용에 의해서라기보다 그 모든 체력이 소진된 나머지 스스로 해체되었다고 해도 좋을 정도로 심각한 것이었다.

이는 조선왕조가 "스스로" 망했다고 보는 견해인데, 이와 관련해 "무엇이 끝내 국망으로 이어진 장기간의 정체와 위기를 몰고 왔던가?"라는 물음에 대해 대표적인 원인으로 꼽는 것이 산림황폐이다. 결국 그가 참고한 이우연의 연구와 종합해서 말하자면, 온돌이 조선의 멸망에 있어서 빼놓을 수 없는 중요한 의미를 갖는다는 것이다.

그러나 적어도 산림황폐화 과정에서 큰 비중을 차지하는 것이 전쟁임을 생각할 때 조선왕조가 "스스로" 망했다는 표현은 타당하지 않으며, 온돌의 책임 또한 과하게 지워져 있다고 생각한다. 다시 말하건대, 필자는 여기서 온돌무책론을 피력하고자 하는 것이 아니다. 이 장은 '온돌주범론'이나 과도한 '온돌책임론'에 대한 반론일 뿐이다.

조선의 산림황폐 요인에 대해서는 다각적인 검토가 필요하며, 그 총체

적인 틀 안에서 온돌의 위치를 논해야 한다. 1937년부터 약 8년간 경상남도 산림과에 근무한 미야케 마사히사三宅正久가 저술한 『조선반도의 임야황폐 원인朝鮮半島の林野荒廢の原因』(농림출판주식회사, 1976)은 조선시대 산림황폐의 요인으로 생각할 수 있는 거의 모든 것을 고려하여 다각적이고 다원적으로 고찰한 연구이다. 이 장에서는 한국병탄 전후의 일본인 산림전문가가 남긴 기록과 미야케의 연구를 종합하고 사료를 보충하여 조선시대부터 한국병탄까지의 산림황폐 원인에 대해 살펴보고자 한다. 원인의 다양성과 복합성을 밝힘으로써 그 안에서 온돌이 차지하는 위치를 확인하는 데 목적이 있다. 반半 외부적인 요인으로서 임진왜란에서 러일전쟁에 이르기까지 일본이 조선의 산림황폐에 직간접적으로 어떻게 관련되었는지에도 역점을 둘 생각이다.

외국인의 기록에 나타난 민둥산

19세기 말 조선 땅을 밟은 많은 외국인들에게 조선의 산림은 어떻게 보였을까? 1894년부터 1897년까지 조선을 네 차례 방문한 이사벨라 비숍Isabella B. Bishop의 조선여행기에는 서울을 둘러싸고 있는 사산四山†이 "소나무 그늘이 있기는 하나 거의 헐벗은 상태"로 묘사되어 있다.[6] 주일 외교대표로 있던 퍼시벌 로웰percival Lowell도 그의 책에서 헐벗은 조선의 산에는 "키 작은 풀들만 무성할 뿐 관목이나 나무는 별로 없다. 비탈에서 가끔 덤불숲이 발견될 뿐이다"라고 했다.[7] 그러나 한편으로 유럽인들의 기록

† 사산

조선시대 서울(한성)을 둘러싼 북쪽 북악산, 동쪽 낙산, 남쪽 남산, 서쪽 인왕산을 내사산內四山, 그 바깥을 둘러싼 북쪽 북한산, 동쪽 용마산, 남쪽 관악산, 서쪽 덕양산을 외사산外四山이라고 불렀다.

에는 호랑이가 출몰한다든가 호랑이 사냥을 한다든가 하는 기술도 있어서[8] 산림상태가 양호한 지역도 있었음을 짐작할 수 있다.

그림 1-1 헐벗은 산(북한산성 북쪽) 정면에 보이는 것이 한북문漢北門이다. 그 위쪽으로 흙이 그대로 노출된 북한산이 보인다. 군데군데 소나무가 서 있고 더러 관목이나 치수가 있었음을 확인할 수 있다.

그런데 누구보다도 조선의 산림황폐에 놀라고 그 실상을 면밀히 관찰한 것은 일본인이었다. 일본인의 기록으로는 야즈 마사나가矢津昌永가 1894년에 출판한 『조선시베리아기행朝鮮西伯利紀行』에 단편적인 기술이 보인다. 야즈는 부산의 산림에 대해 "시야에 들어오는 모든 산이 민둥산"이라 하고, 그 원인을 산림보호제도가 없어 남벌이 자행되고 있는 탓으로 보았다.[9] 일본은 러일전쟁을 전후해서 조선에 산림전문가를 파견하여 산림 실태를 파악하고 황폐 원인을 규명하고자 했는데, 그 조사서에서도 민둥산은 역시 충격적인 것으로 파악되었다. 그러나 이른바 '민둥산'에 대해서는 약간 검토할 여지가 있다.

조선의 산림이 어떤 상태였는지를 확인하는 데 『한국삼림시찰복명서韓國森林視察復命書』(1903년), 『한국삼림조사서韓國森林調査書』(1906년) 등 당시 발행된 조사서는 대단히 유효하다. 임업경제학자인 후지타 요시히사藤田佳久는 이 조사서들을 토대로 당시 조선 임야의 실태를 복원하려고 하였는데, 여기서는 그가 쓴 두 편의 논문을 통해 밝혀진 임야의 실태를 소개해가면서 이른바 민둥산이 뜻하는 바를 밝히고자 한다.

후지타는 『한국삼림시찰복명서』를 토대로 하여 작성한 그림(그림 1-2)을 제시하고 다음과 같이 설명했다.

첫째, 조선의 북부는 남부와는 달리 민둥산이 적었을 뿐만 아니라 오히려 식생植生이 풍부했다. 그런데 남부가 일본에 가깝기 때문에 남부의 삼림만을 본 많은 일본인들이 조선의 산은 민둥산이라는 인상을 갖게 되었다.

둘째, 20세기 초 조선 중심도시의 용재나 땔감 공급원이 근교의 산지로부터 멀어졌다. 이미 서울 근교는 민둥산이 되었고 평양 근교는 민둥산이 되기 직전이었기 때문이다. 또 남부의 지방도시인 대구나 충주, 부산 등의 주변 산지도 이미 민둥산이 되어 용재나 땔감의 공급지역이 존재하지 않는 상태였다.[10]

『한국삼림시찰복명서』에는 산림의 3분의 1이 입목지立木地, 3분의 2가 민둥산이라고 되어 있는데, 후지타는 이것이 개인이 관찰한 결과라는 한계와 부분적인 조사에 그친 데에서 오는 잘못된 인식이었다고 말한다.[11] 1910년 한국병탄 당시 조선총독부 상공부 산림과장으로 삼림령의 초안자이기도 한 사이토 오토사쿠齊藤音作는 구한국정부의 임적조사사업에 참가한 후 "조선의 임야는 무립목지無立木地가 '80~90퍼센트'라고 알려져왔는데, 실제로는 많이 잡아도 '25~26퍼센트에 불과하다'는 것이 임적조사로 밝혀졌다"라고 했다.[12] 이것은 일본인 사이에서 완전히 헐벗은 산의 형태로 널리 알려져 있던 민둥산이 실제와는 거리가 있었음을 잘 말해준다.

『한국삼림조사서』에 수록된 「남한삼림조사서」를 보면 민둥산이 집중되어 있던 남한의 경우도 순수한 민둥산은 10퍼센트에 불과하고, 치수稚樹가 없는 완전한 초생지草生地로 인공조림이 필요한 임야가 20퍼센트인 것으로 나와 있다(표 1-1).

후지타는 이를 통해 '구한국시대 민둥산론의 성립경위'를 다음과 같

그림 1-2 1902년 다나카 기요지가 임상조사한 답사경로와 식생도 후지타 요시히사가 『한국삼림시찰복명서』를 토대로 하여 1902년 다나카 기요지田中喜代次가 임상조사한 답사경로와 식생도를 나타낸 그림이다. 조선 북부가 남부에 비해 훨씬 식생이 풍부하다는 것을 알 수 있다.

표 1-1 남한의 임야면적[13]

임야 현황	비율	면적
성림지	10%	70만 정보
치수가 많아 보호에 의해 천연성림이 될 가능성이 있는 지역	60%	420만 정보
완전한 초생지로 치수가 없어서 인공조림을 필요로 하는 지역	20%	140만 정보
산골이 노출되고 붉게 벗겨져 천연, 인공 어느 쪽으로도 조림이 곤란한 지역	10%	70만 정보
합계		700만 정보

이 지적했다.[14] 첫째, 한국병탄 직전의 임야를 대부분 민둥산이라고 한 것은 실제로 임야 전체의 80퍼센트를 차지하던 관목灌木과 초생草生을 무시한 것이다. 둘째, 일본에도 조선과 비슷한 상태의 황폐한 산림이 있었으나 조사자들은 모두 국유림 담당자였기 때문에 '입회入會적인 임야 이용'† 이 이루어지던 조선의 산림을 일본의 황폐한 산림이 아니라 상태가 좋은 국유림에 비교했다.

조선의 산림황폐가 심각한 상황에 있었던 것은 엄연한 사실이지만, 거의 대부분이 민둥산인 것처럼 알려진 것은 실제와는 거리가 있는 조금 잘못된 인식이거나 과장된 표현이었던 것이다. 당시의 민둥산이라는 표현은 쓰는 사람에 따라 그 의미에 차이가 있었다. 가장 넓게는 표 1-1에 나타난 성림지成林地를 제외한 임야(90퍼센트) 전체를 가리키며, 그보다 약간 좁게는 산골山骨과 붉은 흙이 그대로 드러난 곳(10퍼센트)에 초생지(20퍼센트)를 포함한 조악림粗惡林을, 그리고 가장 좁은 뜻으로는 산골과 붉은 흙이 드러난 완전한 황폐지(10%)만을 의미하는 것이었다.

이렇게 말하면 민둥산 담론의 문제점만을 부각하려는 것 같지만, 그렇

† 입회적인 임야 이용
일정 지역의 주민이 일정한 산림(무주공산)에 들어가서 목재, 땔감이나 비료로 쓸 수 있는 풀, 낙엽, 관목 등을 채취하는 관습적인 행위를 말한다. '입회入會'는 일본의 산림제도 중 하나로, 조선인이 무주공산을 이용하는 관습이 그와 비슷하다고 본 일본 산림전문가들이 '입회적인 임야 이용'이라는 표현을 썼다.

다고 해서 그 담론에 담긴 산림문제의 심각성 자체가 허구라는 것은 아니다. 국가기관이 정확한 현황과 객관적인 분석을 필요로 하여 전문가를 파견해서 작성한 위의 조사서 같은 경우에 부분적인 오류는 있을지언정 의도적인 왜곡은 조사서를 작성한 목적에 어긋나기 때문에 있을 수 없다. 이처럼 왜곡이 하나의 목적이 될 수 없는 이상 조사서에 그려진 산림문제의 심각성이 실상과 크게 다르지는 않았을 것이다.

온돌은 산림황폐의 주범인가?

온돌이 산림과 밀접한 관계를 맺고 있다는 것쯤은 누구나 알 만한 일이지만, 그 관계에서 빚어진 온돌의 비극 또는 온돌을 둘러싼 사회적 비극을 아는 이는 드물다. 그러한 비극의 제1막은 산림황폐에 대한 온돌주범론, 또는 온돌책임론이다.

동양협회전문학교 경성분교 교장을 지낸 가와이 히로타미河合弘民는 『동양시보東洋時報』에 다음과 같은 글을 남겼다.

> 지금 조선의 산은 거의 민둥산으로 나무가 없다. 나무뿐만 아니라 풀도 없다. 하긴 이처럼 조선에 풀이 없는 데는 원인이 있다. 조선에서는 온돌에 불을 때야 하는데, 땔감으로 쓸 장작이 없으니까 풀뿌리까지 모두 긁어다 때는 것이다.[15]

온돌과 관련한 문제로 지적되는 것은 비단 막대한 땔감 소비량뿐만이 아니었다. 온돌에는 장작, 낙엽뿐만 아니라 마른 풀이나 곡식 줄거리 그리고 나무뿌리, 풀뿌리에 이르기까지 무엇이든지 땔감으로 쓸 수 있었는데[16] 이것이 문제였다. 수원고등농림학교 교수 스즈키 도요카즈鈴木外代一는 온돌의 필요성을 인정하면서도 그로 인한 산림 수탈에 대해서는 비판적이었다. 그는 온돌에 막대한 땔감이 소비되고 있는 데다 그 땔감을 채취하는 조선인의 자세도 문제라고 보았다.

> 사려 없는 조선의 아이 등은 함부로 수목을 벌채하고 하초下草, 낙엽까지 남채濫採하여 산골지피山骨地皮 등을 노출시켜서 그렇게 양호하지 못한 땅의 질[地味]을 한층 더 불량하게 만들었다.[17]

스즈키는 일부 사람들이 온돌을 산림의 '숙적'이라고 보고 '온돌망국론'을 주장한 것도 이런 연유에서라고 했다. 이 말은 산림과 온돌의 관계가 어떻게 인식되고 있었는지를 아주 잘 나타내준다.

그런데 일본인들만 이렇게 인식하고 있던 것은 아니었다. 일본에서 의학을 공부하고 1910년대부터 독립운동에 참가한 한홍교는 조선의 산림황폐는 온돌이 초래한 결과라고 했다.[18] 한 신문은 사설에서 온돌이 "산림을 잡아먹는다"라고 표현했고,[19] 당시 부산 지역에서 산림단속 업무에 종사한 것으로 추정되는 임수재라는 사람도 온돌을 가리켜 "민둥산을 제조하는 장본인"이라고 했다.[20] 최현배의 글에 나오는 "이 산 저 산 다 잡아먹고 어훔하다[한다]는 아궁지"라는 표현 또한 당시 많은 조선인의 인식도 일본인들의 그것과 다르지 않았음을 짐작하게 해준다.

미야케 마사히사가 작성한 〈문헌별 임야황폐 원인 일람표〉[21]를 보면 통감부시대 이후로 조선의 산림문제가 논해질 때 필두에 오르던 것은 제도적인 문제, 혹은 제도의 붕괴였는데 동시에 그에 따른 산림의 남벌이 마찬가지로 지적되어왔음을 알 수 있다.

그러나 산림황폐의 원인에 대해서는 신중하게 생각할 필요가 있다. 무

그림 1-3 **땔감을 채취하는 농촌 아이들** 집에서 쓸 땔감을 채취하는 것은 아이들의 주요 일과 중 하나였다. 나뭇가지를 모으거나 갈퀴로 바닥을 긁어서 낙엽이나 하초를 채취한 것이 지게로 한 짐 가득이다.

엇보다도 온돌의 보급이 그대로 땔감 수요의 순수한 증가로 이어지는 것은 아니었다는 점을 간과해서는 안 된다. 취사만으로도 당연히 땔감이 필요했는데, 온돌은 취사를 하고 남은 열로 동시에 방을 덥히는 장치이기 때문이다. 또 아무런 난방기구도 없이 겨울을 날 수는 없는 노릇이므로 온돌이 아니더라도 난방을 위해서 어느 정도의 땔감 소비는 불가피했다.

물론 온돌용 땔감의 비중과 전근대적인 산림제도 아래서 남벌이 자행되고 있었나는 점은 부인할 수 없는 사실이다. 조선시대의 산은 중기 이후에 사유화된 일부 산림과 국가의 보존림 등 일부를 제외하고 소유권이 확실치 않은 무주공산이었다. 무주공산에서는 땔감 채취가 자유로웠음은 물론이고, 생계를 위해 숯을 만들어 팔거나 나무를 채취해서 판매하는 행위까지 허용되었다.[22] 이러한 식민지기의 산림문제를 배경으로 한 문학작품도 있는데 정비석의 소설 「성황당」[23]이다. 작중 인물 현보는 나무를 잘랐다는 이유로 산림간수(일제시대에 산림을 지키던 하급 관리)에게 고발

당해 새로운 법에 따라 제재를 받게 되는데, 그는 그때까지 자기 소유가 아닌 산에서 숯을 구워서 생계를 유지해오고 있었다. 일본 통치하에서 허용되지 않게 된 이런 생활방식이 이전의 조선에서는 결코 특별한 행위가 아니었다.

따라서 산림 소유를 명확히 한 새로운 산림정책이 실시되기 이전까지 조선에서는 개개인도 노동력만 들이면 땔감을 공짜로 구할 수 있었으며 나무장수가 실어 나르는 나무 또한 마찬가지였다. 이렇게 보면 민둥산이 조선 명물로 자리 잡으면서 온돌이 도마 위에 오른 것도 무리는 아니었다. 더구나 본격적인 난방설비라고 할 만한 것을 갖추고 있지 않던 일본인의 눈에 가옥 안의 모든 방에 설치된 온돌이라는 '사치스러운 문화'가 산림황폐의 주범으로 비쳤을 만도 하다.

그러나 한국병탄 전후의 일본인 산림전문가들의 관찰과 분석은 전체적으로 그렇게 단순하지만은 않았다.

산림황폐의 복합적인 요인

청일전쟁 후부터 통감부시대에 걸쳐서 쓰인 일본인들의 기록이나 조사분석은 많은 것을 제공해준다. 특히 산림조사 임무를 띠고 조선땅을 밟은 일본인 산림전문가의 조사보고서는 상당히 가치가 있다. 그것들을 종합해보면 조선의 산이 민둥산이 된 것을 단순히 온돌 탓이라고만 할 수 없을 뿐만 아니라, 순수하게 조선의 내재적인 요인 때문인 것으로 보는 것도 옳지 않음을 알 수 있다.

앞에서도 말한 바와 같이 야즈 마사나가는 1894년에 부산 일대의 민둥산에 대해 지적했는데 그 산들은 어떻게 해서 헐벗게 된 것일까?

그림 1-4 **나무장수** 나무장수들은 소나 지게로 나무를 운반해서 장터에 내다 팔았는데, 이것은 산을 소유하지 않은 일부 서민들의 중요한 생계수단이었다.

『조선왕조실록』을 보면 민둥산이라는 말은 조선왕조가 세워지고 서울로 천도한 1394년으로부터 100년이 채 지나지 않은 1492년(성종 23년)에 강원도의 목재 산지에 나무가 부족해진 상태를 가리키는 말로 이미 쓰인 것을 확인할 수 있다.[24] 또 1505년(연산군 11년)에는 목재와 땔감의 소비로 서울 "도성에 가까운 모든 산이 다 민둥산"이 되고 "내남산內南山"만이 본래의 상태를 유지하고 있다고 전한다.[25] 그러나 민둥산이 구체적으로 어느 정도 황폐한 상태를 의미하는 것이었는지는 경우에 따라 다를 수밖에 없기 때문에 정확한 판단은 불가능하다. 다만 여기서는 15, 16세기에도 산림황폐가 더러 문제가 되었음을 알 수 있을 뿐이다.

사이토 오토사쿠는 조선의 산림황폐에 대해 문헌을 통한 역사적 고찰을 했는데,[26] 가장 근본적인 데에서 답을 찾고자 했다는 점에서 주목할 만하다. 그는 산림제도의 붕괴가 중대한 원인이었다는 지적을 뛰어넘어 왜 산림제도가 붕괴되었는지에 의문을 품었다. 16세기 말에 일어난 임진왜란이 조선 산림제도의 붕괴를 초래하고 산림이 크게 황폐해지는 '단서'가 되었다고 본 사이토는 도로를 끼고 있는 개방된 지역(구개지방舊開地方)과 그렇지 않은 지역(심산지방深山地方)으로 나눠 당시의 상황을 고찰했는데, 전쟁이 전자에 미친 영향으로 다음의 네 가지를 들었다. 첫째, 전화戰火로 불탄 산림이 많았다. 둘째, 야영 때문에 양쪽 군대가 땔감을 다량 남벌하고 닥치는 대로 사용했다. 셋째, 조선 전역이 거의 다 잿더미가 되었기 때문에 전후의 복구 수리에 필요한 막대한 목재를 벌채하지 않을 수 없었다. 넷째, 전후의 산림제도 붕괴로 부근의 '공산公山'이 거침없이 남벌되었다.

심산지방에 대해서는 임진왜란의 해를 피해 산속으로 도망치는 자가 늘어 화전이 많아진 것이 산림황폐를 낳았다고 사이토는 지적했다.

『조선왕조실록』의 산림에 관한 기록을 보아도 산림황폐가 본격적으로 문제가 된 것은 역시 임진왜란 후인 17세기부터로 사이토의 지적과 일치한다. 예를 들면, 일부 개인이 산림을 사유화하여 나무를 하거나 꼴 베는 자의 출입을 금하는 행태가 지적되고, 임진왜란 후에 벌목을 제대로 금하지 못하여 도성 주변에 형편없는 민둥산들이 출현했다고 개탄하는 소리가 들렸다.[27] 물론 앞에서도 말한 것처럼 이러한 민둥산이라는 표현이 어느 정도로 황폐한 산의 상태를 나타내는지는 정확하게 알 수가 없다. 18세기 초의 『숙종실록』에도 서울 주변의 사산四山을 민둥산이라고 표현한 기록이 있는데,[28] 그렇다고 그것이 나무가 거의 없는 글자 그대로 벌거벗은 상태를 의미하는 것은 아니었다. 19세기 후반의 『고종실록』에 "북산과 서산에 남았던 500년 된 나무가 제대로 보호되지 않아 남벌되고 있다"는 기록이 그것을 증명한다.[29] 간단히 말하면 기록상의 민둥산은 완전히 벌거벗은 산을 의미하는 것이 아니라 '산림에 대한 심각한 위기의식'의 표현이었다. 이렇게 볼 때 서울 주변의 산은 임진왜란이 일어난 16세기 말을 지나면서 19세기까지 줄곧 심각한 위기상황에 있었다고 할 수 있다. 그런 상태에 이르게 된 데에는 복합적인 요인이 작용했을 것이라고 생각되는데, 그 핵심에는 사이토의 말대로 임진왜란이라는 전쟁요인이 있었다고 보는 것이 타당하다.

조선총독부 임업기사였던 와타나베 다메키치渡邊爲吉가 쓴 「조선치산사朝鮮治山史」[30]는 이와 같은 견해를 재확인하고 보충하는 데 유효하다. 와타나베는 조선시대를 다섯 단계로 나눠 기술하였는데 그 시기와 특징을 정리해보면 다음과 같다.

① 태조~예종(1392~1469) : 태조 때 서울로 천도함으로써 경복궁을 비롯한 공사公私의 각종 건축에 한강 연안의 많은 목재가 소비되었다. 또 왜관 방어를 위해 병선을 많이 만듦으로써 소나무 목재가 결핍되었다. 전체적으로 엄격한 산림보호제도가 실행된 기간으로 볼 수 있다.

② 성종~명종(1469~1567) : 이 시기의 특징은 사치가 심해지고[31] 산림제도가 문란해지는 경향이 나타났다는 점이다. 관방이나 양반의 가옥이 거대해지고 사치스러워졌으며 그로 인해 각지에 목재 결핍현상이 나타나고 서울의 사산도 황폐해졌다.[32] 연산군은 종친이나 폐인嬖人(마음에 드는 사람)에게 시장柴場(관청의 땔감 채취를 위하여 특별히 지정된 삼림지역)과 둔전을 무분별하게 하사했다. 명종 대에는 입안立案(관청에 서류 따위를 등록함)의 방법을 이용해서 시장을 점유하는 자가 늘어 서울 부근에 무주공산이 없어졌다.

③ 선조~인조(1567~1649) : 최대의 특징은 임진왜란에 의한 광범위한 피해에 있다. 일본군이 7년째 되는 해에 철군했고, 원군으로 들어온 명나라 군대가 그 후에도 2년간 주둔했는데, 이 전쟁을 통해 왕궁은 물론 서울 시가의 태반이 소실되었고 서울 사산의 수목은 황폐해졌

으며, 또한 충해의 피해가 컸다. 문물은 모조리 없어지고 대장류臺帳類가 소실되어 재정의 기초를 잃었으며, 인심이 퇴폐해져서 교령이 이행되지 않고 주민은 흩어져서 산속으로 도망했다. 금산禁山(나라에서 나무 베는 것을 금지한 산)은 세가의 사유처럼 되었으며, 궁가宮家 및 세가는 앞을 다퉈 입안의 방법으로 산택山澤을 점유하고 농민들에게 화전을 만들게 하여 소작료를 수납했다.

④ 효종~경종(1649~1724) : 산림제도의 붕괴가 심해졌다. 금송禁松(보호 대상인 소나무를 베지 못하게 하는 것)이 행해지고 지방에 따라서는 송계松契가 결성된 곳도 있으나 서울 사산의 보호는 제대로 이루어지지 않았다. 화전이 수령관방 및 세가 등의 재원이 되어 장소를 가리지 않고 화경火耕이 횡행했다.[33]

⑤ 영조 이후(1724~) : 산림제도의 붕괴가 한층 더 심해졌다. 산림을 보호하고자 하는 시도는 변변한 성과를 거두지 못했고, 고종 때는 경복궁 재건공사로 각지에서 소나무를 남벌했다. 갑오년 개혁 때 금산의 수호를 맡아오던 군문의 각 기관이 모두 폐지됨으로써 금산은 거의 완전히 무방비 상태가 되었다. 고종이 식목을 훈시하고 나무는 한 그루도 베지 말라는 '삼림금단령'을 8도에 내렸으나 그때는 이미 일본군이 군도軍道를 수축하면서 러시아군을 쫓아 평안도로 북진하고 철도공사를 시작한 시기이다.

조선의 산림제도는 제2기에 해당하는 15, 16세기부터 문란해지기 시작해서 임진왜란을 계기로 결정적으로 붕괴되었으며, 화전이 급증하고 본격적으로 산림이 남벌되었다. 또한 산림황폐라는 큰 틀에서 볼 때는 사이토의 견해에 나타나 있듯이 임진왜란으로 인한 직접적인 피해와 전후 복구를 위한 다량의 용재 수요도 중요한 요인 중의 하나였다. 조선 산림제도의 붕괴나 산림황폐는 분명히 일찍부터 그 조짐이 보였으나 임진왜란이 중요한 전환점이 되었다는 점은 강조해둘 필요가 있다. 또한 그로부터 멀지 않은 1627년의 정묘호란, 1636년 말의 병자호란 역시 짧은 기간이기는 하나 정치적·사회적 혼란이라는 측면에서 보면 이 또한 적잖은 타격을 줬다고 해야 할 것이다.

여기서 산림황폐의 구체적인 요인 중 하나라고 할 수 있는 화전에 대해 정리해볼 필요가 있다. 화전의 폐단에 대해서는 15세기 말경에 더러 지적되기도 했으나,[34] 본격적으로 문제가 되는 것은 17세기 중반 효종 대부터였다.[35] 화전의 폐단은 대단히 심각하게 인식되고 있었고 그 문제점을 시정하기 위한 법적 제재도 있었지만 호전되지는 않았다.[36] 화전이 증가한 원인으로는 두 가지를 들 수가 있다. 첫째, 사이토의 견해에도 나타나 있듯이 임진왜란을 계기로 산속으로 도망하는 자가 많아졌다. 청일전쟁 때를 예로 들면, 전쟁터가 된 평안남북도에서는 평야지방 주민들이 난을 피하려고 앞을 다투어 산간계곡으로 도망쳐서 화전민으로 정착하였는데, 평안북도 희천군에는 그렇게 화전민이 된 것이 1천여 호, 5천여 명에 이르렀다.[37] 굳이 사이토의 견해를 빌리지 않더라도 국토 전역에서 치른 임진왜란을 통해 화전민이 얼마나 늘었을지는 가히 짐작할 만하다. 둘째, 궁가가 화전을 절수折受하여 재원으로 삼고 화전세가 지방 수령들의 수입원이 되고 있었기 때문에 화전 금령이 제대로 이행되지 않았다.

이렇게 하여 늘어난 화전의 폐단은 어느 정도였을까? 1663년(현종 4년), 헌납 이민서李敏敍는 산림문제의 심각성을 왕에게 이렇게 고했다.

> 근래 화전의 폐단이 끝이 없습니다. 높은 산의 울창한 수풀을 멋대로 불질러 태우는 바람에 백 년 동안 기른 것들이 불 한번에 소진되고 벌거숭이 산에 물이 말라버려 온갖 산물産物이 모두 끊어지고 말았습니다.[38]

영조 21년(1745년), 부제학 원경하元景夏도 다음과 같이 고했다.

> 관동의 화전 경작은 실로 깊은 폐단이 되고 있습니다. 처음에는 산 중턱까지 개간하였는데 지금은 꼭대기에까지 미쳐 산이 무너지고 산사태가 나며 강이 점점 얕아져 근래에는 조운漕運하면서 여울을 파내야 배가 나아갈 수 있으니, 마땅히 화전의 금법을 신칙申飭해 나무를 길러야 합니다.[39]

이러한 화전이 계속되었다고 한다면 그것이 산림 전체에 주는 피해는 상상하고도 남음이 있다.

다음은 산림황폐의 원인을 좀더 구조적이고 복합적으로 검토해보자.

미야케 마사히사는 『조선반도의 임야황폐의 원인』에서 산림황폐의 원인을 규명하기 위해서는 수많은 관련사항을 검토해야 한다며 그것을 최대한 실행해 보였다. 이하 이 책의 결론 부분을 중심으로 정리하고 필요에 따라 본문의 내용을 소개하거나 다른 사료로 보충하도록 하겠다.

미야케 역시 전면적으로 산에 의존하던 농업비료와 땔감의 채취실태를 가장 직접적인 황폐 원인으로 보았는데, 동시에 임야의 임산물 생산력 부족에도 초점을 맞췄다. 미야케에 따르면 근본적으로 중요한 것은 산림의 남벌, 남채 그 자체가 아니라 그것이 왜 일어났으며, 임산물 생산량과 실제 소비량의 불균형이 왜 생겨났는가 하는 점이다. 산림황폐 원인의 기본이 되는 이 불균형은 하나의 특정 요인 때문이 아니고, 각각의 요인이 "시간적으로 전후하여, 혹은 인과관계를 갖고 서로 겹쳐져서" 일어나는 것이다.[40]

미야케는 그 불균형의 시초에 대해 고민하는 노력도 아끼지 않았다. 이 연구 전체를 통해서 인류의 역사는 곧 산림수탈의 역사라고 해도 과언이 아님을 느낄 수 있는데, 일반적으로 가장 핵심요소라고 생각되고 있는 인구 증가와는 별개로 "문화상 및 전쟁이나 정치체제와 관련해서 생기는 수요"가 대단히 중요한 의미를 갖는다는 점이 특히 강조되고 있다. 미야케의 지적을 정리하면 다음과 같다.

보통 사찰, 가람, 함선 및 축성築城 등에는 주로 100~200년 이상된 거목이 원생림에서 벌채되어 이용되었다. 이렇게 원생림에서 장래의 성림成林을 고려하지 않고 과도하게 거목을 한번 벌채하면 그 자리는 쉽게 원래 상태로 회복되지 않는 법이다.[41] 또 그 임야가 지리적으로 마을에 가까운 산이면, 농민에 의한 녹비 채취나 낙엽, 나뭇가지 혹은 풀뿌리 채취 등도 행해져서 알게 모르게 "국지적인 황폐임야로 옮겨갈 우려"가 있다. 즉, "거목·목재의 벌채를 목적으로 한 옛날의 임야 이용은 임야의 생산력과 수요의 균형에 큰 영향을 미쳤다고 보아야 한다". 조선에서는 축성에 목재를 그다지 소비하지 않았지만, 몽골의 일본 원정이나 임진왜란과 같은 시기에 거대한 함선을 대량으로 건조한 역사가 있다. 예를 들면, 목재가 풍부했던 전라도의 '변산邊山'과 '천관산天冠山'은 고려시대에 두 번에 걸쳐 거의 2,000척에 이르는 함선을 건조함으로써 한 그루의 대목도 없는 상태가 되었다. 조선의 경우는 특히 함선과 궁궐(경복궁, 창덕궁, 창경궁 등)을 건조하는 데에 원생림의 거목을 다 잘라버린 것이 그 이후의 인구 증가에 따른 임야의 생산력과 수요 사이에 균형을 잃게 된 시초가 되었다.[42]

요약하면, 수목이 거목으로 자라기까지는 오랜 세월이 필요한데 거목을 잘라낸 자리에 2차림이 미처 원래처럼 축적되지 않은 상태에서 인구 증가로 수요가 늘어난 것이 문제의 핵심이라는 것이다.

그러나 물론 이것만으로 산림황폐에 대한 답이 될 수는 없다. 미야케는 임야의 생산력과 수요 사이의 균형이 깨진 원인에 대해서 15개 항목을 들어 설명했는데, 인구 증가라는 요소는 그중 하나일 뿐이다. 여기서는 특히 중요한 11개 항목만 요약해서 소개한다.

① 중남부지방 임야의 자연 요인 : 기후조건이 임지林地의 붕괴를 촉진하고, 화강암과 화강편무암이 많은 남부 지역의 임야는 황폐에 약한 소질을 갖고 있다.

② 조선 중남부지방의 임상林相 : 적송 단순림이 주를 이루고 있어 임야가 황폐에 약하다.

③ 임야의 생산력 : 임야의 생산력이 작다. 그 원인으로는 앞에서 본 생산력과 수요의 불균형도 관련이 있으며, ⑥ '임산물 채취 실태' 와도 깊은 관계가 있다.

④ 동계의 혹한과 땔감소비량 : 겨울철 기온이 낮은 데다 그 기간도 길어서 주민의 땔감소비량이 크다.

⑤ 주민의 생활습관 : 여름철에도 온돌을 사용하고 세탁물을 가마로 삶는다든가 가축의 사료를 끓이는 등의 생활습관이 땔감소비량을 한층 더 늘린다. 또 산야에 분묘를 설치하는 관습도 산림황폐의 간접적인 원인이다.

⑥ 임산물 채취 실태 : 조선의 임산물 생산은 용재를 1이라고 하면 임산연료의 비율은 약 13으로, 땔감의 생산비율이 훨씬 크다.

⑦ 조선 임야의 입회적 이용실태 : 대개 중세 이후로는 임야보호의 필요를 깨닫고 임산물 채취량에 관한 제한을 하게 되는데, 조선에서는 이러한 변천이 없이 20세기 초까지 무주공산에 대해 아무런 제한이 없는 입회가 이루어졌다.

⑧ 산림정책의 공백 : 조선에서 임정林政이 처음으로 정비된 것은 '400여 년 전' 이지만 이것이 행해진 것은 초기 100여 년간에 불과하다. 그 후 조선 말기에 이르기까지 약 300년간은 임정의 공백기였다. 이 기간 동안의 임정은 그 시행방침이 적절하지 않았다. 임산물 채취에 대한 제한이 없었을 뿐만 아니라 송금松禁은 적송의 보호만을 목

적으로 하는 제도여서 (처음에는 훌륭한 시책이었으나) 남부 지방의 임상을 적송 단순림으로 만들어버리는 원인遠因이 되었다.

⑨ 전란의 잦은 발발 : 전란에 따른 삼림의 소실이 산림황폐의 원인이 되는 것은 물론인데, 조선에서는 전란이 국정이 쇠퇴하고 화전이 대대적으로 이루어지는 원인이 되었다.

⑩ 산업상의 땔감소비 : 조선은 문화가 일찍 발달한 나라로 옛부터 제철이나 제염 또는 도기의 생산이 이루어져서 거기에 임산연료가 사용되었다. 인구증가, 생산량의 증가에 따라 상당히 많은 양의 땔감이 소비되어 1400~1500년대 무렵에는 이미 국지적인 황폐임야가 곳곳에 발생했을 것으로 추정된다. 제조 원료가 채취되는 현장에서 산업이 발달하기 때문에 땔감 채취지는 특정 지역의 임야에 집중되는 경향이 있는데, 이에 따라서 그 채취는 주민이 일상생활에서 임산물을 소비하는 것과 경합競合하기 마련이다.

⑪ 인구 증가와 임야황폐의 관련 : 조선에서는 17세기 중기의 인구가 약 1,500만 명에 이르렀고, 일본에서는 18세기 초에 약 3,000만 명에 이른 것으로 추측된다. 이 시기에 일본에서는 전국 각지에서 인공조림이 성행하고 위정자에 의한 임야보호와 관리가 강화되었는데, 조선에서는 마침 임진왜란 후의 국정쇠퇴기여서 임정이 이루어지지 않았다. 이 시점에서 발생한 이 같은 차이가 산림에 있어서 중요한 분기점이 되었을 것이다.

미야케의 견해에서 주목할 것은 산림황폐가 다원적이고 복합적인 요인이 서로 겹쳐져서 작용한 결과라고 본 점, 그리고 사이토와 마찬가지로 전란이 산림에 직접적인 손실을 줄 뿐만 아니라 정치적 쇠퇴와 화전민의 급증으로도 이어진다는 것을 강조하고 있다는 점이다. 이것이 무엇보다도 임진왜란을 두고 하는 말임을 염두에 둘 필요가 있다. 또한 문화발달에 따른 산업용 땔감 수요를 중시하고 있다는 점도 주목할 만하다.

이 외에 산림수탈에 직접적인 영향을 미친 요소에 대해 보충하면 다음과 같다.

첫째로 천도의 영향에 관해서이다. 미야케는 임야의 생산량과 수요의 불균형이 15~16세기에는 발생했을 것으로 보았는데, 이미 확인한 바와 같이 와타나베도 목재결핍 현상이 이 무렵부터 나타나고 있었다고 지적했고, 민둥산이 문제시되기 시작한 것도 바로 이 시기이다. 고려시대의 20년에 걸친 몽골의 침입이 산림에 엄청난 손실을 초래했을 것이고, 서울 천도는 중남부지방의 산림에 큰 부담을 안겼을 것이 분명하다. 천도는 궁을 비롯한 공공건물의 건축뿐만 아니라, 인구의 이동·집중 현상을 동반함으로써 사적인 건축에도 대량의 목재 수요를 낳는다. 인구가 집중되면 특정 지역의 땔감 수요도 급증하기 마련이다. 다다키 요시야只木良也는 『삼림의 문화사森の文化史』에서 일본의 경우 아스카飛鳥 시대에서 나라奈良 시대에 걸쳐서 있었던 빈번한 수도 조영造營으로 부근의 산이 황폐해지고 비와호琵琶湖 연안의 다나카가미산田上山이 민둥산이 되었다고 했다.[43]

조선의 경우 경복궁 축조에 필요한 건축재의 상당 부분이 강원도에서 남한강을 통해 운반되었다는 것은 잘 알려진 바이다. 일찍부터 강원도의 목재 산지가 민둥산이 되었다는 지적이 나오는 것도 그 때문이며 불과 100년 사이에 서울 주변의 산이 황폐해진 것도 역시 경복궁 축조를 비롯한 신도新都의 건축재 수요와 인구집중에 따른 난방용, 취사용 땔감 수요의 급격한 증가와 깊은 관계가 있을 것이다.

둘째로 문화 발달에 따른 산업과의 관련성이다. 다다키는 문화의 발달이 산림황폐를 동반한다는 것을 논하면서 도자기 문화의 발달로 산업연료가 필요해져 대량의 산림이 수탈되었다고 지적했다.[44] 미야케는 한발 더 나아가 땔감의 총소비량에는 주민의 일상생활에서의 소비량뿐만 아니라, 문화의 발달에 따라 확대되는 제철이나 제염, 도자기 생산 등 산업용의 소비량을 더할 필요가 있다고 했다.[45] 조선시대 도자기 문화의 발달에 대해서는 정확한 판단이 어렵지만 적어도 도자기 문화의 시작이나 발달이 방대한 땔감 수요의 증가를 불러왔다는 것만은 틀림없다. 어기御器를 굽는 기관으로 서민이 일상생활에서 사용하는 도자기를 굽기도 했던 분원分院을[46] 예로 들자면, 수목이 무성한 곳(예를 들면 1725년 무렵의 경우 경기도 광주의 6개 면과 양근의 1개 면)의 시장柴場을 절수하여 가마를 설치하고 나무를 베어다 땔감으로 사용했는데, 약 10년을 주기로 자리를 옮겼다.[47] 아사카와 다쿠미淺川巧에 따르면 조선의 요업窯業이 극도로 쇠퇴했던 1930년대에도 전국에 200곳 이상의 요업소가 있었다고 한다.[48] 도자기 문화가 시작된 이후의 땔감 수요의 증가를 짐작할 만하다.

그런데 박지원의 『열하일기』를 보면 실상은 이보다 훨씬 더 심각했던 것 같다. 박지원은 조선의 가마와 청나라 가마를 비교함으로써 조선의 가마가 갖는 문제점이 큰 산림수탈로 이어지고 있다고 지적했다.

> 가마를 만들 벽돌이 없으므로 고임대 나무로 받치고 진흙으로 쌓아 소나무 통장작을 때어 가마를 굳히는데, 우선 굳히는 비용이 많이 든다. 가마는 길기만 하고 높지는 않으므로 불꽃이 타오르지를 못하고, 불꽃이 타오를 수 없고 보니 불기운이 없고, 불기운이 없고 보니 반드시 소나무 장작을 때 불길을 세게 해야만 하고, 불길이 고르지 못하니 불에 가까운 기왓장은 깨지고, 불에서 먼 놈은 잘 구워지지 않을 염려가 크다. 사기나 옹기나 할 것 없이 무릇 옹기점의 가마란 죄다 이런 따위이다.
>
> …… 소나무는 한번 베면 다시 돋지 않는 나무로 옹기점을 한번 잘못 만나면 사방의 산은 발가벗게 되고 백 년을 길러 하루아침에 없애게 되매 옹기점

은 또다시 소나무 있는 곳을 따라서 뿔뿔이 흩어지게 된다. 이것은 벽돌 가마 만드는 방식이 한번 잘못된 탓으로 온 나라의 좋은 재목이 날로 없어지는 셈이요, 옹기점으로서는 날로 곤경에 빠지고 있다.[49]

기와나 도자기를 굽는 데 많은 땔감이 소비되었을 뿐 아니라 가마의 구조적인 결점 때문에 필요 이상으로 과다하게 소비되었다는 점도 문제였음을 알 수 있다.

이것은 18세기 조선을 논한 것이지만 이러한 문제가 비단 이 시기에 한정된 것은 아닐 테니, 산림에 대한 도자기 문화의 영향은 자못 크다고 보아야 하겠다.[50] 더구나 특정 지역에서 주민들의 임산물 소비와 경합함으로써 더욱 심각한 황폐로 이어질 수도 있었을 것이다.

이상 산림황폐가 얼마나 다양하고 복합적인 요인으로써 초래되었는지를 확인했다. 다음은 산림제도가 붕괴되고 산림황폐가 극심하던 임진왜란 후의 시점으로 돌아가 산림황폐화와 관련한 온돌 요인에 대해 논하겠다.

17세기 이후의 전 온돌화와 산림황폐의 관계

온돌이 처음부터 한반도 전체나 모든 계층에 보급되어 있었던 것은 아니며 온돌을 채택한 가옥도 노인이나 병약자를 위해 불과 한두 개의 방만을 온돌로 했을 뿐이었다. 온돌은 한반도 북부에서 발달하여 17세기 이후에 한반도 전역에 보급된 것으로서, 또한 거주공간의 전全 온돌화, 즉 가옥 내의 거의 모든 방에 온돌이 보급되는 것도 17세기 이후로 볼 수 있다.[51]

전 온돌화는 먼저 왕궁과 서울을 중심으로 진행되었을 것으로 추측할 수 있다. 경복궁은 14세기 말에 건축되었는데, 궁에서는 우선 방의 일부에만 온돌이 채택되었다. 같은 시기의 사대부 집에도 온돌이 한두 개씩 설치되어갔을 것이다. 조선 초기의 한동안은 온돌이 임금의 배려로 공공기관에 설치되는 하사품과 같은 성격을 띠기도 했다. 태종은 1417년(태종 17년), 성균관 학생들이 항상 관내에만 있다가 풍습병風濕病에 걸리는 것을 염려하여 병 앓는 자가 휴양할 수 있는 장소로서 한 모퉁이에 온돌방을 만들도록 지시했다.[52] 세종도 성균관 유생들이 습질濕疾에 걸리는 일이 많다는 말을 듣고 동재東齋와 서재西齋를 수리하여 각각 5칸間을 온돌로 만들게 했다.[53] 극히 적은 예이기는 하지만, 유생들의 건강에 대한 배려로 온돌이 하사되었다는 것은 온돌 보급의 중요한 과정 중 하나이다. 그것은 또한 '온돌방의 따뜻함'이 하나의 가치가 되어가는 과정을 의미하는 것이기도 하다.

선조 때까지만 해도 궁 안에 온돌은 매우 적었는데,[54] 1623년(인조 1년)에는 처음으로 대궐 내외에 온돌이 급격하게 증가하는 것이 문제된다. 승정원에서 임금에게 다음과 같이 고했다.

> 대궐 내외의 온돌이 본래 일정한 제도가 있는 것인데 오늘날에 이르러 그 늘어남이 극심합니다. 마치 벌집과 같이 밀집하여 곳곳에 불을 피우니 그들은 실로 편하겠으나 백성들은 실로 견딜 수 없습니다.[55]

궐 내외의 곳곳에서 불을 피워 연기가 오르는 것이 새로운 풍물로 표현되고 있는 점이 재미있다. 온돌이 본격적으로 보급되던 시기의 굴뚝이 어떠했는지는 알 수가 없으나, 그림 1-5처럼 길가의 낮은 굴뚝이나 벽에 나 있는 연기 구멍에서 오르는 연기라면 아직 온돌을 사용하지 않고 있던 백성들이 괴로웠을 만도 하다. 시기적으로 한참 후의 일이기는 하나 이

그림 1-5 길가에 나 있는 연기 구멍 오른쪽의 두 집 모두 벽에 나 있는 구멍으로 연기가 배출되게 되어 있어서 벽이 검게 그을러 있다. 이 구멍에서 나오는 연기가 행인에게 불편을 줄 수도 있었을 것이다.

같은 연기 구멍에 대해 묘사한 글이 있다. 구한말에 이탈리아 총영사로 서울에 근무했던 까를로 로제티는 온돌 아궁이의 반대편에 "거의 길 높이에 위치한 구멍"이 하나 있어서 이것을 통해 연기가 빠져나간다고 하고, "지나가는 행인들의 눈에 피어오르는 이 연기는 분명 서울거리를 걷는 즐거움을 떨어뜨리고 있다"라고 했다.[56]

인용문에 있는 "일정한 제도"에 대해서는 확인할 수 없지만, 풍속상의 관습적인 제약 정도를 의미하는 것으로 생각되며, 따뜻함에 대해 지나치게 탐욕스러운 것을 바람직하지 않은 태도로 여기고 있었던 것 같다. 중요한 것은 "편하겠으나"라는 말에 나타나 있듯이 이 시기에 온돌의 따뜻함을 일종의 행복으로 여기고 있었다는 점, 그리고 서울의 일반 백성들은 아직 온돌을 설치하지 않았던 것으로 보인다는 점이다. 이미 풍속상의 제약이 느슨해지고 온돌의 따뜻함이 일종의 행복으로 여겨지고 있었다는 것은 머지않아 서울의 일반 백성들도 온돌을 채택하게 되리라는 것을 예감케 한다. 이 또한 온돌 보급의 중요한 과정이라고 볼 수 있다.

왕궁에 온돌이 증가한 것은 어떻게 봐야 할까? 이듬해인 1624년(인조 2년) 이원익李元翼은 임금에게 이렇게 고했다.

> 신이 전에 듣건대, 선조先朝의 나인內人(왕과 왕비를 모시던 내명부의 총칭. 여관女官, 궁녀 — 지은이 주)들이 모두 말하기를 "사대부 집 종들도 온돌에 거처하는데 나인으로서 마루방에 거처해야 되겠는가?" 하므로 이로부터 대궐 안에 온돌이 많아졌다 하니, ……[57]

앞에서 선조 대에는 온돌이 적었다는 것을 확인했는데, 여기서 말하는 온돌이 많아진 시기는 선조 다음인 광해군 대를 말한다. 이 무렵 서울의 사대부 집안에 온돌 수가 과연 어느 정도였는지 정확하게는 알 수가 없으며, 대부분의 종들이 온돌을 썼는지 여부도 확인할 방법은 없다. 여하튼 사대부 집 종들과 자신들의 생활문화를 비교하며 온돌의 따뜻함을 누리지 못하는 것을 불행으로 여긴 나인들은 불만을 토로하였고 결국 그것을 확보한 셈이다.

본격적인 온돌 보급의 과정과 원인을 정확하게 밝히기에는 자료가 충분하지 않으나, 위와 같은 검토를 통해 무엇보다도 17세기경의 조선사회에 온돌, 즉 따뜻함을 추구하는 경향이 나타났음을 확인할 수 있다. 그것은 곧 따뜻함이 하나의 가치로서 자리 잡아가고 있었음을 의미한다. 화로 하나에 의지하여 겨울을 나야 했던 사람들에게 온돌은 더 없이 매력적이었을 것이다. 바꿔 말하면 온돌이 없는 생활은 이제 문화적 결여로 느껴질 수밖에 없었던 것이다. 온돌 보급에 대해서는 다음과 같은 지적이 있다.

중요한 전환점이 되었던 것은 16세기 말에서 17세기 전반에 경험한 임진왜란과 병자호란이 아니었을까? 양대 전란으로 소실된 국가 기관을 다시 건축하고, 공공건물과 민간 주택을 복원·신축하는 과정에서 온돌방이 채택됨으로써 단시간 내에 온돌방이 전국에 확대·정착되었을 것으로 생각된다.

이와 함께 16, 17세기를 거치며 장기간 지속된 지구 저온화 현상도 온돌방의 보급을 촉진하는 데 영향을 끼쳤다. 소빙기小冰期라고도 하는 당시의 저온화 현상은 지구 전체를 휩쓴 대규모 현상으로 조선 사회도 예외가 아니었다. 『조선왕조실록』에는 이 시기의 천재지변과 기상재해에 관한 기사가 빈번하게 등장하는데, 당시 조정에서 자연재해를 극복하기 위해 고심했던 흔적들이 엿보인다. 이처럼 전 세계적으로 장기간 지속된 저온화 현상을 그때까지의 화로 난방으로는 감당하기 힘들었으며, 따라서 온돌방의 보급은 자연스럽게 가속화되었다.[58]

저온화 현상은 앞에서 지적한 따뜻함이라는 가치 추구의 배경이 되었다고 볼 수도 있으며, 전쟁으로 인한 공공건물과 민간주택의 소실이 온돌 증가의 중요한 계기가 되었다는 견해도 탁견이다.

지금까지 온돌 보급을 논할 때 금과옥조처럼 말해온 것은 김자점金自點의 진언進言이었다. 조선시대 학자 성대중成大中은 이렇게 썼다.

온돌이 유행하게 된 것도 김자점으로부터 시작되었다. 옛날에는 방이 모두 마루여서 큰 병풍과 두꺼운 깔개로 한기와 습기를 막고 방 한두 칸만 온돌을 설치해서 노인이나 병자를 거처하게 했다. 인조 때 도성의 사산에 솔잎이 너무 쌓여 여러 차례 산불이 나자, 상이 이를 근심했다. 김자점이 이에 오부五部의 집들에 명해 온돌을 설치하게 하자고 청하였으니, 이는 오로지 솔잎을 처치하기 위한 것이었다. 사람들이 모두 따뜻한 걸 좋아하여 너 나 할 것 없이 이 명

령을 따라 얼마 안 가서 온 나라가 이를 설치하게 되었다.[59]

그러나 앞에서 본 대로 김자점이 인조반정(1622년)으로 요직에 앉았을 무렵, 이미 온돌 보급은 급물살을 타고 있었고 더구나 왕궁의 땔감 소비가 늘었다는 이유에서 온돌의 증가가 도마 위에 오르기까지 하는 상황이었으므로, 이 같은 진언이 온돌 보급의 절대적인 답이라고 할 수는 없다.

이상과 같은 과정을 통해서 17세기의 서울에는 온돌 보급이 상당히 진전되었을 것으로 짐작할 수 있다. 성대중의 글에서 조선의 일반적인 경향으로 온돌 사용을 논하고 있는 것으로 보아, 서울에서는 늦어도 이 글이 쓰인 18세기에는 전 온돌화가 거의 실현되어 있었을 것이다. 온돌을 논할 때 흔히 인용되는 이익李瀷의 『성호사설星湖僿說』을 참고해보자.

일찍이 여러 노인들의 말을 듣건대, "백년 전에 있던 공경대부의 큰 주택에도 온돌이 1~2칸에 불과했고, 그마저도 노인과 병자를 위한 것이었으며, 나머지는 모두 마루 위에서 거처했다고 한다.[60]

온돌이 부분적으로밖에 사용되지 않던 17세기의 사정은 이러했다. 또 이익이 이 글을 쓴 18세기에는 그것을 노인들로부터 전해 들은 옛날 이야기로 써야 할 만큼 온돌이 일반화되어 있었다.

17세기에 들어서 왕궁과 서울에 온돌이 급증하게 된 원인을 다시 정리해보자. 첫째, 임진왜란 후의 대대적인 복구과정에서 새롭게 온돌이 채택되는 경우가 많았을 가능성이 있다. 규모는 작으나 병자호란 후에도 복구과정에서 온돌이 채택되는 경우가 있었을 것이다. 둘째, 저온화 현상이라는 기후 변화가 계기가 되었을 수 있다. 셋째, 풍속상의 관습적인 제약이 느슨해지고 온돌의 따뜻함이 중요한 가치로 자리 잡아갔다. 넷째, 김자점의 진언이 보급에 한층 더 박차를 가했을 가능성이 있다.

온돌은 일찍부터 전국적으로 분포해 있었는데, 언제쯤 각 지역의 거의 모든 방이 온돌방이 되었는지에 대해서는 정확하게 알 수가 없다. 다만 서울에서 확인되는 온돌 보급의 양상이 점차적으로 지방에서도 나타났을 것으로 보는 데는 큰 무리가 없다.

종합해서 말하면, 우선 임진왜란을 계기로 산림제도가 결정적으로 붕괴되고 산림이 황폐해진 17세기 초부터 온돌 급증현상이 나타났으며, 그 후 17~18세기에 걸쳐서 전 온돌화가 진행되었다. 요컨대, 황폐해진 산림의 부활을 국가적인 과제로 삼아야 할 17세기는 온돌 전성기로 향하는 전환기이기도 했던 것이다. 그런 의미에서 급증한 온돌의 땔감 수요 또한 산림황폐의 주된 요인이 아닐 수 없다.

그러나 문제가 그렇게 단순하지만은 않다. 온돌 개수의 증가는 분명히 땔감 수요의 증가로 이어졌겠지만, 취사겸용이 많으므로 온돌 개수의 증가분이 그대로 땔감의 증가분을 의미하지는 않는다. 이것은 온돌구조상의 경제성에 관련되는 문제인데, 일본 산림전문가의 조사기록인 「남한삼림조사서」에는 이 점이 강조되어 있다. 조사에 임한 도케 아쓰유키道家充之와 나가쿠라 준이치로長倉純一郎는 온돌을 산림황폐의 중대한 요인으로 보는 세인들의 견해를 부정했다. 온돌은 소량의 땔감으로 음식물을 끓이고 남은 열로 방을 데울 수 있을 뿐만 아니라 시초柴草나 짚, 갈대 등 무엇이든지 땔감으로 쓸 수 있다는 점에서 경제적이며 그런 점에서 땔감 절약 목적에 부합한다. 따라서 온돌 채택을 오히려 "삼림森林 황폐의 결과"로 보아야 한다는 것이었다.[61] 그러나 이 주장은 온돌 이전에도 특별한 난방문화가 있어서 땔감이 필요했음이 전제되어야 하는데, 실제로는 기껏해야 화로 정도가 사용됐을 뿐이므로 이것이 충분한 설득력을 갖는다고 보기는 어렵다. 다만 왕궁은 물론이고 사대부 집에서도 각각 화로를 여러 개 사용했으며 그로 인해 어느 정도는 땔감 소비가 있었을 것이다. 화로에 담을 불을 생각하면 조금이라도 취사에 필요한 양 이상으로 땔감을 쓰지 않을 수 없었으며, 한 집에서 다수의 화롯불을 준비하려고 하면 취사 후에 남은 불로는 턱없이 부족하므로 따로 불을 마련해야 했을 것이다. 즉 온돌 이전에도 화로용으로 땔감이 소비되었다는 점은 온돌의 증가분이 순수하게 그대로 땔감 수요의 증가분으로 이어진 것은 아니라는 것을 의미한다.

이와 같이 부정확한 요소가 있기 때문에 온돌 보급에 따른 땔감 소비의 증가가 어느 정도였는지, 또 그것이 산림에 준 충격이 어느 정도였는지를 판단하는 것은 대단히 어려운 일이다. 다만 온돌이 산림황폐의 주된 요인 중 하나였음을 부정할 수는 없다고 하더라도 앞에서 언급한 복합적인 요인을 고려하면 수많은 요인 중 하나로서 지극히 부분적인 역할에 불과했다고 봐야 하겠다. 분명한 것은 온돌은 산림황폐의 주범이라기보다는 극복해야 할 추위가 있고 그럼에도 이미 수요와 공급의 균형이 깨진 조선의 산림 여건과 혼란에 빠진 정치적·사회적 여건 속에서 뿌리내린 하나의 발달된 문화형태였다는 점이다. 임산물의 수요와 공급의 불균형이 개선되는 방향으로 나아가야 할 시기인 16세기는 임진왜란이라는 전쟁으로 막을 내렸고, 그 결과 산림이 회복되기는커녕 악화 일로를 걷게 되는 분기점이 되고 말았다. 산림이 피폐해지고 전후 복구로 많은 용재 수요가 생겼으며 더구나 정치적·사회적으로 혼란이 겹쳤을 때, 인구 증가에 따른 목재와 땔감 수요의 증가 추세(여기서 말하는 땔감 수요는 모든 문화생활과 결부되는 땔감 수요를 뜻함)가 나타났으며, 바로 그 시기에 온돌이 보편화되는 온돌 전성기로 돌입하게 되었던 것이다. 결국 17세기 이후의 온돌 전성기는 목재, 땔감 소비의 전성기이기도 하다는 말이 되며, 동시에 이 시기는 화전의 전성기이기도 했다. 즉, 바로 이것이 청일전쟁 직전

그림 1-6 1903년 경의선 철도 부설 중인 일본군 공병대 철도 부설에는 많은 목재가 소요되었을 뿐만 아니라, 부설 후에는 운송이 편리해져서 삼림 벌채가 늘어나 이중으로 산림의 황폐화를 촉진하는 결과를 낳았다.

에 야즈 마사나가가 목격한 부산 일대의 민둥산이 생겨난 경위이다.

근대 일본과의 관계 속에서 보는 산림황폐 — 청일전쟁에서 러일전쟁까지

조선의 산림은 청일전쟁 이후로도 악화 일로를 걷게 되는데, 거기에는 제국주의 국가로 팽창해가는 일본이 깊이 관계되어 있다.

청일전쟁 무렵부터 일본이 조선의 산림황폐를 조장한 측면에 대해 도케 아쓰유키와 나가쿠라 준이치로가 「남한삼림조사서」에서 지적한 것을 정리해보면 다음과 같다.[62]

첫째는, 운수기관의 발달과 관련해서이다. 일본은 조선에서 철도를 경영하게 되었는데, 철도부설 과정에서 많은 목재를 필요로 했으며 동시에 철도 발달의 결과로서 목재 벌채량이 증가했다. '육백 리'에 이르는 경의철도의 침목은 모두 156만 개인데, 그 수리용 목재로 해마다 20퍼센트에 해당하는 31만 2천 개가 필요하다. 경의철도 부설에는 용재 및 침목으로 주로 압록강산을 쓰고 일부는 홋카이도산을 쓴다.

둘째는, 전쟁과 관련해서이다. 청일전쟁과 러일전쟁으로 군용상 다대한 목재 및 신탄薪炭을 필요로 한 것은 물론이고 한국 내지內地, 그중에서도 특히 한강 이북의 삼림은 이 때문에 많이 벌채되었다. 한 예를 들자면, 진남포의 울창한 삼림은 청일전쟁과 러일전쟁으로 벌채되어 볼품이 없어졌다.

셋째는, 일본인 이주의 증가이다. 1905년 9월 현재 55,000여 명이 넘는 재조선 일본인이 소비하는 땔감은 모두 조선의 임야에서 공급하고 있다. 또한 일본인이 건설하는 하등下等의 가옥 및 움막용 용재 또는 표식 등도 주로 조선에서 산출되는 목재를 사용하기 때문에 일본인의 이주가 많아지자 그러한 임목 벌채가 갑작스럽게 늘었다. 재조선 일본인의 끝없는 수요로 부산 영도의 양수대목良樹大木은 순식간에 벌채되고 부산 부근의 삼림도 황폐해졌다.

일본인의 이주로 땔감 및 용재 소비가 급증하여 부산 부근의 산림에 영향을 미쳤다고 하면, 일본인 거주자가 많았던 서울이나 인천, 평양 등지도 예외일 수는 없었다.[63] 앞에서 서울과 평양 그리고 지방도시 주변 산림의 황폐를 지적한 『한국삼림시찰복명서』의 기술을 소개했는데, 그것은 일본인 이주인구의 증가와 무관하지 않다고 보아야 할 것이다. 또 일본인이 경영하는 광산에 쓰인 적잖은 양의 지주재支柱材와 그 밖의 땔감이 부근의 산림에서 공급되었다는 것도 무시할 수 없다.[64]

전쟁, 철도와 관련해서도 약간의 보충이 필요하다. 전쟁 관련으로는 우선, 이미 언급한 바와 같이 청일전쟁으로 생겨난 평안남북도의 많은 피난민들이 화전민으로 정착했는데, 그것이 산림수탈로 이어졌다는 것은 의심할 여지가 없다. 러일전쟁도 예외는 아니다. 와타나베 다메키치에 따르면 러일전쟁 때도 평안도 연안의 주민이 오지로 이동하여 화전 개척을 한 사람이 적지 않았는데 "묘향산 등은 그 희생의 하나" 였다.[65] 또 와타나베의 기술에도 나와 있듯이 고종이 한 그루의 나무도 베지 말라는 '삼림금단령'을 8도에 내렸을 때 일본군이 군도를 수축하면서 러시아군을 쫓아 평안도로 북진하고 있었다고 한다면, 그러한 일본의 군사행동은 과감하게 산림을 보호하고자 했던 고종의 명이 유명무실해진 것과도 무관하지는 않다고 보아야 할 것이다.

마지막으로 운수기관의 발달과 관련해서 『한국삼림시찰복명서』의 기록을 정리해보면 다음과 같다.

① 일본인이 경영하는 철도회사가 부설하는 전주재電柱材로는 조선의 소나무가 적합하지 않기 때문에 되도록 일본의 삼목재를 쓰는데, 급할 때는 조선의 소나무를 썼다.[66]

② 경부철도의 지주재는 조선의 적송赤松을 쓸 예정이며, 경부철도의 전주재로 부산 방면에서는 일본산 삼목재를 쓰고 경성 방면에서는 조선산 적송을 쓸 예정으로 되어 있다. 조선정부와의 계약상, 철도 부설에 필요한 여러 가지 재료에 대해서는 관림이건 민림이건 '약간의 산세山稅'를 내고 채벌이 가능하다.[67]

한국병탄 무렵까지 근대 일본과의 관계 속에서 조선의 산림이 받은 영향은 결코 적지 않으며 또 아주 다양하다. 그러나 조선 산림황폐화를 일본의 책임으로 귀결시키는 데 이 글의 목적이 있지는 않다. 근대적인 문물인 철도와 전신전화의 부설이 일본이 아니더라도 언젠가는 해야 하는 것이었다는 점으로만 보아도 문제가 그렇게 단순하지 않음을 알 수 있다. 따라서 여기서는 이 시기에 얼마나 다양하고 많은 용재와 땔감 수요가 새롭게 생겼는지를 확인함으로써 온돌을 옹호하는 정도에서 글을 맺고자 한다.

나오며

한국병탄 전후 일본인들의 글 속에 줄곧 등장하는 조선의 명물 민둥산은 실제 산림현황과는 다소 거리가 있었다. 그러나 과장된 측면이 없지 않아 있다고는 해도 산림황폐의 심각성은 부정할 수 없는 사실이었다. 민둥산은 복합적인 요인으로써 조선 중기나 그 이전부터 끊임없이 재생산되었다. 또한 근대 일본이 수행한 전쟁도 산림황폐화에 한몫을 했다. 이에 대한 책임을 적잖이 온돌이 뒤집어써야 했는데 이는 온돌의 비극이라고 할 만하다.

조선의 산림황폐는 대단히 복잡한 메커니즘에 따른 결과일 뿐만 아니라, 동시에 임진왜란을 포함한 일본과의 얽히고설킨 역사의 산물로 재인식해야 할 것이다.

일본은 러일전쟁 전후에 이미 조선의 산림을 본격적으로 조사했는데, 「남한삼림조사서」를 보면 도처에 임산 수입에 대한 관심이 나타나 있을 뿐 아니라 이미 "국고 수입"이라는 말까지 썼다.[68] 조선을 통치하게 된 일본에 있어서 조선의 산림은 그러한 욕망의 대상이었다. 그러나 한편으로 그들에게 산림문제는 식민통치를 위해 반드시 해결해야 할 엄청나게 큰 과제이기도 했다. 이러한 조건하에서 온돌을 둘러싼 시선은 어떠하였으며, 조선총독부의 산림정책은 온돌과 조선인에게 무엇을 요구하고 또 무엇을 남겼을까?

제2장

온돌의 영광과 오욕

―근대적인 인식의 틀

들어가며

19세기 후반 외국인들과의 접촉이 본격적으로 시작될 무렵까지 온돌은 조선의 일상이었다. 사람들의 생활 속에 뿌리 깊게 자리 잡고 있었기에 그것이 갖는 의미를 특별히 생각할 여지조차 없었고, 더러 땔감을 걱정하면서 사는 것이 고작이었다.

그런데 외국인이라는 타자의 관찰자적 시선이 개입하면서부터 사정은 크게 달라지기 시작했다. 그들은 온돌의 구조나 사용법, 특징 등을 분석했고, 온돌이 조선의 헐벗은 산림과 어떤 관계에 있으며 조선인의 민족성과는 어떤 관계에 있는지까지 풀이하곤 했다. 근대로 진입하는 입구에서 온돌이 맞이한 이와 같은 새로운 국면은 조선인의 의식 변화로도 이어졌다. 타자의 시선을 내면화한 식자들은 온돌을 분석, 비평하기 시작했고 그 안에서 그때까지 상상할 수 없었던 온돌에 대한 비판과 예찬이 잉태되었다.

서양인의 눈에 비친 온돌

구한말의 외국인들에게 조선의 문화 중 가장 인상적인 것이 무엇이냐고 묻는다면 아마 온돌과 흰옷을 꼽지 않았을까? 이사벨라 비숍은 그의 조선 여행기에서 "흰옷 입은 조선인이 많이 다니는 거리는 하얀 눈으로 덮인 듯이 보였다"라고 했고,[1] 무라야마 지준村山智順은 "멀리서 바라보는 시장의 모습이 마치 '목화밭'을 연상케 한다"라고 했다.[2] 흰옷이 그들에게 얼마나 인상적이었는지를 알 수 있다.

온돌도 흰옷 못지않은 관심거리였다. 호머 헐버트Homer B. Hulbert는 소나

나귀가 땔감으로 쓰이는 "엄청나게 많은 풀잎이나 삭정이를 싣고 가는 모습"을 대표적인 서울 풍물로 보았고, 밥을 짓는 아침 저녁으로 온 마을이 짙은 연기에 휩싸이는 모습을 흥미진진하게 기술했다.[3]

그러나 외국인들의 관심은 단순히 그 외관만을 살펴보는 것에 그치지 않았다. 그들은 위생이나 경제성 또는 활동성과 같은 근대적인 인식 틀 속에서 온돌을 관찰하곤 했다.

서양인들이 남긴 조선여행기를 통해 그들이 온돌을 경험하고 그것을 어떻게 느꼈는지 살펴보자. 비숍은 온돌에 대해 "10세의 아이들이 운반할 수 있는 양의 마른 잎이나 잡초로 12시간 동안 섭씨 21도 이상의 온도를 유지할 수 있는 대단히 경제적인 난방장치"라고 했다.[4] 선교사 엘라수 와그너Ellasue C. Wagner도 마찬가지로 경제성을 높이 평가했다.

> 의심할 나위도 없이 이와 같은 방식의 난방이 얼마나 경제적인지를 우리는 알 수 있다. 왜냐하면 커다란 가마솥에 밥을 짓는 삭정이나 잎나무 땔감은 동시에 구들장을 데워주기 때문이다. 우리는 따뜻한 구들 위에 이불과 베개를 깔고 꿈나라를 여행할 수 있다.[5]

구한말에 외교관으로 활동하던 호러스 알렌Horace N. Allen도 "짙은 갈색 유지油紙로 덮인 구들과 시멘트 방바닥은 하루에 두 번 밥을 짓기 위해서 때는 불만으로도 매우 따뜻하다"라고 했다. 그는 이렇게 온돌의 경제성을 높이 평가했을 뿐만 아니라 조선이 이 같은 제대로 된 난방문화를 갖고 있다는 것 자체가 중국이나 일본과 비교했을 때 큰 차이라고 보았다.

> 조선 사람들은 이 점에서는 이웃나라 사람보다 더 훌륭하다. 왜냐하면 일본의 가옥은 해로울 정도로 춥고 화로가 손을 쬐는 유일한 재래식 난방장치일

뿐이며, 그 반면에 중국인들은 겨울의 혹한에도 결코 따뜻함을 모르기 때문이다.[6]

구한말의 교육기관 육영공원에서 교사로 근무했던 조지 길모어George W. Gillmore는 조선 가옥은 "방바닥이 따뜻하기 때문에 겨울에도 두텁게 입지 않고서도 추위를 느끼지 않는다"라고 하고, 또 온돌은 "경제적으로나 편리함으로 보나 주거용으로 가장 적합하다"라고 했다.[7] 이것은 외국인에게 기대할 수 있는 최대의 찬사라고 할 만하다.

이와 같은 예로 볼 때 온돌에 대한 서양인들의 대략적인 평가는 극찬에 가까운 것이었다. 그들은 추위가 뼛속까지 스며드는 긴 여행길에서 여장을 풀었을 때 그 "온돌방에 감사했다"거나,[8] 또 사찰과 고분을 돌아보고 지친 몸으로 돌아와서 뜨거운 온돌방에 깔린 깨끗한 이불에 누웠을 때 "더할 나위 없는 행복감이 머리에서 발끝까지 감싸며 몸속으로 따뜻한 온기가 밀려들었다"[9]는 등 온돌방을 이용한 구체적인 경험도 기록으로 남겼다.

그러나 서양인 여행자들의 경험이 항상 이렇게 달콤할 수만은 없었다. 번듯한 숙박시설†이 드물던 시대에 조선을 여행하면서 주막이나 여각旅閣

† 1909년경 조선의 숙박시설

1909년경 조선의 숙박시설로는 주막, 객주, 여각 등이 있었다. 주막은 도회지에서는 음식점 전문이었지만 시골에서는 여관을 겸하기도 했는데 숙박료를 별도로 지불하지는 않았으며, 베개만 있을 뿐 달리 침구는 없었다. '보행객주'는 여관 전문이어서 비교적 객실이 양호하고 대우도 좋았다. 옛날에는 과거에 응시하는 유생 등이 머물던 곳이었고 1900년대에는 양반이나 중류 이상의 사람들이 숙박했다. '객주' 또는 '물상객주'는 주로 상인들이 이용하는 곳으로 선착장이나 상업이 번창하는 시가지에 있었으며, 물품의 매매를 알선하거나 매입품을 중개하기도 했다. '여각'은 지방에 따라 그 뜻하는 바가 달라서 소와 말을 쉬게 하는 시설일 수도 있고 '객주'나 '보행객주'와 같은 의미일 경우도 있었다. 가옥이 비교적 크고 짐승을 위한 외양간을 갖추고 있는 것이 보통이었다(今村鞆, 『復刻版韓國併合史研究資料 30 朝鮮風俗集』, 龍溪書舍, 2001, 270~273쪽). 서양인들의 여행기에는 객을 위한 식사 준비와 짐승의 여물을 끓임으로 해서 방이 뜨거워진다는 말이 많이 나오는데 이런 경우는 대개 '여각'으로 보아야 할 것 같다.

같은 곳에서 묵는 밤은 그들에게 견디기 힘든 고통이 되곤 했다. 릴리어스 언더우드Lillias H. Underwood는 온돌방에 대해 다음과 같이 말했다.

> 바닥은 너무 뜨거워 우리의 옷이 젖거나 추울 때, 그리고 오랜 시간을 걸어서 아플 때, 그리고 감기와 류머티스의 특별한 예방법으로 쓰일 때를 제외하고는 건강에 좋지 않다.

그는 또 첫 여행에서 간이 침대를 준비하지 않았기 때문에 짚을 가져다가 30센티미터 이상 높이로 쌓고 그 위에 침구를 펴서 벌레들이 밤새도록 그 짚의 미로를 헤매다가 지치게끔 함으로써 "바닥이 참을 수 없이 뜨거워졌을 때를 제외하고는 편하게 잤다"고 했다.[10] 열기를 좋아하는 벌레와의 전쟁이라든가 불을 땐 뒤 온돌방의 지나친 열기가 고통이었음을 알 수 있다. 비숍의 글에도 이와 관련되는 기술이 보인다.

> 우리는 그 지역(강원도 북부지역—지은이 주)의 유일한 여관에서 묵었다. '깨끗한 방'은 없었으나 그 여관 주인의 부인은 자기의 방을 나에게 주면서 호랑이가 두려우니 문을 열어 놓지 말 것을 일러주었다. 온도는 화씨 93도(섭씨 34도—지은이 주)였으나 문을 열 수 없는 나는 통풍도 시키고 약속도 지키기 위해서 장지문의 창호지를 찢었다.[11]

비숍은 또 다른 곳에서도 처음에는 30도였던 것이 식사준비를 하고 가축에게 먹일 여물을 끓이자 방의 온도가 42도까지 올라가고, 열을 좋아하는 바퀴벌레와 해충 등이 날뛰는 온돌방에서 잊을 수 없는 밤을 보내기도 했다.[12] 그가 이런 경험을 한 것은 6월 초순으로 기온이 32도에서 38도를 오르내리는 더운 시기였다고 하니,[13] 취사와 여물을 끓인 불만으로도 방안이 찜통처럼 더워졌을 만도 하다.

이처럼 서양인 여행자들의 온돌 경험이 종종 심한 고충을 동반할 수밖에 없었던 것은 그들이 온돌의 열기에 익숙하지 않은 탓도 있겠으나 무엇보다도 그들이 묵은 숙소가 변변한 여관이 아니었다는 이유가 크고, 그 때문에 열기를 그다지 필요로 하지 않는 계절에 뜨거운 온돌방에서 자게 되었기 때문이었다. 언더우드가 더운 계절에 여행할 경우의 고충을 적은 것도 이런 연유에서였다.[14]

서양인들은 온돌의 우수성과 경제성을 높이 평가하기는 했지만, 적어도 그들의 경험에 비춰볼 때 충분히 만족스럽지 못했던 것이 분명하다. 그렇기 때문에 와그너는 온돌이 "경제적이라고는 하더라도 통풍이라는 점에서 본다면 아주 비위생적"[15]이라고 했고 온돌을 주거용 난방으로서 가장 적합하다고 본 길모어조차도 겨울 온돌방의 열기와 오염된 공기를 문제점으로 지적했다.[16] 또 취사겸용이라는 온돌구조의 특징 때문에 여름에도 방에 불을 넣을 수밖에 없다는 것도 문제였다.

그러나 서양인들이 인식한 이 같은 온돌의 문제점은 조선인들이 일반적으로 공감하는 것은 아니었다. 여름철 조선인의 일상은 그들의 온돌 경험과는 사뭇 달랐기 때문이다. "널빤지가 깔린 여름 방"이 있다[17]는 기록으로도 알 수 있듯이 대가大家에는 온돌방이 아닌 판방이 있어서 여름용으로 사용되기도 했다. 방이 단 한 칸밖에 없는 가옥이 문제일 수도 있겠으나 가족이 먹을 밥을 지을 때 잠깐 불을 때는 것이 고작이었으므로 여름철 방의 열기는 서양인들이 말하는 것보다는 훨씬 미미한 문제였을 것이다. 또 서민들은 방이 뜨겁다거나 더위로 견디기 어려운 여름 밤에는 마루가 있으면 마루에서 잘 수도 있었고, 혹은 마당이나 길에서 잠을 청하기도 했다. 19세기 말 어느 일본인은 온돌을 사용하는 조선인들이 여름철이면 온돌방이라는 찜통 속에 있을 것 같지만, 실제로는 "실내에서 자는 사람은 없고 모두 원야原野에 가서 하늘을 지붕 삼아 잔다"라고 했고,[18] 소설가 드레이크H.B. Drake의 글에도 다음과 같은 기록이 있다.

날씨가 청명한 조선에서 집은 우기나 동절기 동안의 거처 이상이 아니다. 사람들은 길거리에서 산다. 여름에 그들은 거리에서 요리하고 잠을 잔다. 밤에 골목길을 지나다닐 때에는 땅 위에 깐 자리 위에 서로 얽혀 엎드려 있는 사람들을 넘어가야 한다.[19]

알렌은 『조선견문기』에서 "철로가 베개로 쓰기에 안성맞춤이어서 무더운 밤에 서민들이 '석탄재를 깔고 다진 평평한 철로 위에 돗자리를 깔고 완전한 참형斬刑의 자세'로 철도를 베고 자곤 했으며, 마지막 전차가 지나간 것으로 생각하고 잠들어버렸다가 사고가 나는 경우도 있었다"[20]라고 했다.

더운 여름을 지내는 방법은 또 있었다. 앞의 인용문에 "거리에서 요리"를 한다는 지적이 있는데, 솥을 하나 더 장만할 여유가 있고 그 필요성을 느끼는 집에서는 온돌과는 별개로 마당에 그림 2-1과 같은 취사전용 아궁이를 따로 설치해 놓고 밥을 지을 수도 있었다.[21] 그러나 자세한 것은 다음 장에서 논하겠지만, 이런 방식이 그다지 일반적이지는 않았다.

이와 같이 여름철에도 온돌은 조선인에게 그다지 크게 문제될 것이 없었다. 또 온돌방에서 등과 허리를 "지진다"고까지 표현해온 조선인의 온돌의 열기에 대한 감각과 기호嗜好는 서양인들과 큰 차이가 있었기 때문에 온돌에 대한 애착이나 온돌생활 그 자체가 다를 수밖에 없었다.

서양인들의 온돌관을 정리해보자. 그들은 조선인만큼 뜨거운 것을 원하지는 않았지만 온돌이라는 난방장치 자체의 우수성이나 경제성에 대해서는 극찬을 아끼지 않았다. 다만 통풍이 안 되고 지나치게 뜨겁다는

그림 2-1 취사전용 아궁이 생활에 여유가 있던 대가에서는 마당에 취사전용 아궁이를 설치하고, 관혼상제와 같이 많은 손님을 치러야 할 때나 여름철에 사용했다.

점을 비위생적이라고 보았다. 여행 중에 묵은 변변치 않은 숙박시설에서의 조금 특별한 온돌 체험이 그들의 온돌에 대한 이미지를 다소나마 나쁘게 했던 것은 사실일 것이다.

서양인들의 온돌관이 이러했다고 하면 일본인들은 온돌을 어떻게 보았을까?

한국병탄 이전 일본인들의 온돌관

식민지나 식민 예정지의 대표적인 생활문화를 해석하는 행위는 곧바로 그 사회의 구성원에 대한 규정으로 이어지기 마련이어서, 조선의 대표적인 생활문화였던 흰옷이나 온돌에 대한 일본인들의 해석과 의미 부여는 곧 조선인·조선사회의 성질을 논하는 것이었다.

그림 2-2 **흰옷의 군상**(울산 장터) 1920년대까지만 해도 장터에 모이는 조선인은 거의 모두가 흰옷을 입고 있었다. 이 사진에서 군데군데 검은 옷을 입은 사람이 보이기도 하는데 그것은 대개 일본인이다.

더할 나위 없이 상징적으로 보였을 흰옷을 통해 일본인들은 무엇을 인식했을까? 온돌문제를 생각하기 전에 이 점을 먼저 확인해두는 것도 흥미로운 일일 것이다.[22]

첫째, 일본인들은 우아한 흰옷을 입은 사람을 보면 애써 그 조선인이 "돼지우리" 같은 작고 지저분한 집으로 들어가는 것을 확인하고, 그 우아함과 "돼지우리"를 대조함으로써 조선사회가 얼마나 불균형적이고 이상한 사회인지에 대해 이야기했다.[23]

둘째, 우아한 흰옷을 이야기하면서 그 속에 감춰진 빈대, 몸의 때와 악취를 상상함으로써 불결한 조선인의 우스꽝스러움을 고발했다.[24] 도키오 슌조釋尾春芿는 이와 관련해 "흰옷을 입은 개나 돼지 같은 조선인〔犬豕的 白衣人〕" 이라고까지 표현했다.[25]

셋째, 지금의 조선은 마찬가지로 흰옷을 입던 수백 년 전 일본사회의 모습 그대로라며 조선의 문화 정체성停滯性을 말했는데,[26] 이것은 외형적으로 비슷하다는 의미일 뿐만 아니라 그 수백 년 전의 일본인처럼 '현재'의 조선인은 나약하고 무기력하다는 의미이기도 했다. 더구나 조선인은 흰옷 때문에 거동이 유약·완만해지고 나태해졌다고 했다.[27] 결국 그들에게 흰옷은 조선인의 나약함·무기력함·나태함의 상징인 셈이었다.

넷째, 흰옷은 본래 상복에서 유래된 것이라고 하는 상복기원설에 의거해서 조선인은 상복을 일상적으로 입는 "경사스럽지 못한 국민"[28]이라거나, 생활에 낙도 없이 "영원히 거상 중居喪中이다"라는 식으로 이야기함으로써 조선인을 "비애의 민족"으로 치부해버렸다.[29]

네 번째 예를 제외하고는 모두 식민지기 전의 글인데, 특히 이 시기에 나온 이러한 신랄한 평은 조선에 대한 제국주의적인 욕망과 무관하지 않다. 일본인들이 쓴 조선론에 '한국병탄'을 정당화하기 위한 이른바 '조선사회 정체론'[30]이 많았던 것과 일맥상통하는 문제이다. 똑같은 조선의 모습을 보아도 비교적 객관적이고 온화한 서양인들의 인식과는 달리 일본인들은 조선인을 한없이 비극적이고 비인간적이며 야만적인 존재로 인식했다.[31]

온돌에 대한 평가도 예외가 아니어서 식민지기 전까지는 혹평이 많았다. 단, 객관적인 관찰과 분석이 요구되는 공적인 조사보고서는 달랐다. 예를 들면 『한국삼림시찰복명서』에서는 취사겸용이라는 온돌의 특징에 대해 "일거양득"이라고 하고 겨울철의 추위가 격심한 까닭에 자연적으로 발명된 것으로 추정했다.[32] 「남한삼림조사서」에도 다음과 같은 기술이 있다.

> 한국 가옥은 반드시 온돌설비를 한다. 그리고 이 온돌이 한국민의 생활상 필요불가결한 것이라는 점은 잘 알려진 바이다. 즉, 겨울철에는 방을 따뜻하

> 게 하고 여름철에는 습기를 제거하여 신체의 건전을 보호하는 데 이용하는 유일한 장치이다. 많은 세인들이 온돌이 대단히 많은 양의 연료를 필요로 한다는 이유에서 이 장치를 삼림황폐를 초래한 일대 원인이라고 보고, 온돌을 금지하지 않는 이상 도저히 삼림황폐를 이전 상태로 돌릴 수 없다고 주장했다. 또 어느 고서에서는 옛날에 산속에 서식하는 호랑이 피해의 창궐을 우려하여 수목을 다 잘라버리기 위해 온돌을 고안하여 장려했다고도 한다. 그러나 이 두 가지 다 하찮은 설이라 하지 않을 수 없다. 온돌은 소량의 연료만을 가지고 음식물을 끓임과 동시에 그 나머지 연기를 끌어서 통하게 하여 실내를 데우는 장치인 데다, 그 연료로 목재뿐 아니라 마른 풀, 짚, 갈대 등을 능히 이용할 수 있으니 오히려 땔감 절약이라는 목적에 합치되며, …… 일반 한국민의 가옥은 고작 한두 개의 협소한 온돌방을 갖춰 놓았을 뿐이다. 그러하니 온돌설비는 오히려 삼림황폐의 결과로서 생긴 것으로 간주하는 것이 진리에 가깝다.[33]

여기서는 온돌이 겨울철 난방으로서의 효용뿐만 아니라 여름철에는 습기를 제거하여 건강을 유지할 수 있게 해주는 효용까지 있다며 그 장점을 밝히고 있는데, 경제성과 땔감 이용 면에서 온돌이 지닌 유연성을 평가하고 있다는 점이 특이하다.

한편 모리오카森岡농림고등학교 교수로 있던 다마리 기조玉利喜造는 고타쓰炬燵 폐지를 주장한 글에서 그 대안으로 온돌을 추천하고 장려했다. 그의 주장을 정리해보면 이렇다.

> 고타쓰는 첫째로 위생상의 문제가 심각하다. 그 안에 들어가서 자면 현기증이 난다는 것과 불이 꺼졌을 때 추위를 느껴 감기에 걸리기 쉽다. 둘째는 사회 발달 혹은 생산력의 문제로, 고타쓰에 들어가 있으면 게을러져서 "진보 발달의 기상"을 잃는다. 셋째, 묘령의 남녀가 함께 고타쓰에

들어가 있음으로 해서 생기는 풍속상의 문제가 있다. 결국 고타쓰는 위생상의 해, 생산력 저하, 풍속 파괴라는 "인생의 3대 해독"을 낳으니 조선과 만주에서 쓰는 온돌을 도입하는 것이 좋다. 또 일본이 추운 지역으로 발전해가지 못하는 것은 필경 "농성적籠城的인 고타쓰"에 들어앉아 있기 때문이니 러시아에 이긴 일본이 앞으로 발전하는 데 있어서 고타쓰 폐지는 급선무가 아닐 수 없다.[34]

그런데 이 같은 주장은 일본이 대륙으로 판도를 넓혀가려면 온돌을 적극적으로 도입해야 한다는 하나의 또 다른 방향성을 나타내고 있다는 점에서 흥미롭다. 실제로 다마리는 일본이 동북지방(일본 내에서 추위가 심하고 발전이 늦은 지역)으로 발전을 이루고, 만주와 시베리아로 발전해가기

그림 2-3 **고타쓰** 고타쓰는 본래 숯을 놓고 이불을 덮어 손과 다리를 따뜻하게 하는 부분난방 기구이다. 숯을 사용하기 때문에 위생상 많은 문제가 있었는데 전기고타쓰가 나와서 지금도 폭넓게 이용되고 있다.

위해서는 의식주를 개선하는 것이 급선무라고 주장한 글 속에서 온돌의 보급을 강하게 피력하기도 했다.[35]

그러나 식민지기 이전에 한해서 본다면 일본인이 온돌에 대해 이렇게 진지하고 긍정적으로 인식한 예는 극히 드물었다. 앞의 인용문에도 나타나 있듯이 오히려 온돌은 무엇보다도 산림황폐의 일대 원인이라는 이유로 금지되어야 한다는 주장까지 나오고 있었다. 십여 년 후에 다른 글에 나타난 표현을 빌려서 단적으로 말하자면 온돌은 산림의 "대숙적大宿敵"[36] 또는 "너무나 횡포한 연료 강요자", "민둥산을 제조하는 장본인"[37]으로 인식되고 있었던 것이다. 한편 공학박사 와다 요시무쓰和田義睦는 조선의 혹한을 이겨내기 위해서는 큰 화력이 필요한데, 그 때문에 온돌 땔감으로 드는 비용이 생활비의 70~80퍼센트를 차지한다며 경제성 면의 문제를 지적하기도 했다. 거의 같은 시기에 쓰인 헐버트의 기록에서도 분명히 많은 비용이 든다고는 나와 있지만, 서울의 경우에 "전 수입의 1/4가량"[38]이라고 되어 있어 크게 차이가 난다. 와다는 경제성뿐만 아니라 위생 면에서의 문제도 동시에 지적하면서 온돌망국론을 제창해야 한다고 했다.

> '온돌'은 위생상 어떠한가 하면, 어떤 사람은 위생적이라고 합니다만 실제로 조사해본즉, 건강상 대단히 유해한 것이라고 생각합니다. 겨울철에 한인의 집은 이 '온돌'의 열을 유지하기 위해 장지문 등으로 이중 삼중 창을 완전히 막아 전혀 바람 구멍이 없는 상태여서 단 한 개의 작은 문으로 출입하고 있습니다. 그래서 헌병이나 순사가 겨울철에 한인의 집에 묵다가 질식했다는 이야기를 듣는 것은 그리 드문 일이 아닙니다. 요컨대 이 생활법은 경제상으로 보나 위생상으로 보나 한인에게 실로 대단히 해로운 것이라고 생각합니다.[39]

헌병이나 순사가 손님으로서 여관을 이용했을 때 앞에서 본 서양인 여행자들과 비슷한 경험을 했을 수도 있는데 와다가 그런 경험담을 듣고 과장한 것이 아닐까 생각한다. 프랑스 선교사 달레Claude C. Dallet의 기록에 따르면 서민들의 가옥은 대개 비용을 들이지 않고 도끼와 끌만 가지고 문을 만들어 달기 때문에 질식사 걱정은 하지 않아도 될 만큼 충분히 틈새가 있었다.[40] 방이 견디기 힘들 정도로 더우면, 서양인들이 그랬듯이 창호지에 구멍을 내면 될 일이었다. 또 임업기사로 온돌축조법에 대한 글을 쓰기도 했던 나가쿠라 준이치로長倉純一郎가 일본의 고타쓰나 히바치火鉢와 달리 온돌은 탄산가스나 기타 유독가스를 발생시키지 않는다고 지적했듯이 재래식 온돌에서는 일산화탄소 중독이라는 문제도 없었다.

온돌을 논할 때 흔히 말하던 조선인의 성질 중 주된 하나는 흰옷의 경우와 마찬가지로 나태, 무기력 혹은 비활동성이었다. 조선 '멸망'의 요인을 늘어놓은 글에서도 온돌은 여지없이 중요한 한 자리를 차지했다. 조선인이 온돌에서 따뜻하게 살아 "고타쓰적 국민"이 되어 나태해졌다는 것이다.[41] 다마리가 고타쓰 폐지라는 문맥에서 일본 동북지방 사람들을 "고타쓰적 국민"으로 비판하기도 하고 반대로 온돌을 추천, 장려하기도 했던 것을 생각하면 문화 해석의 과도한 주관성이 우습다. 하지만 일반

그림 2-4 **히바치** 숯을 이용한 화로로서 유해가스가 발생하고 재가 날리는 등의 문제가 있었다.

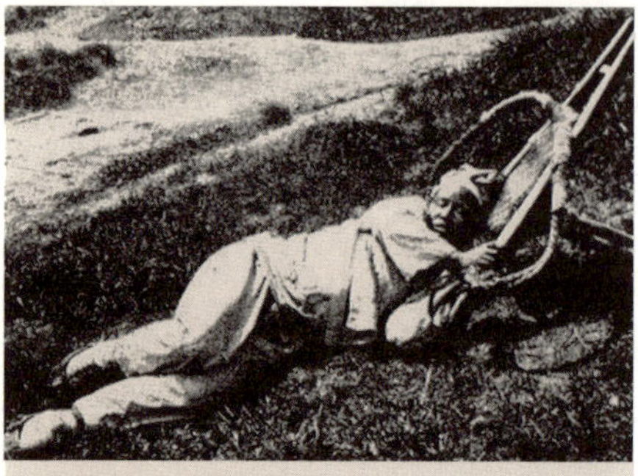

그림 2-5 **나무꾼의 낮잠** 아무 데나 누워 낮잠을 자는 조선인의 모습은 일본인들에게는 아주 특별한 풍경이었다. 그 같은 모습 자체가 낯설었기 때문일 수도 있고 나태한 조선인의 기질이 그 모습에 여실히 드러나 있다고 보았기 때문일 수도 있다.

적으로 일본인의 눈에 조선인이 나태하게 보였으리라는 점은 어느 정도 이해할 만하다. 조경달은 일본인들이 조선인을 나태하다고 본 배경에 대해 일본의 경우 이미 18~19세기에 걸쳐서 근면, 검약 등의 '통속 도덕'이 민중들 사이에 주체적으로 내면화되는 방향으로 전국적으로 형성되었다는 점을 들고, 그것이 근대적 가치와 융합하였기 때문이라고 설명했다.[42] 그러한 변화를 거쳤는데도 그들의 생활과 노동은 여전히 전근대적인 시간 속에 있었다. 19세기 중반을 넘어서면서 일본사회가 경험해야 했던 것은 그들을 나태하다고 보는 서양인들의 비평과[43] 공업화사회의 세례였다.[44] 그렇게 해서 일본인은 새롭게 태어났고, 그런 그들에게 조선인이 눈에 찰 리가 없었다.

일본인은 전근대적인 시간을 살아가는 조선인을 그들의 잣대로 관찰하고 묘사했다. 온돌은 종종 그들이 말하는 '나태한 조선인'을 생산해 내는 장치로 간주되었다. 일본인이 잘 쓰던 말 중에 '요보-화ヨボ化'라는 말이 있다. '요보'는 사람을 부를 때 쓰이는 한국어의 '여보'라는 말을 흉내 낸 것으로 조선인을 가리키는 차별어였다. 이 말 속에는 일본인들이 상상하는 조선인의 부정적인 이미지가 내포되어 있었다. 특히 노쇠하고 나태하며 모든 면에서 '신경이 무디다'라는 이미지가 이 말로 표현되는 경우가 많았다. 한 예로 그림 2-6을 보자. 이것도 어떻게 보면 조선인의 나태함을 표현한 것이라고도 할 수 있는데, 이 그림과 더불어 실린 글에서

는 조선인의 무딘 신경이 강조되었다.[45]

그림 2-6 소 밑에서 자는 낮잠

> 소 밑에서 낮잠을 자다니 요보ヨボ가 아니면 할 수 없는 재주다. 잘도 생각해냈다. 역시 조선이다. 발에 차인다든가 소변을 뒤집어쓴다든가 하는 걱정을 해 지레 신경을 피곤하게 하지 않는 점은 요보의 훌륭한 점이다. 대범하다고 해야 할지, 무신경하다고 해야 할지.

쓸데없이 미리 걱정 따위 안 하고 소 밑에서 낮잠을 잘 수 있다는 것은 무딘 신경을 가진 '요보'만의 진면목이라는 것이다. 이러한 이미지를 다르게는 "저능자적低能者的"이라고 표현하기도 했다. 또한 모든 면에 예민하지 못하고 신경이 무디다면 거칠게 부림을 당하거나 억압을 받아도 반발하지 않는 유순한 성질일 텐데, '요보'에는 실제로 그런 의미까지 포함되어 있었다. 앞의 인용문 바로 뒤에는 "소도 요보화됐는지 유순한가 보다"라는 표현이 나온다. 즉 조선인은 신경이 무디기 때문에 유순하다는 것이며 그러한 조선인처럼 되어가는 것이 여기서 말하는 소의 '요보화'인 것이다. '요보화'는 특히 재조선 일본인이 조선인처럼 되어간다는 우려를 담고 있는 말로, 일종의 '유행어'처럼 사용되기도 했다.[46]

그럼 온돌이 나태하고 무기력하고 비활동적이며, 신경이 무디고 '저능자적'인 조선인, 즉 '요보'를 생산해 낸다는 것은 무슨 말일까? 한국병탄

그림 2-7 온돌에서의 칩거생활

직후에 한 일본인은 재조선 일본인들의 온돌 사용에 반대한다는 의견을 냈다. 그 이유인즉 온돌을 사용함으로써 일본인이 '요보화' 된다는 것이었다.[47] 이것은 곧 온돌이 '요보'=조선인의 좋지 않은 기질의 온상이 되고 있다고 보는 온돌관의 단면을 보여준다.

아주 부정적인 온돌관을 하나만 더 들어보자. 그림 2-7은 『조선만화朝鮮漫畫』에 실린 그림으로 혼자 온돌방에서 담배를 피우고 앉아 무위도식하는 남자를 그린 것인데, 이 책의 저자는 이러한 온돌생활을 신랄하게 비판했다.

> 온돌생활은 칩거생활을 하게 함으로써 진취의 기상을 상실케 하는 해독이다. 구멍에 틀어박히는 식의 안이安易를 탐하는 것은 타락 퇴화의 원인이다. 대체로 한인은 저능자다. 그 주거가 온돌이듯이 그 머릿속도 온돌처럼 바람이 안 통하고 어둠침침하다.[48]

그러니 우선 온돌을 깨부숴야 한다는 것이었다.

식민지기 이전의 일본인들은 온돌에 대해 약간은 긍정적인 견해도 가지고 있었으나 대체로 부정적이었으며, 온돌에 관한 기술은 서양인의 그것과는 비교도 안 될 만큼 신랄하고 또는 저질적이기까지 했다. 그러나 한편으로는 온돌 같은 본격적인 난방설비 없이는 한반도의 겨울을 나기 힘들다는 것을 일찍부터 터득하기 시작했다.

일찍이 조선에 지어진 일본가옥은 개방적이고 방한 및 난방설비에 큰 결점이 있었다. 임업기사로 근무하던 다카하시 기시치로高橋喜七郎는 그 상황을 이렇게 표현했다.

> 한겨울에 '영하 20도', '30도'를 오르내리는 혹한이 엄습하면 싸늘한 바깥 공기가 틈새 투성이인 일본가옥으로 사정없이 쳐들어와서 실내온도는 점점 내려간다. 이럴 때에는 아무리 실내에 숯불을 놓아도 공기가 금방 차가워진다. 이불을 두 장, 세 장 뒤집어써도 냉기는 틈새를 노리고 침입해 들어와 거침없이 체온을 빼앗아간다. 이 때문에 겨울이 되면 내지인들 사이에는 감기에 걸리거나 혹은 호흡기가 나빠져서 결국은 타향에서 허무하게 죽는 일이 발생하기도 한다. 특히 이런 일은 저항력이 약한 부인이나 어린아이에게 많이 일어난다.[49]

한편 일찍부터 온돌방을 설치하고 사는 일본인도 결코 적지 않았던 것으로 보인다. 통감부 시기에도 온돌이 "대중적"이고 "경제적"이어서 일본인 민간주택에서 소중한 난방이었다고 하는 기록이 있다.[50] 『조선만화』의 저자 우스다 사다타카薄田貞敬의 글에도 온돌을 사용하던 일본인의 생활상의 단면이 나타나 있다. 그는 1907년에 조선으로 이주해서 첫해에 이사를 다섯 번 했는데, 11월과 12월에 이사한 네 번째와 다섯 번째 집에는 온돌방이 한두 개씩 설치되어 있었다. 정월에 찾아온 손님은 모두가 이 따뜻한 온돌에 달라붙어 있었다고 한다.[51]

추운 홋카이도로 이주하면서도 남방문화를 그대로 옮겨간 일본인들은 조선에서도 기본적으로는 본래의 생활문화를 유지하고자 했다. 일찍부터 온돌을 사용하는 사람들이 적잖이 있었다고는 해도, 앞에서 본 다카하시의 지적에도 나타나 있듯이 재조선 일본인들 가옥의 대부분은 일본식 그대로였다. 더구나 다방면에서 온돌에 대한 신랄한 비판이 나오고 일본인의 '요보화'가 우려되기까지 하는 상황이고 보니 온돌을 채택한다는 것은 적극적인 선택이라기보다는 순수하게 한반도의 혹한을 견뎌내야 한다는 절실한 생활상의 필요에 따른 선택이었다. 겨울철 따뜻함을 확보하는 것이 무엇보다도 중요했던 조선에서 그들도 역시 일본가옥에 대한 애착 또는 인간의 활동성이라든가 근면성의 배양과 같은 근대적인 가치 등 다른 무엇인가를 희생하면서라도 온돌생활을 선택하지 않을 수 없었던 것이다. 그러나 그것은 본래의 생활문화를 대부분 유지하면서 부분적으로 온돌을 이용하는 식의 중간적인 선택이어서 그들의 온돌생활은 조선인의 그것과는 확연히 구분되는 것이었다.

재조선 일본인의 온돌 채택

한국병탄을 계기로 일본인들이 온돌을 보는 시선이 많이 부드러워지면서, 이제 그들에게 온돌은 과학적인 분석의 대상이 되기까지 했다. 온돌에 관한 실험이나 연구가 다양하게 이루어졌으며, 그러한 연구를 바탕으로 일본인 스스로 온돌을 축조할 수 있도록 하기 위해 온돌축조법을 상세하게 소개하는 글도 나왔다. 우선 일본인의 온돌 사용을 권장하는 글에서 온돌을 어떻게 설명하였는지 살펴보자.

나가쿠라 준이치로의 「온돌축조법에 대해서」는 온돌축조법을 처음으로 상술한 글이다. 나가쿠라는 이 글에서 온돌에서는 일산화탄소나 그 밖의 유독가스가 발생하지 않기 때문에 "단순히 보온뿐만 아니라 위생면에서도 적합하고 편리한 점이 많은 건축법"[52]이라고 했다. 온돌이 부분난방과는 비교할 수 없을 만큼의 난방효과를 낸다는 것뿐만 아니라, 유독

가스를 걱정하지 않아도 된다는 점은 또 하나의 큰 매력이었다. 일본의 히바치는 물론이고 숯을 넣고 이불을 덮어 그 안에 손발을 넣고 앉는 고타쓰도 가스가 문제였으며, 이로리[囲爐裏] 또한 천정이 낮은 일반 가옥에서는 가스 중독의 위험이 따랐다.

그림 2-8 **이로리** 일본의 전통가옥에서 사각으로 짠 틀을 바닥 한곳에 설치하고 작은 장작불이나 숯불을 피우는 난방설비이다.

다카하시 기시치로는 스토브와 온돌을 비교함으로써 온돌의 장점을 다음과 같이 논했다.

> 온돌은 축조하는 데에는 비교적 많은 비용이 필요하지만, 다루기에 손이 많이 가지 않고 하루에 많아야 아침 저녁으로 두 번 연료를 넣으면 하루종일 적당한 온도가 유지된다. 또한 따뜻한 기운이 바닥에서 고르게 퍼지기 때문에 대단히 편안할 뿐만 아니라 잿가루와 그을음 등으로 실내가 더럽혀지는 일이 적으며, 연료도 경제적이어서 추운 지역의 난방장치로는 가장 적당하다고 사려된다.[53]

스스로 온돌을 축조하지 못하니 비용이 든다고는 해도 페치카(벽돌 등을 이용해서 벽면에 만든 일종의 난로로서 벽면의 방사열로 방을 덥힌다)나 온수난방은 그보다도 더 큰 부담이었기 때문에 서민층의 일본인들이 선택할 수 있는 것은 역시 온돌뿐이었다.[54] 식민지기에도 온돌반대론이 없지 않아 있었지만, 이러한 글들을 통해 온돌에 대한 일본인의 시선이 확실히 변했다는 것을 확인할 수 있다. 이런 인식의 변화는 조선 지배의 정당성을 부여하는 데 일조했던 조선사회에 대한 신랄한 비판이 조선 식민지화를 이룬 현시점에서는 이전만큼 의미를 가질 수 없게 되었을 뿐만 아니라, 어느 정도 온화하게 조선문화를 논할 수 있는 여유를 갖게 되었고, 또 온돌이 필연적으로 그들 생활문화의 일부가 될 수밖에 없게 되었기 때문이다. 아니, 한발 더 나아가서 전략적 차원에서 온돌을 제국 일본의 생활문화로 정착시켜야 했기 때문이기도 하다. 이 점은 두 가지 방향에서 여실히 드러났다.

첫째로, 어떻게 하면 많은 일본인의 성공적인 식민植民을 가능하게 할 수 있을까라는 과제를 해결하는 데 온돌은 중요한 열쇠였다. 조선총독부의원 원장 후지타 쓰구아키라藤田嗣章는 이 과제에 대한 답 중 하나로서 '편리한 가옥구조'를 들었는데, 특히 온돌은 빼놓을 수 없는 요소였다.

> 조선 이주자에게 다음과 같은 주의를 주고 싶다. 일본인은 가옥의 구조를 어디에 가나 일본풍으로 만드는데 이것은 실용상 겨울에는 추워서 곤란한 경우가 많다. 그러나 온돌로는 봄과 여름에 더워서 견딜 수가 없다. 그러니 한 칸은 서까래를 대고 다다미를 깔도록 하고 한 칸은 온돌방으로 만들어서 봄, 여름, 가을에는 일본풍의 다다미방에서 생활하고 겨울에는 조선식의 온돌방에 살며 그 아궁이는 취사의 나머지 열로 따뜻해지도록 장치하면 된다. 농사를 짓는 사람은 티끌이나 짚만으로도 충분히 연료가 될 것이다. 이런 식으로 주의해서 생활하면 겨울도 여름도 모두 유쾌하게 지낼 수 있다.[55]

온돌방이 없는 순수한 일본가옥으로는 한반도의 엄동설한을 견뎌내기 힘들었다. 그러나 일본인들은 조선인과 같은 전면적인 온돌생활을 원하지는 않았다. 추위에 시달리며 사는 일본인 조선 이주자들의 현실을 지적하고 온돌방을 사용해야 한다고 주장했던 다카하시도 역시 한 가옥에 온돌방 한 칸만 있으면 충분하다고 했다.[56] 1940년 조선건축회가 개최한 '온돌 좌담회'에서는 재조선 일본인들의 생활상에 일어난 변화가 확실하게 나타났다. 참가자들 중에는 추운 것을 참는 것이 습관화되어 있어서 고타쓰면 된다거나 온돌을 좋아하지 않는다는 사람이 있는 등 개인적으로는 차이를 보이면서도 전원이 온돌 한두 칸 정도의 필요성을 인정하였고, 특히 부녀자와 아이들에게는 절실하게 필요하다는 의견이 공통으로 제기되었다.[57] 한편 아동보호라는 사회사업의 관점에서 온돌의 효용이 지적되는 경우도 있었다. 『조선사회사업朝鮮社會事業』에 실린 한 기사에서는 재조선 일본인 1세 미만 아동의 사망률이 조선인 아동과 비교해서 두 배 이상이나 되는 점을 지적하고 주로 의식주 측면에서 그 요인을 검토했는데, 여름철과 겨울철의 온도 차가 큰 조선에서 문제 없이 아이들을 양육할 수 있는 것은 온돌이 있기 때문이라고 보았다.

> 동절기에 태어난 아동은 밖에 내놓지 않고 여기(온돌방 — 지은이 주)에서 기르는데 이 덕분에 발육상 대단히 좋은 결과를 내고 있는 것 같습니다. 또 임신한 여성을 위해서도 대단히 좋습니다.[58]

잡지 『조선과 건축朝鮮と建築』에는 처음 경성에서 살게 된 한 일본인의 '셋방살이'를 묘사한 글이 실려 있다. 그는 처음에 조선가옥에 입주했지만, 통근에 불편을 느껴 연말에 온돌방이 한 칸 딸린 일본가옥으로 이사를 했는데, 갑자기 추위가 몰아닥쳐 가족이 모두 감기에 걸리고 말았다. 온돌설비가 없는 나머지 방이 그 혹한을 견디기에는 주거공간으로서 문제가 있었기 때문이었다. 그는 다시 온돌로 옮기는 것이 좋다는 지인의 말에 온돌방이 두 개 딸린 조선가옥으로 또 이사하게 되었다.[59] 이 같은 사례는 일반적인 재조선 일본인에게 온돌이 갖는 의미를 단적으로 보여준다.

둘째로, 일본의 북진을 위한 문화적 과제를 해결하는 데에도 온돌이 갖는 의미는 컸다. 다마리 기조가 러일전쟁 후에 전개될 일본의 북방으로의 발전을 전망하면서 북방에 맞게 의식주를 개선할 것을 이야기하면서 그 안에서 온돌의 필요성을 주장한 것은 앞서 소개한 대로다. 또 일본인의 조선생활에는 온돌이 필요하다고 한 조선총독부의원 원장 후지타의 말도 앞에서 이미 소개했는데, 그는 야마토大和 민족이 "점점 더 북진해야 하는 커다란 사명"을 띠고 있다고 주장하는 인물이기도 했다. 요약해서 말하자면, 북한 지역으로 이주하면서 일본가옥을 짓고, 또 그곳에서 일하다가 겨울이 되면 남쪽으로 옮겨가는 식의 나약한 마음가짐이나 생활양식으로는 북진이라는 야마토 민족의 사명을 다할 수 없으니, 거주환경으로서는 북한 지방의 추위에 적응해갈 수 있는 온돌가옥이 우선 필요하다는 것이 그의 견해였다.[60] 추위가 심한 조선에서 일본인의 생활문화를 구축하는 것이 본격적인 만주 진출에 앞서 문화적 발판이 될 것이라 여긴 것이다. 이러한 문제에 대해서는 뒤에 일본 홋카이도에서의 북방문화건설을 둘러싼 동향을 별도로 논할 생각이므로 여기서는 간단히 보충하는 데 그치기로 한다.

조선건축회는 조선 건축계 전체의 발전을 목적으로 한 단체로서 1922년에 창립되었다. "여름은 덥고 겨울은 영하 몇십 도까지 이르는 기후에 적합한 가장 경제적이고, 또 가장 효과 있는 건축물"이야말로 "가장 연구를 필요로 하는 중요한 사안"[61]이라는 말에도 나타나 있듯이, 이 단체는 조선의 기후에 맞는 주택문제 해결에도 큰 역점을 두었다. 이러한 활동 방향으로 볼 때, 1931년에 발발한 만주사변을 계기로 한반도보다 한 단계 더 북방이라고 할 수 있는 만주를 의식하게 되는 것은 필연이었다.

조선에서 각종 공업의 진흥을 꾀함과 동시에 나아가서는 만몽 지역으로 진

> 출하여 널리 보급시킬 필요성을 통감합니다. 또한 조선의 기후에 합치하는 모든 건축기술을 만주 땅에 보급하는 것도 본회로서는 대단히 필요한 것이라고 생각하는 바입니다.[62]

이를테면, 조선은 북방 지역에 맞는 건축기술의 연마장이기도 했던 셈인데 여기서 말하는 조선의 기후에 맞는 건축기술 안에 온돌이 포함되는 것은 말할 것도 없다.

건축전문가로 경성고등공업학교 교수로 있던 오가와 히로미치小河弘道가 "만선滿鮮(만주와 조선—지은이 주)과 같은 혹한 혹서의 땅에 영주하고 능히 그 사명을 다하자면 영혼의 안주지, 활동의 근원지가 되는 쾌적한 주택이 있어야 한다"라고 하고, 그러한 주택이야말로 "국민 발전의 근저를 이루는 것"이라고 하며 온돌가옥을 논한 것도 같은 맥락에서 이해할 수 있다.[63]

이와 같이 온돌은 개인이 필요에 따라 선택한 것임과 동시에, '식민'을 기초로 한 제국 일본의 발전 또는 북진을 위한 전략적인 생활문화이기도 했다.

> 내지인의 거주형식도 좌식이기 때문에 비교적 온돌에는 친숙해지기 쉬워서 오랫동안 온돌생활을 해온 사람이라면 떨어질 수 없게 된다. 그렇게 애용되는 일면의 이유는 경제적이라는 것과 관리가 간단하다는 것도 있지만, 집안에서 지내는 추운 겨울 동안의 쾌감은 물론이고 처음 서리가 내리는 약간 쌀쌀할 때 온돌에서 느낄 수 있는 기분이라든가, 또 여름에는 반대로 나무 그늘의 선선한 돌 위에 누운 듯한 시원함이 있어서 잘 잊히지 않는 것이다.[64]

이것은 1940년 당시의 일본인이 느끼던 온돌의 매력에 대한 일반론으로, 재조선 일본인들에게 온돌이 어떤 의미였는지를 잘 말해준다. 그러나 한편으로는 일본의 생활문화에 대한 미련이라든가 종래의 생활습관, 그리고 나태해진다거나 또는 '요보화' 된다는 우려 때문에 그들의 온돌생활은 극히 한정된 범위에 그칠 수밖에 없었다.

뒷장에서 자세히 논하겠지만, 일본인의 온돌 사용이라든가 온돌에 대한 관여는 온돌문화에 다양한 변화를 가져왔다. 석탄, 연탄 등의 대체연료가 등장하게 되었을 뿐만 아니라 합리성이라는 관점에서 온돌이 재조명되고 개량되며, 심지어는 새롭게 개조된 온돌이 발명되기까지 했다. 여기에는 재조선 일본인들이 재래식 온돌에 익숙하지 않은 원인도 있었겠으나, 산림문제가 심각하고 또 농업 중심에서 탈피해가게 되는 근대사회에서 온돌문화에 변화가 필요했던 것도 사실이다.

필요에 따라서 또는 전략적으로 온돌을 채택하게 된 재조선 일본인들의 선택은 이와 같은 온돌의 변화를 전제로 한 것이었으며, 그들이 일상적으로 누린 온돌문화는 대부분 전통적인 것과는 거리가 있었다.

일본인의 온돌 사용양상

온돌은 개인의 선택뿐만 아니라 제국 일본의 전략적인 생활문화로서 페치카와 함께 다방면에 걸쳐 사용되었다. 전체적으로 볼 때 페치카는 고급에 속하여 경제성을 그다지 고려하지 않아도 되는 경우에 채택되었고, 온돌은 경제성을 중시하는 서민에게 적합한 것으로 생각되었다.[65] 물론 온돌이 고급주택이나 상급上級의 관사에 설비되는 경우도 적지 않았다. 우선 온돌의 보급실태를 대략적으로 살펴보자.

1920년경 나가쿠라 준이치로는 "내지인으로 조선에 가옥을 건축하는 자는 반드시 절충식 온돌 한두 개를 가설하고, 각 관사와 사택 같은 곳도 역시 이것이 딸려 있지 않은 것이 없다"라고 했다.[66] 이 무렵 일반인들의 온돌 사용이 현저하게 늘어가고 있었음을 확인할 수 있는데, 다카하시 기시치로가 재조선 일본인들의 주택이 조선의 기후조건에 맞게 개선되기 시작했다고 한 것도 대략 같은 시기를 두고 한 말이었다.[67]

표 2-1은 1925년 현재 서울의 온돌 채택실태인데, 이에 대해서는 몇 가지 고려해야 할 점이 있다. 온돌설비가 없는 곳 중에는 페치카나 온수난방만을 설치한 부유층의 가옥이 포함되어 있는데, 전체 가옥 중 그것을 제외한 서민층의 일본인 가옥만을 기준으로 한다면 온돌 채택률은 더 높아질 것이다. 또 이 무렵이 재조선 일본인들의 주택이 한반도의 기후조건에 맞게 개선되어가는 시기였다는 점을 고려한다면 온돌 채택률은 이 이후로 점차적으로 증가해간 것으로 보는 것이 타당하다. 채택률은 경성을 기준으로 하여 남쪽 지방은 다소 낮고 북쪽 지방은 다소 높았다. 한편 온돌이 없는 일본가옥에 살다가 추운 겨울이 되면 조선가옥으로 옮겨 사는 일본인들이 많아서 일본인 마을에 빈집이 많다는 보도도 있었다.[68]

일반에 대해서는 이 이상 상세하게 확인할 수 있는 자료가 마땅히 없으나 공공기관의 경우를 살펴봄으로써 일본인들의 생활에서 온돌이 어떤 의미를 가졌는지 좀더 면밀한 검토가 가능할 것이다. 여기서는 몇 가지 기관별로 구분하여 살펴보겠다.[69]

첫째는 철도관사의 경우이다.[70] 러일전쟁 이전에 지어진 경인철도 관

표 2-1 경성부의 민족별 온돌 채택률(1925년 현재)

구분	경성부 총 호수	온돌설비가 있는 가옥	온돌 채택률
	72,392	56,262	77.7%
조선인	53,580	51,743	96.6%
일본인	18,811	4,519	24%

「溫突과 住宅」(『동아일보』 1925년 10월 31일자)을 토대로 작성.

사에는 소수이기는 하나, 온돌이 설비된 가옥이 있었다. 그 후의 경부철도와 경의철도는 러일전쟁 중이어서 매우 속성으로 부설공사가 이루어졌다. 그 때문인지 처음에 이 관사들에는 난방설비라고는 일본의 이로리가 고작이었는데, 1927년 단계에서는 온돌방이 설치되었다. 그런데 최상급인 국장관사 바로 아래에 해당하는 3등, 4등 관사에는 온돌이 설치되지 않았다. 이와 같은 상급上級의 관사에는 페치카가 사용되었던 것으로 추측된다. 그런데 1940년의 온돌 좌담회 기록에 따르면 철도관사 중 페치카였던 곳까지 이후에는 모두 온돌로 바뀌었다고 한다.[71]

둘째는 육군부대의 경우이다.[72] 군의 관사는 한반도를 '남선南鮮, 경성 부근, 국경'의 3개 지구로 나눠 각각 다르게 취급했다. '남선'은 특별히 방한설비를 하지 않아도 괜찮고, 북쪽의 '국경' 지역은 충분한 방한설비가 필요하기 때문이었다. 온돌설비가 있던 것은 실제로 '경성 부근'과 '국경' 지역이었다. 직급에 따라서는 '국경' 지역이라고 해도 온돌설비가 없는 경우가 있었고, 같은 직급의 관사라도 더 오지로 가면 온돌설비가 있기도 했기 때문에 한마디로 설명하기에는 어려운 부분이 있다. 여기서는 구체적인 설명이 있는 두 가지만 예를 들어보겠다. '용산 부근 주임관 5등 관사'의 경우를 보면, 페치카와 온돌이 겸비되어 있었는데, 온돌방 설치에 대해서는 다음과 같이 설명하고 있다.

> 온돌방은 노인과 아동의 침실로 쓸 생각으로 북쪽으로 잡았습니다. 물론 온돌을 북쪽에 만드는 것은 남쪽으로 하는 것보다 연료는 많이 들지만, 추운 북쪽을 따뜻하게 하는 것은 집 전체로 보아 좋은가 봅니다. …… 또 이 온돌의 연도煙道는 현관 다다미 밑을 통해서 페치카 굴뚝과 나란히 만들어 놓은 굴뚝으로 연결되기 때문에 현관도 약간 따뜻합니다.

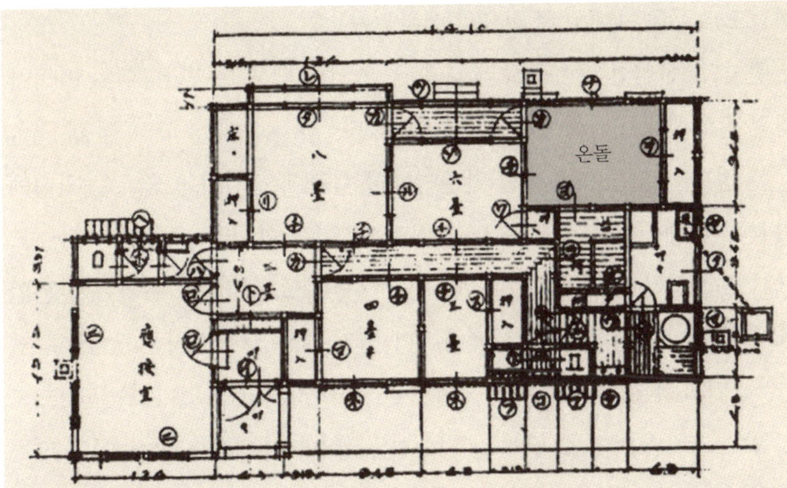

그림 2-9 조선총독부 관사의 온돌(경성부, 1924년 건축) 1920년대에 들어 한반도의 기후조건에 맞춰 일본인 거주시설에도 대대적으로 온돌이 설치되었는데 공공기관의 관사도 예외는 아니었다.

'국경의 주임관 5등 관사'에는 온돌방이 있는 데다 욕실 바닥까지 온돌식으로 되어 있어서 겨울에도 기분 좋게 욕실에 앉을 수가 있었다.

육군부대 관사에서 페치카와 온돌 두 종류의 방을 만들어 사용했다는 것은 총독부 기사로 조선건축회 회장을 역임하기도 한 사사 게이치笹慶一의 말로도 확인할 수 있는데 1940년경에는 육군관사의 모든 온돌이 폐지되었다. 사사 게이치는 온돌방에서 몸을 따뜻하게 하고 있으면 취약해지고 '활동적'이지 못하게 된다는 생각에서 폐지된 것으로 보았다.[73] 같은 무렵에 철도관사가 모두 온돌로 바뀐 것과 비교하면, 역시 군부대의 관사라는 특수성을 고려한 조처임에 틀림없다고 하겠다.

셋째는 조선총독부 관사의 경우이다. 「총독부 관사」[74]라는 글에 소개된 17개의 관사 대부분에 한두 개씩의 온돌방이 설치되어 있었고(그림 2-9), 없는 곳은 서울에 있던 관사 하나와 부산의 지사 관사뿐이었다. 여기서 말하는 총독부 관사는 모두 1920년대에 지어진 것들로 이 시기에 대대적으로 온돌이 보급된 것으로 생각된다.

넷째, 조선식산은행 관사의 경우, 중역의 사택은 온수난방이었고 일반 행원의 사택에는 온돌방이 한 개씩 있었다.[75]

이 정도면 온돌이 재조선 일본인들의 생활에서 얼마나 중요한 위치에 있었는지 충분히 짐작할 수 있지 않을까? 이뿐 아니라, 온돌은 홋카이도에서도 절실하게 요구되었다. 하지만 그럼에도 불구하고 온돌은 일본인에게 있어서 비용 때문에 채택하기가 쉽지 않은 고급스러운 생활문화였다. 산림과의 관계에서 여전히 원수처럼 여겨지고 있었다고는 해도 그 위상이 과거와는 사뭇 달라진 것이다. 그러나 앞에서도 말한 대로 그들이 사용하던 대부분의 온돌은 이미 우리가 보통 생각하는 재래식 온돌이 아니었고, 그들의 온돌생활 또한 조선인의 경우와는 많이 달랐다.

조선인의 온돌관

이방인들의 온돌 비평을 듣고, 또 한편으로는 일본인들의 '합리적'인 온돌생활을 목격하면서 조선인은 어떤 온돌관을 갖게 되었을까?

유길준이 "조선의 적은 두말할 나위 없이 민둥산"이라고 했다는 기록이 있는데,[76] 같은 무렵 조선의 선각자라고 할 만한 사람이라면 누구나 산림문제에 대한 심각성을 느끼지 않을 수 없었을 것이다. 한홍교는 외국인의 눈은커녕 자국인의 눈으로 보아도 산림이 번성했다고는 할 수 없다고 하며 산림황폐의 원인이 온돌에 있다고 지적했다. 그는 난방으로서의 가치와 취사겸용이라는 특징을 온돌의 장점으로 들고, 동시에 "온돌의 해害"로서 위생상의 문제점과 인간의 태만을 낳는다는 점, 산림황폐 등을 논했다. 결론적으로 그는 온돌을 간단히 없앨 수는 없는 것이니 "온돌개량법"을 강구하자고 했다. 여기서 말하는 온돌개량법의 실체는 알 수 없으나, 석탄 이용의 필요성을 말하고 온돌 때문에 서양이나 일본과 같이 높은 건물을 짓지 못함을 한탄한 것으로 보아 화석연료의 사용과 온돌 가옥의 경량화를 염두에 둔 것으로 추측할 수 있다.[77]

일본인의 신랄한 온돌 비판과 아주 흡사한 온돌관을 보인 것은 이광수였다.[78] 그는 1934년 『조선일보』에 발표한 글에서 온돌생활에 의해 비활동적이고 "은둔"적인 조선인의 결점이 생겨났다고 했다.

> 온돌은 누우면 덥고, 앉으면 춥고, 난로 피운 방에는 누우면 춥고 앉아야 덥다. 온돌은 안식적이요, 난로는 활동적이다. 조선에 와 있는 일본 사람들은 침실 하나만을 온돌로 한다. 이것이 도리어 합리적이다.
>
> 온돌에 맛을 붙이면 겨울에는 밖에 나오기를 무서워한다. 노인에게 합당하다. 젊은, 활동적인 인물은 잘 때 이외에는 단연히 온돌에 들어가지 아니하도록 가옥제도를 개량할 필요가 있다. 김자점 이전 모양으로 노인에게나 온돌을 드리고 아동이나 병인病人의 침실로나 쓰고 싶다. 따뜻한 온돌은 우리를 아시兒時로부터 체내의 저항력을 약하게 하고 정신의 활동력을 쇠모케 한다. 아랫목에 뜻뜻이 등을 굽고 있는 생활은 암만해도 투쟁보다도 은둔을 의미하는 것이다.
>
> 온돌은 조선의 산을 빨갛게 벗겼다. …… 온돌이기 때문에 방이 콧구멍같이 작아지고 그 속에 사는 사람의 맘이 바늘구멍같이 졸아드는 것은 딱한 일이다.

그리고 이광수는 온돌 그 자체를 어떻게 하는 것은 어렵더라도 "온돌생활식 심적 습관, 즉 사상의 개혁만은 하루바삐 두들겨 부수고" 산야에서 맹수와 싸우던 "원시적原始的"인 기풍으로 돌아가고 싶다고 글을 맺었다. 일본인들이 말하던 비활동적이고 은둔적이라는, 이른바 조선인의 성질은 망국의 지식인인 이광수에게는 부정하기 힘든 '진리'였고 벗어버리고 싶은 굴레였던 것 같다.

같은 해에 『조선중앙일보』는 사설에 「온돌폐해론」[79]을 실었다. 이 사설은 온돌은 결점보다 장점이 더 많지만 그 폐단은 무시할 수 없다고 하며 이광수와 거의 같은 논조로 문제점을 들었는데, 그 내용인즉 온돌이 "산림을 잡아먹"고 조선인의 "유약儒弱" 성과, "타성惰性"을 배양하므로 온돌의 "폐지 혹은 개량"이 긴요하다는 것이었다.

그러나 온돌이 이렇게 부정적으로만 여겨졌던 것은 아니다. 언어학자 최현배는 "민족적 쇠약증의 원인"을 논한 바가 있는데 조선인을 "쇠약"하다고 보고 그것을 논하지 않을 수 없었다는 점에서 보면 그도 이광수의 경우와 크게 다르지 않다. 그런데 온돌에 대한 인식에는 큰 차이가 있었다. 그는 부정적인 온돌관에 대해 철저하게 합리적으로 반박했다.[80]

첫째, 구들방이 나태의 한 원인이라는 사람이 있는데, 추운 지방의 사람들은 방을 따뜻하게 하는 법이다. 그렇기 때문에 추운 밖에서 활동을 할 수 있는 것이다. "방이 따뜻한 것이, 특히 우리 조선 사람의 활동성을 감살減殺했다고 생각하는 것은 과언"이다. 둘째, 온돌의 난방으로서의 가치를 턱없이 비난하는 이가 있으나, 온돌은 난방장치로서 "진보한 형식"이며 경제적이다. 난방법을 발달사적으로 보면 가장 "원시적"이고 비위생적인 방법이 일본의 이로리와 같은 것이다. 그을음 때문에 방안이 더럽혀지고 위생상 대단히 유해하다. 이보다 조금 진보한 것이 일본식의 화로와 고타쓰라든가 서양식의 난로인데, 그을음은 물론이고 유독가스로 인한 해가 심각하며, 노력 면으로 보나 금전적으로 보나 비경제적이다. 가장 진보한 것은 서양의 증기난로와 온돌인데 설비에 많은 경비가 드는 증기난로가 서민 가정에서 이용할 수 없는 데 반해 온돌은 어떤 가정에서나 이용이 가능하다. 또한 취사를 하면서 방을 덥힐 수 있고 한번 방을 덥혀 놓으면 장시간 유지되기 때문에 경제적이다. 사람들이 흔히 온돌을 민둥산의 원인이라고 말하지만, 그것도 극히 피상적인 관찰에 불과하다. 산림을 망친 것은 "사람의 죄" 일 뿐이다.

주장의 옳고 그름은 차치하더라도 이때까지는 이것이 조선인에 의한 최대의 온돌 옹호였다.

민족주의의 조류 속에서 조선문화에 대한 자긍심이 싹텄던 1920년대 잡지 『별건곤』은 '자랑할 만한 조선문화'에 관한 특집호를 냈다. 그때 손진태가 쓴 것이 「온돌예찬」이다.[81] 그는 8년째 도쿄로 떠나 있어서 늘 여름 온돌밖에 맛볼 수가 없었다. 하지만 그 여름 온돌의 촉감조차도 그에게는 "고요히 잠든 님의 뺨" 같은 정겨운 것이었다. 그렇게 오랫동안 도쿄의 일본가옥에서 추운 겨울을 보내면서 온돌에 대한 애정과 그리움이 눈덩이처럼 커진 것일까? 그의 온돌예찬 어디에도 지금껏 줄곧 지적돼온 온돌에 대한 부정적인 이미지는 없다. 그렇다고 해서 최현배처럼 합리적으로 부정적인 온돌관을 비판하고 온돌을 긍정하려고 노력한 것도 아니다. 무엇보다도 온돌을 세계적으로 특수한 것으로서, 그리고 조선과 조선민족의 특수성을 형성해온 근본으로서 찬미했다. 우선 그는 도쿄의 겨울을 이렇게 적었다.

……일본집에서 겨울을 지내기는 정말 어렵다. 사면四面 삼, 사십이나 되는 창틈 벽틈으로 기어들어 오는 왜倭바람. 화롯불을 안고 앉으면 겨우 손바닥이 따뜻할 따름이다. 손등을 데우고저 하면 다시 바닥이 차 온다. …… 다리를 쪼이고저 화로를 걸타면 발이 시려온다. 할 수 없이 침구를 펴고 이불 속에서 책을 보면 한 시간이 못 되어 잠이 온다.

온돌의 따뜻함에 대한 그리움이 얼마나 컸을지 짐작이 간다. 그가 느끼는 일본의 겨울은 조선의 겨울과 너무나 대조적이었다.

밖은 눈이 차고 방에는 바람이 차다. 어디로 가도 차고 쓸쓸할 따름이다. 일본의 겨울은 단조롭다. 조선의 겨울은 눈과 바람은 밖에서 콧머리를 떼어갈 듯 하드래도 방안에서는 훈훈한 온돌 기운이 다정한 어머니의 가슴과 같이 점잖게 기대리고 앉었다.

이러함으로 인함인지 일본인의 문화나 기질에는 우리 온돌민족 온돌문화와 같이 훈훈하고 깊숙한 맛이 적은 것 같다. 그들의 문화는 봄날과 같이 화려하나 너머 깊이가 없고 발칵 뒤집어놓은 표면적인 문화 같다. 그들의 기질은 앵화櫻花(벚꽃—지은이 주)와 같이 다정하나 좋으면 형제 같고 틀리면 원수 같아서 마치 한 다정한 신경질인 미인과 교제하는 것같이 응대할 교제술을 정하기에 고통스럽다.

어디가나 춥고 쓸쓸하기만 한 일본의 겨울을 통해 "일본인의 문화나 기질"을 말하는 손진태는, 밖은 춥디 추운 겨울이라도 안에서는 다정하고 따뜻하게 기다리고 보듬어주는 온돌방과 같은 것, 그런 것이 조선문화요 조선민족의 기질이라고 했다.

조선의 문화와 조선민족의 기질은 원누리(에누리—지은이 주) 없이 찬바람 솔솔나게 된 늦은 가을 달밤에 싸여 있는 농촌 양兩 삼가三家의 온돌방 같다. …… 경박하고 화려하지도 않고 은자隱者 같이 초탈하지도 않고 잔챗집(잔칫집—지은이 주)이나 뇌성벽력, 폭풍우의 날과 같이 벅적되지도 아니하야 표면으로는 우민憂悶과 비애를 갖었으면서도 내적에는 한없는 인정미를 속 깊이 가진 그것이 조선문화이며 조선사람의 민족성이 아닌가 한다.

"한없는 인정미"를 가진 조선문화 · 조선인의 민족성이 온돌방과 같다는 것은 단순한 비유가 아니라, "세계에 유례가 없는" 온돌문화의 긴 역사 속에서 자라난 데에 기인한다는 것이다. 손진태는 또 조선문화는 "온돌을 태반으로 하여 탄생했으며 우리의 민족성은 온돌을 자모慈母로 하여 훈육되었다"라고 말한다. 온돌은 이렇게 해서 조선문화와 조선인의 민족성을 형성한 근원으로 격상되었다.

이방인들의 비평 속에서 온돌은 더 이상 아무렇지도 않게 조선사회의 일상으로서 존재할 수는 없게 되었다. 조선의 식자들은 타자의 시선을 내면화하고 타자의 언어를 구사해가면서 온돌을 비평했다. 보는 사람에 따라서, 온돌은 사회적인 암이거나 산림황폐의 원인일 수도 있었고, 조선의 문화와 민족성의 근원일 수도 있었다. 긍정적이든 부정적이든 온돌은 특별한 '의미'를 갖지 않을 수 없었다.

앞에서 인용한 이광수의 글이나 「온돌폐해론」이 손진태의 「온돌예찬」보다 뒤에 쓰인 글이라는 점으로 알 수 있듯이 손진태 이후로도 온돌을 보는 시선이 곱지는 않았으나, 민족주의의 조류와도 맞물린 그의 온돌예찬은 분명히 매력적이었다. 또 이 글은 후세의 민속학자나 그 밖의 식자들이 끊임없이 내놓는 온돌예찬의 뿌리라고 해도 과언이 아니다.

조선인의 온돌생활에 일어난 변화

온돌이 비평이나 평가의 대상이 되면서 조선인들의 온돌생활에도 변화가 일었다. 서민들은 무엇보다도 산림정책과의 관계에서 큰 변화를 겪게 되는데 이 점에 대해서는 뒷장에서 논하기로 하고, 여기서는 부유층 사이에 나타났던 온돌생활의 변화를 간단히 논하고자 한다.

부유층의 온돌생활 변화는 전통적인 조선가옥이 새로운 시대의 생활에 맞지 않는다는 주택개선이라는 관점을 기조로 한 변화이다. 1920년대부터 새로운 양식의 고급주택으로 유행하기 시작한 것이 문화주택이었다. 문화주택은 2층 규모로, 서양식과 화양선和洋鮮 절충식이 있었다. 온돌생활의 변화는 첫째로, 새로운 주택양식의 보급으로 한 가옥 안에 온돌방이 아닌 특정 공간이 등장했다는 점이다. 재래식 온돌은 단층에서 이용하는 것이었고, 석탄이나 연탄을 사용하는 '개조온돌'일지라도 2층에서는 이용할 수 없다는 것이 당시의 통념이었다. 1931년에 열린 한 좌담회에서 이런 지적이 나왔을 때 조선인 건축가 박길룡은 2층에도 온돌을 설치할 수 있다고 주장했으나, 일본인 건축가 나카무라 마코토中村誠는 그것은 어렵다고 단정했다.[82] 그런데 1940년의 「온돌개관」이라는 글을 보면 한일합방 이전, 스토브가 없던 시절에 세워진 일본가옥 목조 2층에 온돌이 설치된 것이 서울에 2, 3개 있던 것으로 나타나 있고, 기와집에 철근콘크리트 바닥이라면 2층에 온돌을 설치하는 것도 가능하다는 지적이 있다.[83] 이를 통해 두 가지를 확인할 수가 있다. 우선, 본래 재래식 온돌은 물론이고 개조온돌의 경우도 일반적으로는 불가능하다고 여기던 2층의 온돌 설치 가능성이 열리기 시작했다는 점이다. 그러나 그러한 경우는 아직 특별한 예이거나 가능성의 영역일 뿐 현실적으로는 2층 문화주택을 지어도 온돌이 설치된 것은 1층뿐이었다.

조선인 주택의 2층은 그림 2-10에 보듯이 서양식인 양실洋室과 일본식 다다미가 깔린 화실和室이 보통이었다. 이것은 거주공간 안에 온돌 없이 일상적으로 사용하는 새로운 공간이 등장했음을 의미한다. 다시 말하면, 부유층 사람들이 생활 속에서 온돌과 거리를 둘 수 있는 특별한 공간을 만들었다는 것이다. 과거에 여름기간 동안 판방에서 취침을 했다고는 해도 그것이 1년 내내 일상적으로 사용하는 본격적인 생활공간이 아니었다

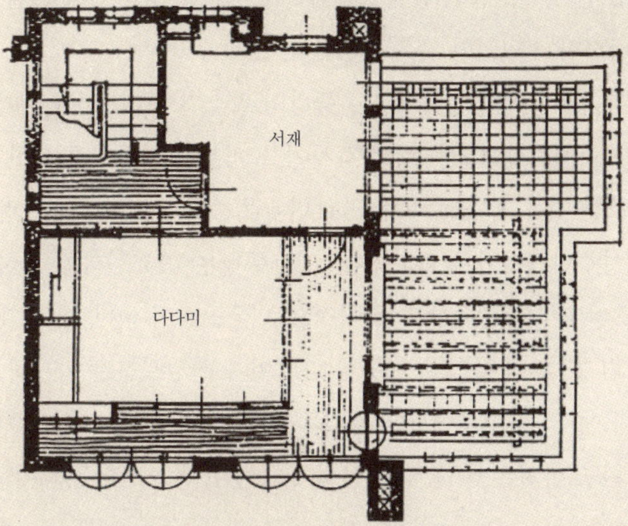

그림 2-10 윤씨 주택 문화주택 2층은 이와 같이 양실(서재)과 화실(다다미)로 되어 있는 경우가 많아서 조선인 부유층의 생활과 온돌 사이에 거리가 생겨났다.

는 점으로 보아 이것은 온돌생활의 의미있는 변화라고 해야 할 것이다. 이러한 변화는 2층에는 온돌을 설치하기 어렵다는 당시의 기술적 한계에서 왔다는 측면도 있지만, 동시에 온돌방의 수를 줄여서 온돌생활을 바꿔야 한다는 요구를 일부 받아들인 결과라는 측면도 있었다.

그러한 점이 과도하게 나타난 경우가 온돌이 없는 일본식 가옥의 채택이었다. 박길룡은 1920년대 말에 북쪽 지방을 여행하면서 시가지에 일본식 가옥이 많이 들어서 있는 것을 보았는데, 조선가옥에 대한 불만 때문에 일본가옥을 모방한 것으로 유리창이 많고 다다미를 깐 집이어서 추운 북쪽 지방에는 적합하지 않은 것이었다고 한다. 그 이후로 서울 등지에도 일본가옥을 모방하는 것이 유행하고, 일본식 가옥의 일부에 온돌을 설치해보곤 했다는 기술이 있는 것으로 보아 전자의 경우는 온돌이 없는 주택이었을 것으로 추측된다.[84] 여하튼 조선인의 생활 속에서 온돌이 없어지거나, 또는 일본인들의 온돌생활이 그랬듯이 한두 개만을 온돌로 하는 경향이 나타나고 있었던 것은 분명하다.

한편 총독부의 주택정책으로 온돌방의 감소가 초래되기도 했다. 총독부가 전시체제하에서 군수산업 종사자를 비롯한 노동자를 위한 소주택안을 제안한 것을 계기로 하여, 1941년 6월 주택의 직접적인 대량공급을 위해 조선주택영단이 설립되었다. 영단주택은 1945년까지 전국적으로 12,000호가 건설되었는데,[85] 원칙적으로 온돌방이 하나 이상 계획되었다.[86] 그림 2-11에 나타나 있듯이 다다미가 상당부분을 차지하고 온돌방은 극히 한정된 부분에 불과했다. 전시체제하에서 이 영단주택을 이용하게 된 조선인은 좋든 싫든 이렇게 제한된 온돌생활을 해야 했던 것이다.

온돌생활의 변화라고 할 수 있는 또 하나는 난방설비의 복합화이다.

유형	도면	평수와 칸 수	유형	도면	평수와 칸 수
갑	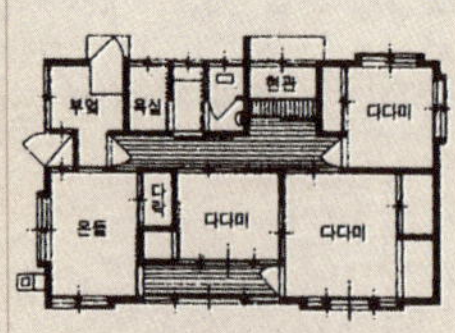	• 20평 • 4칸 8첩 6첩(온돌) 4첩반 3첩 (이외 10종류 있음)	정	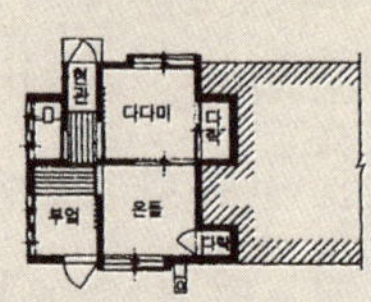	• 8평 • 2칸 4첩반 4첩반(온돌) (2종류 있음)
을	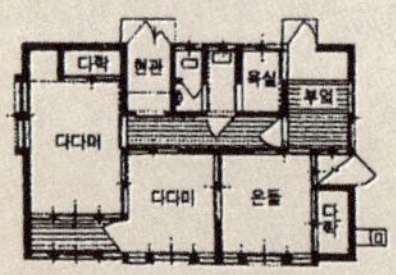	• 15평 • 3칸 6첩 4첩반(온돌) 4첩반 (이외 9종류 있음)	무	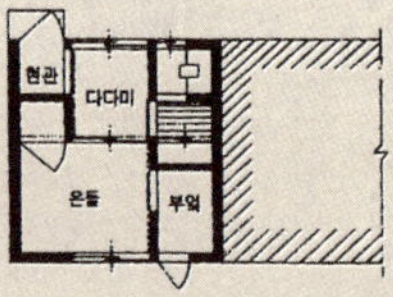	• 6평 • 2칸 4첩반(온돌) 2첩 (2종류 있음)
병	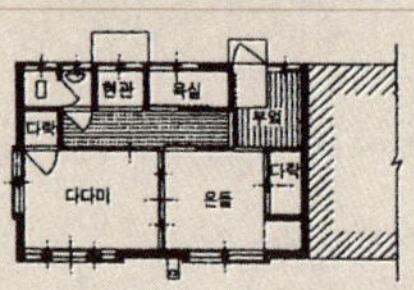	• 10평 • 2칸 6첩 4첩반(온돌) (이외 3종류 있음)			

그림 2-11 영단주택 표준설계도

과거의 조선사회에서는 온돌을 축으로 하면서 보조적으로 화로를 이용하는 것이 일반적이었는데, 1920년대 이후의 문화주택에서는 온수난방을 기조로 하면서 온돌을 병용했고, 일부 페치카나 스토브가 사용되기도 했다. 단순히 재래식 온돌만을 사용하던 과거와는 달리 온수난방이나 페치카 또는 스토브가 병용되는 식으로 난방장치가 복합화된 것이다. 이것은 곧 문화주택에 온돌설비가 갖춰져 있더라도 온돌에 대한 의존도가 확연하게 떨어졌다는 것을 의미한다.

나오며

19세기 후반부터 온돌은 국경을 넘어온 타자와의 접촉을 통해 그럴듯한 '의미'를 갖기 시작했다. 특별히 의식하거나 표현되지는 않더라도 그 전에도 이미 조선인의 생활 속에서 온돌이 중요한 의미를 띠고 있었음은 물론이다. 그것은 따뜻함이라고 하는, 절대적이고 무의식적이며 일상생활에 묻혀 있던 가치였다. 온돌은 타자와의 접촉을 계기로 난방장치로서의 우수성·경제성이 지적되기도 하고, 조선민족·조선문화의 근원으로까지 자리매김되었다. 또는 반대로 산림황폐의 주범이라든가 나태하고 비활동적인 조선인을 만들어 내는 온상이라든가, 혹은 비위생적이라는 등의 부정적 이미지도 대단히 강했다. 그렇게 온돌은 '의미'로 가득 찬 문화로 탈바꿈했다. 따뜻함이라고 하는 온돌의 가치는 경제성·위생성·활동성·근면성과 같은 새롭고 다양한 근대적인 가치와의 저울질을 거쳐야 했으며, 온돌 그 자체가 민족이나 민족문화라는 근대적인 틀에 의해 새롭게 해석되기까지 했던 것이다. 온돌의 근대는 이렇게 찬미와 폄하, 또는 비판의 세례라는 격랑 속에서 전개되었다.

한편 온돌은 조선인의 틀을 넘어 일본인이라는 타자가 공유하는 문화가 되기도 했다. 그러나 그들은 제한적이고 '개선' 된 온돌생활을 했을 뿐 결코 조선인의 온돌생활을 온전히 인정하지도 본뜨지도 않았다. 그들의 생활습관이나 근대적인 다양한 가치와의 저울질을 통한 제한적인 선택이었던 것이다. 조선인의 온돌생활 또한 그들의 그 제한적인 선택과 무관할 수 없었고, 혹은 스스로 온돌 없는 생활이나 부분적인 온돌생활에 만족함으로써 온돌과 거리를 두기도 했다.

이렇게 조선인의 온돌생활은 크게 변하고 있었다. 영광과 오욕이 교차되는 역사, 그것이 온돌의 근대였다고 해도 과언이 아닐 것이다.

제3장

산림을 둘러싼 일상적 투쟁

—조선총독부의 산림정책과 땔감문제

들어가며

"조선인에게서 온돌은 실로 말로는 다 형언할 수 없는 것"[1]이라는 한 일본인의 말에 잘 표현되어 있듯이 조선에서 온돌이 차지하는 의미는 대단히 컸다. 그런데 이는 단순히 조선인의 기호嗜好 때문만은 아니었다. 한반도의 기후조건하에서는 난방장치가 절실히 요구되었기 때문에 온돌이 아니어도 다른 어떤 본격적인 난방장치가 있어야 했다. 수원고등농림학교 교수 스즈키 도요카즈鈴木外代一는 이와 관련해 조선의 추위는 고타쓰를 비롯한 부분난방으로는 견뎌낼 수가 없어서 실내가 "균일하게 따뜻해지는 장치가 필요"한데, 온수난방이나 페치카는 돈이 많이 들기 때문에 역시 저렴한 온돌을 선택할 수밖에 없다고 설명했다.[2] 스즈키가 임업에 종사하는 한 사람으로서 조선 임업의 숙적인 "온돌의 전폐"를 절규하고 싶지만 위와 같은 사정 때문에 그렇게 할 수 없다고 토로했듯이, 온돌이 산림황폐의 최대 원인이라고 치더라도 조선에서 그것을 간단히 폐지할 수는 없는 노릇이었다. 난방장치가 절실히 필요한데도 그것을 없앤다는 것은 문화적 퇴보를 의미했다. 더구나 이것이 단순히 조선인에게만 해당하는 문제가 아니고 보면 더더욱 온돌의 유지는 불가피했다. 산림 복구와 난방문제는 양자택일의 문제가 아니라 병행해서 추진해가야 하는 과제였던 것이다. 이것이 조선총독부가 산림정책을 실시하는 데 전제 조건이었다.

여기서는 조선총독부의 산림정책하에서 온돌의 땔감문제가 어떤 상황에 있었는지에 대해 기술하고자 한다. 우리는 조선을 통치한 일본에 대해서는 선악, 즉 윤리적인 틀에서 논하는 데에 익숙해 있다. 정책의 성패라는 평가의 틀은 생소할 뿐만 아니라 거부감마저 이는 것이 사실이다. 그러나 산림과 온돌생활을 통틀어 논할 때 현혹되기 쉬운 윤리적인 평가의 틀은 오히려 많은 문제들을 시야에서 감춰버리기 쉽다. 지배자의 윤리성은 정책 속에 반영되어 있었겠지만, 윤리성에 선행하는 요소가 지배자의 이익이었다. 극단적으로 말하자면, 지배자로서 자국의 이익을 위해서라면 피지배자가 선으로 판단할 만한 정책을 시행할 수도 있다는 것이다. 식민지 통치하에서 살아가던 조선인의 고통 또는 안정이 어디에서 초래되는 것이었는지를 알기 위해서는 선악이라는 흑백논리에서 잠시 벗어남이 옳을 것이다.

합리적인 분석의 시선

조선에서 온돌을 계속 사용하기 위해서는 땔감문제를 해결해야 했기 때문에 조선총독부로서는 한편으로는 석탄, 연탄 등 대체연료를 보급시키고 또 한편으로는 재래식 온돌의 땔감 소비에 대한 합리적인 분석을 해가지 않으면 안 되었다. 종래의 조선사회에서 상상할 수 없었고, 현대를 살아가는 우리의 상상력이 채 미치지 못하는 파란 많은 온돌의 근대는 여기서 시작되었다.

대강 어림짐작으로만 말해지던 온돌의 땔감소비량이 과연 어느 정도인지 우선 확인할 필요가 있었기 때문에, 조선총독부는 우선 온돌의 '임산연료조사'를 실시했다.[3] 이 조사는 1910년에 각 도가 조사 보고한 것으로, 온돌에 소비되는 땔감에 대해 1호당 연간소비량(1,974관, 1관은 3.75킬로그램) 중에서 난방전용 소비량(566관)과 취사겸용 소비량(1,407관), 나아가서는 지방별 연간소비량과 한반도 전체의 연간소비량(5,412,062,569관)까지 수치화했다.

이 조사는 1호당 평균소비량이 평안남도와 충청남도는 극단적으로 많고 경상남도는 극단적으로 적다는 점 등 신뢰도 면에서는 불충분한 점이 많으나, 대단히 큰 의미를 갖는 시도였던 것만은 틀림이 없다. 이 조사결과로 조선총독부로서는 어마어마한 온돌 땔감소비량을 수치로 실감할 수 있었고, 거기서 생겨난 위기의식이 온돌 관련 정책을 시행하는 데 밑바탕이 되었다.

이것을 시작으로 전라남도의 조사(1913년), 히가시노 미노루東野稔(원성환元成歡 목장에 재직)가 부근 농촌을 대상으로 한 조사(조사 시기와 지방은 불명), 임업기사 다카하시 기시치로高橋喜七郎가 전라북도와 경상북도를 대상으로 한 조사 등 온돌 땔감에 관한 다양한 조사가 이루어졌다.[4]

여기서 주목할 것은 1920년대 초반에 실시된 다카하시의 조사연구이다. 한정된 지역을 대상으로 한 조사이기는 하지만, 조선총독부가 조사를 실시한 지 이미 10여 년이 지난 시기여서 그는 이전에 실시된 조사결과를 참고할 수 있는 입장이고, 시간 여유와 방법론적인 축적이 있었기 때문에 상당히 정확한 조사가 가능했으리라 생각한다. 또한 그가 단순한 조사만으로 그치지 않고 조사결과를 다시 한번 분석함으로써 온돌 사용의 일반적인 경향을 추출하고, 실험을 통해 땔감과 온도의 관계까지 밝혀내려고 했다는 점에서 주목할 만하다.

이 조사에 따르면, 땔감소비량은 직업, 가족 수, 축우의 유무, 땔감의 종류 등 다양한 요소에 좌우되며, 조사지역인 전라북도와 경상북도에서 소비량은 대체로 900~3,000관 정도였다. 다카하시가 이러한 조사결과를 분석하여 추출한 온돌 사용의 일반 경향은 다음과 같다.[5]

① 산간지방은 땔감이 풍부하기 때문에 대체로 남비濫費의 폐단이 있다.
② 평야지방 및 도읍에서는 산간지방에 반해 땔감이 대단히 비싸기 때문에 절약하는 습관이 있다.

③ 부잣집은 가난한 집에 비해 땔감소비량이 대단히 많다.

④ 농가는 농우農牛의 유무에 따라 땔감소비량에 큰 차이가 있다.

⑤ 농가는 상가商家에 비해 땔감소비량이 많다.

이에 근거하여 다카하시는 땔감 남비의 폐단을 교정할 필요가 있음을 논했는데, 특히 산간 주민과 부잣집에 대해 경종을 울렸다. 그중에서도 땔감이 풍부한 산간지방의 폐단은 심각한 수준이니 관에서 단속할 필요가 있다고 했다. 땔감소비량을 조사하고 그 결과를 분석하는 이와 같은 시선은 조선인의 땔감 사용실태를 가시화함으로써 산림정책의 기초를 제공했을 뿐만 아니라, 뒤에서 이야기하겠지만 온돌을 개량하고 합리적인 사용을 유도·계몽·강요하는 프로젝트로 이어지기도 했다.

처음부터 경제적인 땔감 사용법을 발견하기 위해 이루어진 땔감과 온도의 관계에 관한 실험도 마찬가지였다.[6] 이 실험은 아궁이에 일정량의 땔감을 때고 일정시간마다 온도를 측정하면서 변해가는 상황을 관찰한 것으로, 십여 차례에 걸쳐서 실행되었다. 방바닥의 아랫목과 윗목에 수은계를 놓고 방석으로 덮어서 온도를 측정했다. 다카하시는 세세한 부분까지 치밀하게 분석해냈는데, 주요결과를 간단히 정리하면 다음과 같다.

① 난방전용과 취사겸용을 비교한 결과, 취사겸용은 난방전용에 비해 실내를 따뜻하게 하기에는 대단히 불리하다. 단, 그 득실에 대해서는 계속적인 연구가 필요하다.

② 외부 온도가 최고 10도, 최저 영하 10도일 때, 재래온돌에서 아랫목의 최고온도는 대개 60도 내외로, 다음날 아침까지 내려가는 온도는 34도 내외이다. 즉 아랫목 온도가 30~40도 상승할 만큼만 땔감을 사용하면 충분하다는 결론이다. 솔잎으로 따지면 1관 500돈(1돈

은 3.75그램), 왕겨로 따지면 2, 3관이 필요하다.

이전의 외국인들의 기록에서는 일반적으로 취사겸용이라는 점이 온돌의 경제성을 높게 평가받은 중요한 이유 중의 하나였다. 취사겸용이 난방전용보다 열손실이 크다고 한 다카하시의 연구는 그 부분에 다소 착각이 있었음을 밝힌 셈이다. 물론 취사겸용 온돌을 사용하지 않을 경우에 취사를 위해서 별도로 땔감을 소비하게 되므로 그 득실에 대한 판단은 여전히 어려운 것이 사실이다. 이런 점 때문에 다카하시 역시 이에 관해서는 계속적인 연구가 필요하다며 판단을 유보했다. 그러나 이 결과는 일본인들이 불필요하다고 생각하는 쇠죽 쑤기와 같은 묵은 습관을 통제하는 근거가 되기에는 충분했다. 더구나 이러한 조사를 계기로 다카하시는 쇠죽을 쑤는 데 드는 땔감소비량까지 밝혀낸 상태였다.[7]

온돌에 관한 연구는 이에 그치지 않았다. 주로 산림보호에 주안점을 두고 경제성을 추구하는 이러한 조사·연구를 통해 온돌의 '개량'할 점과 '개선'해야 할 온돌 사용법이 드러났다. 그리고 조선인들에게 그러한 '개량'과 '개선'을 실행시키는 것은 산림범죄에 대한 단속과 함께 산림보호정책의 주된 축이 되었다.

산림정책의 폭력성과 구제책—국유삼림보호명령제도

총체적으로 보아 조선총독부의 산림정책은 온돌생활에 지대한 영향을 미쳤다. 큰 틀 안에서 그 영향을 대략적으로 살펴보자. 조선총독부는 통감부시대의 삼림법(1908년)에 이어 그것을 개정한 삼림령(1911년)을 공포하여 산림 소유관계의 확정, 산림보호·단속, 조림대부造林貸付(조림사업이 필요한 황폐한 국유림을 신청자에게 대부하고 조림사업을 충실히 이행하여 만족할 만한 성적을 올린 경우에 한하여 그 국유림을 양도하는 제도)를 핵으로 하는 근대적인 제도를 마련하여 산림정책에 착수했다.

산림의 소유관계를 확정하는 근대적인 산림제도로의 전환은 그간 무주공산에 의지하던 온돌생활에 큰 충격이 아닐 수 없었다. 조선총독부 산림과장으로 삼림령의 초안자이기도 한 사이토 오토사쿠齋藤音作가 통감부 통치하에서 제정된 삼림법의 문제점으로 내린 진단도 이와 관련되어 있다. 사이토는 삼림법이 국유림의 과반을 차지하는 "공산의 대부분"에서 인정되던 "지역 주민의 입회 관행"을 무시한 것은 너무나 가혹한 처사라고 보았다.[8]

이렇게 하여 1911년에 개정된 삼림령에서는 영리를 목적으로 한 경우를 제외하고 생활상 어쩔 수 없는 경우에 한하여 산림입회권을 인정하게 되었다(제8조. 그러나 이 규정이 실제로 시행되었는지는 명확하지 않다).

그런데 법률가로 구한말 궁내부에 근무한 경력이 있는 니나가와 아라타蜷川新는 한국병탄 후 얼마 되지 않은 1912년, 땔감문제를 둘러싼 조선의 위기적인 상황에 경종을 울렸다.[9] "민정과 습관"을 연구하여 새롭게 펼치고자 하는 정책이 피통치자의 일상생활에 미치는 영향을 충분히 고려하지 않으면 안 된다고 한 그는 프랑스가 식민지 알제리에서 경험한 실패를 예로 들면서 다량의 온돌 땔감을 필요로 하는 조선에서 무턱대고 땔감 채취를 엄금하면 크게 반감을 살 수 있다고 하고 다음과 같이 말했다.

> 삼림은 생활물체가 아니다. 인간은 살아 있는 존재이다. 그런데 삼림보호라는 이름 아래 삼림을 위해서 살아 있는 인간의 생활을 잊는 것은 결코 득책이 아니다. 삼림을 위한 인간이 아니라 인간을 위한 삼림이라는 것을 충분히 생각하지 않으면 안 된다.

니나가와의 말은 삼림령 공포 후에도 조선인의 관습적인 입회권이 부정되고 있었거나, 실질적으로는 의미 있는 효과를 거두지 못하고 있음을 지적한 것이다. 무주공산의 입회권이 부정되고 보호단속 위주의 정책이 시행됨으로써 일어난 땔감·비료(녹비綠肥) 공급상의 문제가 지닌 심각성을 논한 강영심은 이를 "생존권의 박탈"이라고 표현했다.[10] 그런데 이 연구에서는 규정상으로는 입회권이 인정되고 있었다는 점을 간과한 듯하다. 당시 신문자료만을 토대로 실질적으로는 입회권이 부정되고 있었으며 그로 인해 농민들의 생활이 크게 위축되었다고 지적한 것이 아닐까 생각한다.

단, "생존권의 박탈"이라는 표현에 대해서는 재고가 필요하다. 입회권을 인정한다는 규정과는 별개로 제10조에 '보호명령'이라는 규정이 있었는데 오히려 이것이 핵심적인 의미를 가진 것으로 보인다. 식민지 조선에서의 산림정책을 논한 일본의 산림전문가들은 입회권을 인정받지 못한 일본 국내에 비해 조선에서 입회권이 인정된 것은 특단의 조치였다고 하면서, 동시에 "하긴 실질적으로는 우리나라(일본)의 국유림지방시설 중 하나인 위탁림제도(국유림의 일부를 '위탁림'으로 설정하여 지역주민에게 그 보호를 위탁하고 그 대가로 일정한 임산물을 증여하는 제도)와 같은 결과"라고 논했다.[11] 이것은 조선에서의 입회권 인정이 이렇다 하게 실질적인 의미를 갖지는 못했고, 그 대신 일본의 '위탁림제도'와 비슷한 '보호명령제도'가 중요한 의미를 가졌다는 견해로 풀이된다.

보호명령제도는 지역주민들에게 국유림의 보호를 명령하고 그 보호의 대가로 임산물을 제공하여 산림보호와 농민들의 임산물 수요 해결이라는 두 가지 문제를 동시에 해결하려는 제도였기 때문에 단순한 입회권 인정과는 확연히 구분되는 것이었다. 이 규정은 소유권의 확정과 무주공산의 국유림화에 동반하는 문제점을 보완하기 위한 구제책의 성격을 띤 것이어서 농민의 약 56퍼센트가 산을 소유하지 않은 농촌에서[12] 용재나 땔감문제, 녹비문제 해결에 일정수준 공헌할 수 있는 가능성이 있었다고 볼 수 있다. 실질적으로는 허상에 불과했다고 해도 산림입회권을 인정했고, 또 그것이 갖는 문제점을 보호명령제도로 보완하려고 했다는 것은 조선총독부가 정책적으로 노력한 흔적으로 보아야 한다. 그것이 과연 누구를 위한 노력이었느냐는 것은 어리석은 물음이다. 제국 일본의 영토가 된 식민지 조선에서 이루어진 정책적인 노력일 뿐 단순히 조선인이나 일본, 어느 한쪽만을 위한 것이 아니었다. 그들이 추구하는 이익의 중심에 일본 또는 일본인이 위치하고 있었다는 것은 의심할 여지가 없으나, 조선인의 생활 안정이 조선을 통치하는 일본의 이익(예를 들면, 조선인의 순종과 무저항)이 된다면 그 또한 중대한 정책 과제가 될 수 있었다. 이처럼 조선인의 이익은 이차적 또는 조건부적으로 추구되는 것에 불과했다고 하더라도 그것은 조선인의 삶에서 중차대한 것이었다.

한국에서는 보호명령제도에 큰 관심을 기울이지 않고 있으나, 앞에서 언급한 바와 같이 일본 산림전문가들은 그 제도를 예로 들며 조선총독부가 조선인에게 선처를 베풀었다는 식으로 그들의 산림정책을 옹호한다. 따라서 이것이 어느 정도 실질적인 의미가 있었는지는 반드시 짚고 넘어가야 할 중요한 문제이다. 보호명령제도를 구체적으로 살펴보면 다음과 같다.

우선 보호명령이 내려진 구역에 대한 '보호의무자'는 가능한 한 '최소단위의 부락'으로 하되, 필요한 경우에는 그 보호구역과 '보호의무자'를 2, 3으로 소분하게 되어 있었고, 보호구역별로 '삼림보호조합'이 결성되었다.[13] 1918년 단계에서 보면 '보호를 명령할 국유임야의 범위'는 요존예정임야(국유로서 보존할 필요가 있는 임야) 중 일부를 제외하고 "이 명령을 실시하지 않으면 삼림보호의 실적을 거두기 어렵거나 또는 지원주민地元住

民(지역 주민) 일상의 용재 및 땔감을 얻을 수 없는 지방으로 한다"라고 규정되어 있다.[14] 즉, 보존이 필요한 국유림에 의지하지 않고는 지역 주민의 용재와 땔감을 공급하기 어려운 지방에 대한 배려도 내포된 제도였던 것이다. 이러한 제도가 마련되지 않으면 용재와 땔감을 구할 수 없는 주민들이 국유림을 훼손시킬 가능성이 있었다. 여하튼 이것이 취지대로 순조롭게 실시만 되었다면 제도로서는 큰 의미가 있었을 것이다. 그러나 보호명령이 실제로 시행된 것은 한국병탄으로부터 여러 해가 지나고 나서이며 시행 과정상에 여러 가지 문제점이 있었다는 것을 확인할 수 있다.

1915년 2월, 데라우치 마사타케寺內正毅 조선총독이 임무주임회의에서 내린 주의에는 이 규정을 시행하는 데 있어 당면해 있던 문제점이 확실히 드러나 있다.[15] 이에 따르면, 보호를 명령받은 주민은 이미 명령 이전부터 해당구역에서 묵인하에 임산물 채취를 하고 있었기 때문에 특별히 보호명령을 수행할 필요를 느끼지 못했다. 이러한 이유로 이 규정을 시행하는 것이 시기상조라는 의견도 있었으나, 이에 대해 총독은 그렇다고 하더라도 이것을 적용하지 않으면 보존이 필요한 국유림에서 임의로 임산물을 채취하고 있는 주민들의 행위는 범칙행위로서 처벌하는 외에 방법이 없고, 국유임야의 보호육성도 어려우니 속히 시행하라고 했다. 이것은 주민들의 협조를 얻을 수 없는 상황에서 나온 궁여지책으로, 우선 주민들의 임산물 채취가 범법행위가 되지 않게 해주고 점차적으로 보호명령의 수행을 지도해가려고 했던 것으로 이해할 수 있다. 표 3-1을 보면 알 수 있듯이 이 제도는 전년도에 있던 총독의 지시에 따라 1916년부터 시행되었고, 1924년 현재 보호명령 시행면적은 약 130만 정보(1정보는 약 9,917평방미터)였다. 『조선의 임업朝鮮の林業』에는 1920년까지의 실적이 136만 정보로 되어 있어서[16] 기록상에 큰 차이가 있는데, 또 다른 기록에 따르면 1926년 3월 현재 실적이 170만 정보로 되어 있다.[17] 점차적으로 증

표 3-1 보호명령 시행면적 ①

구분 / 연도	조합 수	호수	면적(정보)
1916	132	5,121	97,000
1917	36	3,469	132,680
1918	59	3,825	279,249
1919	22	1,610	100,475
1920	15	761	83,368
1921	18	1,609	66,311
1922	1	186	4,500
1923	65	5,557	508,784
1924	2	243	29,696
계	*350	22,381	*1,302,063

조선임업협회, 임경빈 외 옮김, 『조선임업사』 상, 산림청, 2000, 360쪽.

* 원서상에 합계 오류가 있어 바로잡아 놓았으나 합계 오류인지 세부항목의 기록이 잘못된 것인지는 확실하지 않다.

표 3-2 보호명령 시행면적 ②

연도	보호를 명한		연도	보호를 명한	
	건수	면적		건수	면적
1932	483	3,577,823.39	1936	714	4,277,799.00
1933	572	3,585,607.01	1937	768	4,191,441.17
1934	624	3,866,144.71	1938	765	4,173,934.63
1935	667	3,859,191.88	1939	761	4,189,532.02

면적은 각 연도별 현재의 시행면적을 나타냄. 조선임업협회, 임경빈 외 옮김, 『조선임업사』 상, 산림청, 2000, 368쪽.

가한 것은 틀림없으나, 이것이 한국병탄 후 16년 동안의 실적이었다는 점에 주목할 필요가 있다.

1932년 단계에서도 "피명령자가 권리의 행사에만 급하고 의무수행을 동반하지 않는 사례가 적지 않았다"[18]는 지적이 나오고 있었으나, 표 3-2에서 확인할 수 있듯이 이 시기에는 시행면적이 급증한 상태여서 일단은 완전히 궤도에 올랐다고 볼 수 있다.[19]

이 제도가 무주공산을 상실한 조선농민의 고통을 얼마나 덜어주었는지는 불확실하나 어느 정도는 효과가 있었을 것이다. 그러나 이 제도에는 문제점도 있어서 온돌생활에 적지않은 영향을 미쳤다. 여기서는 크게 세 가지 문제점을 지적해두겠다. 1921년에 발간된 『조선의 임업』에 기록된 1920년까지의 실적을 전면적으로 신뢰할 수는 없는 상황이기는 하나, 이 책에서 두 가지 중요한 점을 확인할 수 있다. 앞에서도 말한 바와 같이 1920년까지의 실적은 136만 정보로 되어 있는데, 그 대부분은 상태가 좋은 국유림이 많이 분포해 있던 북쪽 지방에 편중되어 있다. 시행면적 순으로 보면, 평안북도 약 56만 2천 정보, 함경북도 30만 6천 정보, 함경남도 21만 4천 정보, 강원도 10만 정보, 경상북도 6만 8천 정보 순이며, 나머지는 충청북도 3만, 전라북도 2만 1천, 충청남도 1만 5천, 평안남도 9천, 경상남도 7천, 경기도 6천, 전라남도 5천 정보였다. 이렇게 심한 지역적 편중은 임산물이 부족한 지역에서는 이 제도가 충분히 시행되기 어려웠다는 것을 의미한다. 또한 1926년까지의 실적으로 보아 한국병탄 후 16년간의 성과가 170만 정보로 부진했음을 알 수 있다. 이것은 곧 이 제도의 목적하는 바가 순조롭게 이루어지지 않고 있었다는 것을 말한다. 추측하건대, 이것은 무주공산의 입회적인 이용에 익숙한 조선농민의 생활태도와 식민지 권력의 의도 및 실리 추구가 융화되지 못한 결과였을 것이다. 피명령자, 즉 조선농민의 입장에서 보면 의무수행을 하든 안 하든 땔감문제를 해결할 수 있는 길이 열려 있었던 셈인데, 식민지 권력으로서는 피명령자의 의무수행이 뒤따라주지 않으면 산림보호라는 목적을 이룰 수 없었다. 앞에서 확인한 바와 같이 1915년에는 데라우치 총독이 이 제도의 시행을 촉구했지만, 결국 피명령자의 의무수행이 뒤따르지 않아 식민지 권력으로서는 그다지 적극적인 자세를 보이지 않았던 것으로 볼 수 있다.

요컨대 조선농민의 관습과 식민지 권력의 산림보호라는 목적의 충돌이 보호명령제도를 시행하는 데 걸림돌이 되었던 것이며, 그 결과가 조선

농민에게는 땔감을 비롯한 임산물 공급의 문제였고, 식민지 권력의 입장에서는 산림보호의 부담이었다. 조선농민의 불충분한 의무수행이 무지 때문이건 혹은 단순한 태만이나 저항이었건 간에, 이것이 곧 정책 실패를 의미한다는 점은 의심할 여지가 없다. 그리고 그 정책의 실패가 이 시기 조선농민의 "생존권의 박탈"이라는 사태의 한 요인이었다고 보는 것이 타당한 분석일 것이다. 이 문제는 결국 뒤에서 논할 도벌 행위와 식민지 권력의 산림보호 행위가 끊임없이 충돌하는 배경 중 하나가 된다.

땔감 공급이 이루어지지 않는 한 산림보호는 불가능하다. 그 때문에 식민지 권력은 계속적으로 보호명령제도를 수정하고 강화해나가게 된다. 그렇게 해서 1932년경에는 시행면적이 급증했는데, 문제는 다른 쪽에서도 불거졌다. 언제부터인가 삼림보호조합의 조합원은 조합비와 거출금을 의무적으로 내야 했다. 이것이 두 번째 문제점이다. 한 신문기사에 따르면 1931년에는 가구당 조합비가 15전, 거출금이 60전씩으로 배당되어 있었으며, '평의원'이라는 직책을 두고 징수를 담당하게 해도 "그런 부당한 돈"은 낼 수 없다는 사람이 있어서 거출이 순조롭지 않았다고 한다.[20] 그뿐만 아니라 1934년의 규정에서는 보호명령을 받은 지역 주민은 모두 조합원이 되어야 했는데, "부담이 가중되지 않도록 충분히 유의할 것"이라는 주의 문구가 있었다고는 해도[21] 생활이 궁핍한 많은 농민들이 의무적으로 조합비를 내는 데에는 어려움이 따랐을 것이다. 뒤에서 온돌 아궁이에 뚜껑을 설치하는 이른바 '온돌 개량'에 대해 논할 텐데, 그 온돌 개량에 필요한 뚜껑 가격이 약 1원이었다. 그 1원을 낼 능력이 없던 농민들에게서 삼림보호조합의 조합비와 거출금이 무리 없이 거둬졌다고 보기는 어려울 것이다. 무주공산을 잃은 조선농민에 대한 입회권 인정을 대신하게 된 보호명령제도는 임목의 보호육성 업무, 경계표식과 같은 시설물 보존, 기타 산림보호를 목적으로 하는 관의 지시를 이행하는 등의 의무수행을 요구하고,[22] 보호명령 구역에서 발생한 손해에 대한 연대책임을 지울 뿐만 아니라[23] 조합비와 거출금까지 징수하는 제도였으니, 전체적으로 볼 때 농민들에게 상당한 부담이었을 것이다.

보호명령제도의 실적을 확인할 수 있는 것은 1939년까지이다. 전쟁으로 급증한 목재 수요를 충당하기 위해 조선총독부는 1942년에 〈조선목재통제령〉을 공포하고 조선의 국유림에서 대량 벌채를 하게 되는데,[24] 이러한 상황전개로 보아 1940년경에는 보호명령제도를 계속적으로 실시할 여유가 없었을 것이다.

무주공산을 잃은 조선인에 대한 조선총독부의 배려의 흔적을 찾아볼 수 있는 또 하나의 예로 조림대부제도를 들 수 있다. 조림대부제도를 둘러싸고 조선농민들의 반대투쟁이 계속적으로 일어났다는 것은 이미 잘 알려진 바인데,[25] 이우연의 연구는 이 제도의 또 다른 면을 밝혔다.

> 조림대부제도하에서 조선 특유의 무주공산의 관행을 부정하려 한 일본인 대부자들은 지역주민들과 필연적으로 마찰을 빚게 되었다. 일본인 대부자들에게 '도벌盜伐'로 보이는 행위가 조선인 농민들에게는 오랜 전통이었기 때문이다. 이러한 상황은 황폐한 임야를 복구하는 데 큰 장애가 되었고, 총독부는 조선의 '전통'을 고려하여 대부를 허가할 때는 일정한 범위에서 기존의 관행을 인정할 것을 요구했다.[26]

구체적으로 보면, '대부허가증'에는 "식림사업에 지장이 없는 한도에서 현지민의 시초 채취를 용인할 것"이라는 항목이 있었으며, 또 그것이 이행되지 않거나 또는 "과도한 시초 채취"가 행해져서 분쟁이 된 예가 있었다는 것을 확인할 수 있다.[27] 대부조림제도가 현지민의 시초 채취를 용인하라는 요구를 포함하고 있었다는 점에서는 조선농민에 대한 중대한 배려였다고 할 수 있다. 그러나 실제로는 이것이 제대로 이행되지 않는 경우가 많아서 분쟁 혹은 앞에서도 말한 반대투쟁으로 발전하는 일이 많았던 것으로 생각된다. 조림대부제도가 땔감문제 해결에 어느 정도 공헌했는지는 분명히 말할 수 없으나 분쟁과 반대투쟁이 계속되었다는 것 자체가 그 한계를 말해준다.

다음으로 연고림에 대해 간단히 언급해둘 필요가 있다. '연고림'이란 국가 소유이면서 실질적으로는 연고가 있는 산림, 즉 사찰이나 부락 등이 수호하고 오랫동안 자유롭게 이용해온 산림을 말한다. 조선총독부는 소유 신고가 없는 이 산림을 국유화했는데, 그 면적이 약 338만 정보로 전체 국유림의 35퍼센트를 차지했다.[28] 총독부는 민심을 안정시키고 '애림愛林 사상'을 함양한다는 의도하에[29] 〈조선특별연고림양여령〉(1926년)에 입각하여 1927~1934년까지 연고림을 연고자에게 양여했다. 무주공산과 더불어 상실되었던 이른바 연고림은 이렇게 해서 회복되어 민유림으로 변경되었다.[30]

연고림의 양여는 보호명령제도와 함께 조선농민의 땔감문제를 줄여줄 가능성이 있었다. 그러나 그때까지 20여 년간 계속된 무주공산과 연고림의 공백기를 초래한 정책 실패는 고스란히 조선인의 온돌생활의 고통으로 남았다. 말 많고 문제도 많았던 조림대부제도가 일정부분 이를 보충했다고 보더라도 구조적으로 도벌을 권하는 사회에서 신음하는 것은 다름 아닌 조선농민이었던 것이다.

문제는 여기서 그치지 않는다. 민유림으로 변경된 연고림은 그 후로도 순조롭게 이용할 수 있는 성질의 것이 못 되었다. 이어서 논할 산림정책이 여전히 산림 이용을 철저하게 구속하고 있었기 때문이다.

거듭 말하지만, 식민지 권력으로서도 해결하지 않으면 안 되는 중대사안이었던 땔감문제를 검토할 때 정책의 성패라는 평가의 틀은 대단히 중요하다. 여기서는 총독부의 산림정책에서 중요한 전기가 된 1933년 〈민유림지도방침〉 개정의 배경을 검토함으로써 그 이전까지의 산림정책의 성패가 온돌생활에 미친 영향을 살펴보자.

조선총독부는 1933년 1월에 〈민유림지도방침대강〉을 제정하여 정책변화를 꾀하였는데, 1924년 현재 639만 정보(전체의 40퍼센트)였던 민유림이 1927년부터 시행된 연고림 양여로 점차적으로 늘어나 1930년대에는 66퍼센트에 이르렀다는 점으로[31] 보아 민유림에 대한 정책변화는 산림정책 전체의 핵심이었다고 보아야 할 것이다. 지금까지 산림사 연구에서는 이 정책변화의 배경에 특별한 관심을 쏟지 않았던 것으로 보인다. 〈민유림지도방침대강〉은 다음과 같다.

> 민유림의 개선은 민도民度 및 임야의 현황과 임산물의 수급상황을 감안하여 간이하고 확실한 조림방법을 선택함과 동시에, 삼림의 사용 수익에 관한 폐해를 바로잡고 그로써 우선 임총林叢(나무숲—지은이 주)의 구성과 지반의 안정을 꾀하여 점차적으로 우량 임분林分을 조성하는 것을 원칙으로 한다.[32]

이러한 변화는 종래의 정책에 대한 반성에서 출발한 것이었다. 당시 총독부 농림국장이 회의석상에서 한 발언에 대해 신문은 "종래의 민유림지도방침은 오류"라는 표제를 붙여서 보도했고,[33] 일본 산림전문가들이 쓴 『조선의 산림』도 역시 그 점을 시사하고 있다. 즉 식수 조림 장려에 다대한 노력과 비용을 들였음에도 치수의 금양禁養이 철저하게 이루어지지 않았고, 또 되도록이면 '우량 임지'의 임목을 이용하게 해서 황폐임야의 부담을 줄였어야 했는데, 오히려 무조건 베지 못하게만 함으로써 갖가지 폐단이 있었다는 것이다.[34]

경기도 산림과장을 지낸 가케바 사다키치掛場定吉는 총독부의 산림정책을 논한 글에서 이 점에 관해 상세히 설명했다.[35] 그의 설명에 따르면 총독부의 산림정책은 명백한 실패였으며, 결과적으로 그 실패는 고스란히 산을 소유한 조선농민의 고통으로 이어질 수밖에 없었다. 가케바는 총독부의 산림정책을 제1기 '식수제일주의' 시대, 즉 '식수와 보호에 매진한 시대'(1932년까지)와 제2기 '임총구성주의' 시대(1933년부터)로 나누어 회고했다. 바로 이 전환의 핵심에 위치하는 것이 〈민유림지도방침대강〉이다.

우선 가케바의 글을 통해 제1기의 특징과 제2기 '임총구성주의'로 방침을 전환하게 된 배경을 확인하면 다음과 같다.

제1기에는 일반적인 조림사업과 '기념식수'가 행해지고, 철저한 산림보호 단속이 이루어졌다. 가케바는 이를 가리켜 이른바 "'심어라, 베지 마라'라는 슬로건을 정면으로 내걸고 무턱대고 돌진"한 시기라고 표현했다. 그러나 이 방식이 여러 가지 문제점을 드러냄으로써 민유림지도방침을 전환하지 않을 수 없었다.

> 결국 '심어라, 베지 마라'만으로 밀어붙였는데 좋아져야 할 산이 전혀 좋아지지 않았다. 곳에 따라서는 산이 더 거칠어졌다는 비판도 각 방면에서 일어났다. …… 무엇보다도 아무리 '심어라, 베지 마라'라는 말을 백만 번 외쳐본들 매일 필요한 취사용 땔감과 겨울철의 온돌용 땔감을 어떻게 해결해야 할지에 대한 방법을 세워주지 않으면 아무리 베지 말라고 해도 베지 않을 수가 없다. 결국 눈에 잘 띄는 상목上木은 안 베고 치수나 잡초, 낙엽 등의 지피물을 채취해서 땔감으로 삼는 길밖에 없다. 더구나 그것을 채취할 때 우물쭈물하고

있으면 단속원에게 발각되니까 몰래 서둘러서 베게 되고, 그러다 보니 좋은 치수와 나쁜 잡목을 구별할 겨를도 없이 손에 잡히는 대로 낫으로 잘라버린다. 그 결과 산에 힘 없는, 가지 없는 소나무만 남고 임지는 어느새 헐벗어서 지력은 극도로 감퇴하고 남은 수목의 생장은 거의 정지에 가까운 상태가 되어버렸다. 즉 산 주인은 땔감을 얻기 위해 자신의 손으로 산을 해쳤는데 결국 그렇게 된 것은 "베지 마라, 베지 마라" 하면서 큰 나무의 이용을 극도로 제한하여 땔감의 공급원을 끊어 어쩔 수 없이 치수를 벨 수밖에 없게 만든 '심어라, 베지 마라' 라는 표어 때문이다. 덧붙이자면, 입목이 있는 산에서 지표의 치수, 잡초를 훔치는 것은 아주 쉬운 일이다. 농민의 과반은 산을 소유하지 않고 타인의 산에 의존하고 있으므로, 규칙을 정해 아무리 산의 소유자를 제한한다 한들 그것은 훔치는 자에게는 관계 없는 일이기 때문이다.

산 주인은 제도상의 제한 때문에 스스로 자신의 산을 해치고, 그나마도 단속원의 눈을 피해서 훔치듯이 땔감을 채취해야 했으며, 또 산을 소유하지 않은 자가 도벌을 하지 않게 하기는커녕 오히려 도벌하기 쉬운 꼴을 만들어버린 데에 문제가 있었다는 분석이다. 이렇게 보면 무주공산을 대신할 만한 땔감 공급지를 갖지 못하고 있던 기간 동안(대략 1930년을 전후해서 연고림이 양여되어 상황이 약간 호전되었을 수는 있음) 민유림은 산을 소유하지 않은 농민에게 절호의 착취 대상이었을 것이다.

다시 정리하면, 1910년부터 1930년대 초까지 약 20년간은 산을 소유하지 않은 자뿐만 아니라 산을 소유한 자도 산림의 이용권을 거의 박탈당해†

† 산림이용권 박탈과 삼림조합의 문제
산의 소유자는 의무적으로 삼림조합에 가입하고 조합비를 내야 했으며, 자신의 산에서 나뭇가지를 치고 벌채를 하기 위해서는 벌채 허가를 받고 '벌채 수수료' 까지 내야 했다. 심지어는 조합비를 마련하기 위해 가지를 치고 벌채를 해야 하는 경우도 있었다. 산림보호라는 목적에 상반되는 이와 같은 삼림조합의 실태를 비판하여 이를 '벌림조합伐林組合' 이라고 하는 사람이 있을 정도였다(綠川祿, 「朝鮮に於ける林野保護と森林組合の現況及改造」, 『山林』 595, 1932, 19~20쪽).

산을 해치고 범죄행위를 일삼아야 했던 시기였다고 할 수 있다.

민유림지도방침의 개정과 농용임지 설영

이미 확인한 바와 같이 1933년에 개정된 〈민유림지도방침대강〉의 골자는 "임총의 구성과 지반의 안정을 꾀하여 점차적으로 우량 임분을 조성함을 원칙으로 한다"는 것이었다. 이에 따른 〈지도방침 실시요강〉은 '조림 장려', '벌채 지도', '삼림 보호 무육撫育', '삼림 이용'의 4개 항목으로 되어 있는데, 그 대략은 조림 비용을 절감하면서 임총을 구성하고 지반의 안정을 꾀하기 위해 치수, 새싹, 나무뿌리 그리고 낙엽이나 풀과 같은 지피물의 채취를 금지하여 보존 증식시키고 일정 수준에서 벌채를 인정한다는 것이었다. 한편 땔감 절약을 지도하고 땔감, 녹비, 가축사료 등 농가의 임산물 수요에 대처하기 위해 '농용임지'를 설영設營하고자 했다.

이러한 개정은 온돌생활에 어떤 영향을 미쳤을까? 우선 임총 구성과 지반의 안정을 위해 치수와 낙엽이나 풀과 같은 지피물의 채취가 금지되었다. 이에 따라 산을 소유하고 있어도 산림을 이용하는 데 따른 제약이 커졌으며, 산림범죄는 늘어났다. 앞에서 소개한 "생존권의 박탈"이라는 평은 다름 아닌 이 시기에 대한 비판이다. 이용에 따른 제약은 연고림의 경우도 마찬가지여서 1930년을 전후해서 되돌려 받기는 했어도 그것으로 농가의 임산물 부족을 해소하기에는 역부족이었다. 결국 이러한 문제점에 대한 보완책이 강구되지 않으면 안 되었는데, 그 보완책 중 하나가 땔감 절약이라는 방법이었고, 또 다른 하나는 농가에 대한 일종의 구제책이었다.

땔감 절약에 관련해서는 뒤에서 논하기로 하고 여기서는 구제책 중 하나였던 농용임지 설영의 실태와 의미에 대해서 알아보겠다. 지금까지 농용임지에 대해서는 거의 논해진 바가 없는데,[36] 조선 농촌에서 농용임지가 어떤 의미를 가졌는지는 반드시 짚고 넘어가야 할 중요한 문제이다.

〈민유림지도방침〉의 개정은 1931년에 조선총독으로 부임한 우가키 가즈시게宇垣一成가 농촌의 자력갱생을 슬로건으로 내걸고 전개한 농촌진흥운동과도 연계되어 있어서 농촌경제 문제를 고려한 부분이 크다. 이하 농용임지 설영에 직접적으로 관여했을 것으로 추측되는 조선총독부 기사 야마모토 사카에山本榮의 글을 통해 살펴보기로 하겠다.[37] 시험적인 기간을 거쳐서 본격적인 설영이 추진되던 1938년에 쓰인 이 글에서 야마모토는 농용임지 설영이 농촌 갱생과 불가분의 관계에 있다고 했다. 그의 말을 정리해보면 이렇다. 피폐해 있는 농가경제를 근본적으로 개선하기 위해서는 농용임지를 설영하여 농가의 생활필수품인 땔감, 녹비, 소와 말의 사료, 즉 농용임산물을 "합리적으로 자급자족할 수 있는 방도를 강구할 필요"가 있다. 또 지금까지 조선에서는 산림에 의존하는 농업과 임업 사이에 "암투"와 "상극"이 되풀이되어 왔는데 장래 농업의 발달과 "유축농업有畜農業의 장려"[38]에 의해 임산물 수요가 늘면 임야 황폐를 초래하여 문제는 점점 더 심각해질 수밖에 없다. 즉 농용임산물의 자급자족으로 농가경제를 살리면서 동시에 농업에 의한 산림황폐화를 방지하는 방법으로 강구된 것이 농용임지 설영이었다는 것이다.[39] 당시 조선의 농가 중 전혀 산림을 소유하지 않은 농가가 56퍼센트였는데, 소유하고는 있어도 그 면적이 매우 작아 농용임산물의 자급이 부족한 농가를 합하면 70퍼센트에 이르는 농가가 자기 소유가 아닌 임야에 의존할 수밖에 없는 상황이었다. 그러한 농가는 단순히 임야보호단속을 강화하는 것만으로는 구제되지 않을 뿐만 아니라 오히려 영농마저 곤란한 실정이었다.

이와 같은 이유에서 농가당 약 1정보의 산림을 소유하게 하려는 것이 농용임지 설영의 목적이었다. 그 1정보의 산림 중 60퍼센트 정도의 면적을 땔감 채취용으로 이용하고(부족한 땔감은 잡초나 곡식 줄거리 등으로 충당), 나머지 40퍼센트 면적은 녹비와 사료용 풀, 그리고 자가용 용재用材 생산 등에 이용하게 한다는 것이었다. 농용임지 설영방법은 다양하게 강구되었는데, 주된 방법은 다음과 같은 세 가지였다.

① 농가의 자력으로 임야를 사들이게 하는 방법
② 빌린 땅[借地] 등에 공동 설영시키는 방법
③ 면 등의 공공단체로 하여금 농용임지를 설영하게 하여 그곳에서 생산되는 농용임산물을 그 지역 농가에 공급하는 방법

그리고 이 방법의 실현과 관련해서는 각 지방의 사정에 따라 다르겠지만, 가능한 한 ①, ②의 방법으로 설영하도록 장려하고,[40] 경제적인 능력으로 보아 그것이 곤란하다고 인정되는 농가에 대해서만 ③의 방법을 쓰기로 하며 이에 대해서는 국고에서 조성금을 내어 장려하고자 했다. 농용임지의 설영이 필요한 농가는 전 농가의 약 70퍼센트에 해당하는 200만 호로 너무 많기 때문에 그중 50퍼센트에 대해서는 ①, ②와 같은 '장려적 수단'을 이용해 추진하고, 나머지 100만 호에 대해서는 ③의 방법에 따른 설영이 필요하다는 판단이었다.

이런 구상이 그대로 실현되면 농업과 온돌생활에 획기적인 전기를 마련하게 되었을 테니, 『동아일보』가 "이채異彩의 '농용임지'"라고 표현하면서 이에 대한 일반인들의 기대를 전하고,[41] 조선총독부 기관지 『매일신보』나 『경성일보』가 "조선 농정의 자랑"[42]이라든가 빈농에게는 "일대 복음一大福音"[43]이라고 호들갑을 떤 것도 납득할 만하다. 결론부터 말하자면, 도별로 단년도 계획 혹은 장기적으로 5개년 계획이니 10개년 계획이니

하면서 도비로 조성금을 마련하고 어느 시점까지 꾸준히 추진해갔던 것은 틀림없으나[44] 그 실적과 효과는 기대에 훨씬 못 미쳤다. 우선 확인되는 점을 정리해보자.

첫째, 농용임지의 시험적인 시행과 그 이후의 추진결과에 대해서는 다음과 같다. 국고보조에 의한 농용임지 설영계획은 1934년에 발표되고 그 이듬해인 1935년에 시험적으로 8개 도(임야황폐가 심한 경기도 이남의 7개 도와 황해도)의 1개 군씩 합계 8개 군에 설영되었다. 8개 군의 농용임지 설영이 필요한 38,576호에 대해 39,932정보의 농용임지를 설영했다.[45] 그 임야 중 16,000정보는 공유림에서 충당한 것이고 나머지는 농용임지 설영을 위해 민유림을 빌린 것이었다. 그 민유림에 대한 차지료借地料로 1년에 1정보당 평균 1원 40전 정도가 필요했는데, "설영 후 5년간은 증산시설(그대로는 이용할 수가 없어서 나무를 파종한 농용임지—지은이 주)에서 수익을 올리는 것이 거의 불가능하기 때문에 면은 1정보에 대해 1원 이상의 입산료를 징수하지 않기로 하고 그것을 빼고 부족액 40전"을 보조했다.[46] 즉 면이 1년에 1정보당 1원 이하의 입산료를 징수했다는 것을 알 수 있다. 1정보당 40전씩의 보조금에 대해서는 신문 보도에서도 확인할 수 있는데, "1정보의 산림 배당자에게 국고에서 40전씩 보조"[47]했다는 기사로 보아 실제로는 입산료를 징수했다기보다 국고보조금 40전에 나머지를 자가부담으로 하여 차지료를 징수한 것으로 생각된다. 이것은 앞에서 확인한 농용임지 설영방법의 ③이 무상으로 이루어지는 것이 아니었음을 뜻한다. 당시의 한 신문이 농용임지는 땔감, 녹비, 가축사료 등에 대하여 "입산료를 받고 공급하려는 것"이라고[48] 보도한 것으로 보아 무상이 아니라는 것은 일반적으로 알려져 있던 사실인 듯하다. 그렇다면 빚에 허덕이는 빈농들이 땔감과 녹비 등을 위해 약 1원의 입산료를 지불해야 한 이 같은 사실을 어떻게 평가해야 할까? 빈농들에게 물론 적은 부담은 아니었겠지만, 단순하게 보면 자가의 임산물 소비가 이렇게 해결될 수 있다면 그 부담을 상쇄할 만큼 오히려 생활에 큰 도움이 되지 않았을까 생각해볼 수 있다. 그러나 문제는 그렇게 단순하지 않았다.

설영방법 ③으로 100만 호에 대한 농용임지 설영을 목표로 하던 계획은 어떻게 되었을까? 일단은 앞에서 지적한 대로 각 도별로 장기적인 계획 아래 추진되어갔는데, 신문지상에서는 1938년을 정점으로 하여 이와 관련한 보도가 급격히 줄었다. 1938년까지의 통계를 살펴보면 처음에 국고 보조로 시험적으로 설영된 약 4만 정보와 그 이후로 도비 보조로 설영된 30만 정보를 합쳐 총 34만 정보가 설영된 것으로 되어 있다.[49] 그런데 그 이후로는 이렇다 할 만한 진전이 확인되지 않는 것으로 보아 대략적으로 34만 정보에 그친 것으로 생각된다.[50]

둘째, 농용임지의 조성에 대해서이다. 농용임지는 처음부터 이용이 가능한 상태의 임야가 농용임지로 설영된 경우와 그렇지 않은 경우의 두 가지로 구분되는데, 여기서는 편의상 전자를 '제1종 농용임지', 후자를 '제2종 농용임지'라고 하자. 현재 확인이 가능한 1936년의 충청북도를 한 예로 들자면, 설영면적 14,000정보 중 약 3분의 1에 해당하는 4,700정보가 새로운 증산시업(그대로 이용하기에 충분치 못한 농용임지에 나무를 파종하는 것)으로 조성된 것, 즉 제2종 농용임지였다(표 3-3). 이듬해인 1937년 충청북도의 농용임지 설영면적은 27,598정보였는데, 그중 증산시업을 한 제2종 농용임지는 약 반에 해당하는 13,514정보로 전년도에 비해 그 비율이 훨씬 높아졌다.[51] 당장 이용이 가능한 임야를 되도록 첫해에 많이 설영했을 것으로 본다면 전국적으로 1937년, 1938년에 설영된 농용임지는 비교적 제2종이 큰 비율을 차지했다고 할 수 있다.

증산시업 방법은 지역에 따라 다를 수 있는데, 충청북도의 경우는 표 3-3과 같다. 이때 새로 파종된 나무의 종류는 그 용도(땔감, 녹비, 사료)와

표 3-3 1936년도 충청북도의 농용임지 설영과 증산시업

설영 내용	개소	340개소	
	설영 면적	14,000정보	
	설영 면적 중 증산시업 면적	4,700정보	
증산시업 내역	시업 수종별 수량	싸리	26,000리터
		아카시아	6,500리터
		상수리나무	100,000리터
		합계	132,500리터
	비용	30,000원(이 중 보조금액이 16,000원)	
	사역 인부	46,600명	

「他道に率先 農用林地設定」(『中鮮日報』 1936년 11월 1일자)을 참고하여 작성.

재배의 속도를 고려하여 선정된 것이다.

셋째, 농용임지의 이용에 대해서이다. 제1종 농용임지는 그것 또한 빈약한 조선(특히 중부 이남)의 임야 중의 일부였으니 임산물 생산이 충분치 않았을 것임은 쉽게 짐작이 간다. 그것은 다시 말하면, 이용이 제한적으로 허용되었을 것이라는 뜻이기도 하다. 충청북도의 경우를 예로 들면 설영면적 14,000정보의 약 3분의 1에 해당하는 증산시업면적 4,700정보에 대해서는 제한적으로 이용이 허락되었다는 것이 된다. 실제로 모든 농용임지에 대한 이용은 일정한 통제하에 감독하지 않으면 안 된다는 판단으로 1개 군에 한 명씩 지도감독원을 두었다.[52] "남채濫採의 폐"를 막기 위한 것이므로 타당한 방법이었다고 생각되지만, 통제자와 피통제자 사이에 '남채'의 기준에 차이가 있었을 것이며 더구나 임야의 축적이 충분치 않은 탓으로 통제자의 기준은 한층 더 하향 조정되었을 가능성이 높다. 또 머지않아 전시체제로 돌입했을 때 과도한 통제에 따른 폐단이 생겼을 가능성도 배제할 수 없다. 한편 증산시설된 제2종 농용임지의 경우는 이용이 가능해지기까지 3~5년 정도가 필요했다.[53] 그렇다고 하면 1935년에 처음 시험적으로 설영된 것조차도 1938~1940년이 되어서야

이용이 가능했다는 말이 된다.[54]

총 34만 정보라는 농용임지 설영실적은 목표에는 한참 미치지 못하는 것이었으나 단순계산으로는 농가 34만 호의 땔감, 녹비, 사료 문제를 해소해주는 면적이었으니 경시할 수 없는 수치임에는 틀림이 없다. 그러나 제1종 농용임지의 이용이 제한적으로밖에 허용되지 않았을 가능성이 높고, 제2종 농용임지는 처음에 시험적으로 설영된 농용임지조차도 전시체제에 돌입해 있던 1938년 이후에나 이용할 수 있었으며 그 이후로 설영된 제2종 농용임지의 이용이 더 늦어졌음은 말할 것도 없다. 더구나 전시체제에 돌입하면서 '저온생활실천운동'이 전개되고 1942년에 공포된 〈조선신탄배급통제규칙〉에 따라 그해 겨울부터는 연료배급제가 실시되었다.[55] 이런 상황에서 농용임지가 땔감공급지로서의 역할을 했다고는 보기 어렵다. 즉 제1종 농용임지는 1935~1939년까지 단계적으로 설영되어 일정한 제한하에 이용이 가능하였고, 제2종 농용임지는 온돌생활의 안정에 기여할 수 있었던 기간이 그보다도 훨씬 짧았던 것이다.

이런 이유로 온돌생활과의 관계에서 볼 때 전체적으로 농용임지가 갖는 의미는 극히 작았다고 할 수 있는데, 단 녹비나 사료 채취라는 측면에서 보면 농용임지의 의미가 조금 달랐을 것이다. 강원도에서는 1940년에 이미 설영된 농용임지 12,000정보를 치산에 관계없는 한도에서 전부 개방하여 녹비를 자급자족할 수 있게 했다는 기록이 있는데, 1940년은 '저온생활'의 실천이 강조되기 시작한 해이다.[56] 이것은 전시체제하에서 쌀 생산에 필요한 녹비 채취가 땔감 채취보다 우선되었음을 시사하는 예이다.

목숨을 건 도벌—온돌의 경제성 상실

앞에서 살펴본 대로 식민지기 조선인들은 무주공산을 대신할 만한 땔감 공급지를 상실하였고 연고림도 약 20년 동안은 마찬가지였다. 1932~1939년까지 7년간은 보호명령제도가 본격적으로 실시되었고, 많은 분쟁을 치르면서이기는 하지만 조림을 위해 대부된 산림에서 시초 채취가 허용되는 경우가 있기도 했다. 또한 1935~1939년까지 4년간은 단계적으로 설영된 제1종 농용임지를 제한적이나마 이용할 수 있게 되어 부분적으로 실효를 거두기도 했다. 시기별, 지역별 차이는 있었다고 하더라도 조선 전체라는 틀에서 본다면 이러한 제도적 장치는 어느 정도 땔감문제를 해소하는 데 도움이 되었다. 그러나 그것은 조선농민의 노동력 동원과 많지는 않으나 금전적 부담을(보호명령제도의 경우는 부락민의 연대 책임까지) 전제로 한 것인 데다 무주공산을 대신하기에는 턱없이 부족했다.

1933년의 전라남도 농가를 예로 들어 분석한 한 결과에 따르면, 임야를 소유하지 않은 농가는 땔감의 50~60퍼센트 정도를, 임야를 소유한 농가도 30퍼센트 정도를 구입해 사용하고 있었다고 한다. 임야가 없고 땔감을 구입할 금전적인 여유도 없는 농가는 도벌을 할 수밖에 없었으며, 이 지역 전체 땔감소비량의 20~30퍼센트가 도벌에 의한 것이었다.[57] 빈농의 경우는 도벌의 비율이 평균치를 훨씬 넘었을 것으로 생각된다. 가을에 타작을 하고 남은 짚이나 콩줄기 등이 중요한 땔감이 되었고, 민유림에서 가지치기 등을 해주고 그 대가로 땔감을 받는 경우도 있었을 것이다. 뒤에서 다시 논하겠지만, 그러고도 부족하면 도벌을 하고 그것도 여의치 않으면 추위를 그냥 참고 견디는 수밖에 없었다.

앞의 분석결과에 나타난 수치는 모두 땔감문제의 심각성을 나타내고 있는데 이것이 바로 보호명령, 조림대부지에서의 시초 채취 허용, 농용임

표 3-4 연도별 산림범죄 적발 건수

구분 / 연도	삼림령 위반 건수 (괄호 안은 도벌 건수)	도령 위반 건수	합계
1926	4,168	762	4,930
1927	3,837	706	4,543
1928	7,262	4,848	12,110
1929	8,842	6,315	15,157
1930			
1931	7,232(6,775)	7,681	14,913
1932	9,018(8,492)	8,266	17,284
1933	15,306(14,359)	12,483	27,789
1934	18,567(17,766)	13,452	32,019
1935	9,821(9,215)[상반기]	6,132[상반기]	
1936			33,400
1937			
1938			36,278

1936년, 1938년에 대해서는 구분 없이 합계만 있고, 1930년, 1937년은 통계가 없음.
『朝鮮總督府月報』를 토대로 작성.

지 설영으로 해소해야 했던 과제였다. 앞에서도 지적한 바와 같이 이러한 정책이 완전히 무의미하지는 않았다. 그러나 실제로는 그 실효성이 의심스러울 만큼 산림범죄 적발 건수는 증가 추세를 이어갔다. 표 3-4는 연도별 산림범죄 적발 건수 추이를 나타낸 것이다.[58] 1928년부터 범죄 건수가 급증한 것은 민유림 보호단속을 전담하는 기관으로 1군에 1명씩 삼림주사가 배치되어 단속이 철저해졌기 때문이다.[59] 다시 말하면, 범죄행위 자체의 급증이라기보다 적발 건수의 급증으로 이해함이 옳다. 또한 1933년에도 범죄 건수가 급증한 것으로 나타나 있는데, 이것은 〈민유림 지도방침〉이 개정됨에 따라 지피물 채취가 금지되었기 때문이다. 여기서 반드시 확인해두어야 할 것은 민유림 보호에 관련되는 '도령 위반' 단속에서의 적발이 모두 도벌로 인한 것이 아니고 그중에는 자신이 소유하고 있는 산림에서 법적으로 '위반' 되는 채취를 한 경우가 포함되어 있다는 점이다.

황폐한 산림여건 속에서 출발하고 산림 소유권의 확정을 전제로 할 수밖에 없었던 근대의 산림정책하에서 종래의 온돌생활이 파란을 맞이하는 것은 필연이었음에 틀림이 없다. 그러나 그렇다고 해서 조선인이 직접 통치를 했어도 결과는 마찬가지였을 것이라는 가정적 논리는 성립되지 않는다. 표 3-4에서 확인할 수 있는 산림범죄의 대부분은 도벌이었다. 이렇게 범죄가 양산되고 온돌생활이 수난을 겪게 된 것은 조선총독부가 시행한 새로운 산림정책에 따른 결과였다.[60] 산림은 생활자들의 생존권을 위한 끊임없는 투쟁의 장이었으며, 그것은 식민지 권력에 최대의 걸림돌이었다. 표에 나타난 수치가 한낱 숫자에 불과한 것으로 보이기 쉽지만, 그 속에 담긴 현실은 도탄의 고통이었다. '삼림보호구'로 설정된 지역에는 '삼림보호주재소'를 설치하여 임산물 채취를 엄금하였는데, 그러한 지역에서는 땔감이 부족하여 지독한 추위를 맨몸으로 견뎌내야 하는 참상이 벌어졌다.[61] 이러한 비극적인 상황에서 도벌이 자행되었고 거기에 또 다른 비극이 잉태되었다. 이와 관련해 신문에 보도된 예를 들어보자.

① 산림을 감시하던 가와카미 소고로川上總五郎가 도망치려고 하는 최崔를 붙잡으려고 하자 최가 들고 있던 낫으로 저항했다. 왼손에 상처를 입은 가와카미가 '위협'하기 위해서 권총을 발사한 것이 최의 발가락에 맞았다.[62]

② 옥천사의 산림 속에서 도벌을 하던 사람이 감시인에게 들켜 그를 낫으로 죽이고 도망쳤다가 체포되었다.[63]

이러한 사건은 국유림 보호에 관련되는 '삼림령 위반'과 민유림 보호에 관련되는 '도령 위반'으로 검거되기를 두려워하는 데에서 생겨났다. 삼림령 위반으로 적발되면 훈계방면 조치되기도 하였으나 만약 벌금형에 처해지면 벌금액이 평균 5~8원이고 최고 100원 이상까지 갔다.[64] 이에 대한 대응방식으로는 벌금을 내는 것 외에 두 가지 유형이 더 있었다. 첫째는 위에서 본 예와 같이 필사적으로 도주하려다가 크게 다치거나 반대로 단속자에게 해를 입히는 경우이다. 그것이 결국 더 큰 불행으로 이어지는 것은 말할 것도 없다. 둘째는 체포된 후 벌금을 낼 수가 없어서 그 대신 복역을 하는 경우이다.[65] 한 신문기사에 따르면 1년 내내 산림범죄를 포함한 '범칙노역자'가 적잖이 있어서 관에 노동력을 제공하는 좋은 수입원이 되었다고 한다.[66] 그러나 정작 조선농민들이 10일 넘게 또는 20일 넘게 복역하고 있는 동안 자신들의 농업은 엉망이 되어버리기가 일쑤였다.[67] 또 삶을 전제로 한 어떤 선택도 불가능하여 병든 처자를 두고 스스로 목숨을 끊은 어느 삼림령 위반자의 최후는 그야말로 비극이었다.[68] 삼림령 위반에 대한 처벌은 조선의 농민들에게 너무 과중해서 생활의 기반을 송두리째 뒤흔들기에 충분했다. 그것이 낫을 휘둘러서라도 도망칠 수밖에 없던 연유이다. 그러나 이 같은 공포에 시달리면서도 그들이 부족한 땔감을 손에 넣기 위해 도벌을 일삼아야 했음은 물론이다.

한편 산림범죄 혐의를 받은 조선농민이 산림감독원에게 난타를 당해서 사망하는 사건도 있었다.[69] 반대로 곤궁에 처한 농민들이 격노하여 적극적인 공격을 하는 경우도 있었다. '산림 금벌'을 이유로 산림 소유자인 조선인을 공공연하게 집단폭행한다든가,[70] '산림간수소山林看守所'와 주재소를 습격하고 조선인 면장 일족을 참살한 사건이 그 예이다.[71] 손진태가 조선의 민족적·문화적 근본으로 온돌을 예찬했을 무렵, 공교롭게도 온돌생활은 이미 위기의 극에 달해 있었다. 그것은 목숨을 건 도벌과 보복행위가 일상적으로 발생하는 격렬한 투쟁의 온상이었다.

온돌 사용을 통제하는 수밖에 없다고 주장한 어느 조선인 산림관계자의 다음과 같은 비난에는 무력감이 엿보인다. 그는 부산의 한 수원지에는 감시원 7명이 있어서 1인당 평균 40정보를 담당하고 있는데, 겨우 이 정도의 면적에서조차 30여 년 동안 낙엽 채취 단속이 제대로 이루어지지 않는다면서 그 사정을 다음과 같이 말했다.

> 이렇게 경계하는데도 이 결과이다. 부산 근교의 세민은 밤낮을 가리지 않고 밥에 꾀는 파리처럼 몰려든다. 적은 인원으로 자칫 달려 나갔다가는 오히려 뭇매를 맞는다. 고심참담 끝에 붙잡은 범인을 경찰서에 넘겨주고 안심하고 있노라면 그 돌아가는 길에 태연하게 또 나무를 훔치러 들르니 기가 막힐 노릇이다.
>
> 나무를 보면 '훔치는 것, 때는 것'이라고 생각하고 있는 세민들은 무주공산적인 관습에 타고난 도벽도 있어서 어떤 곤욕을 치러도 뉘우침이 없고, 뉘우치더라도 온돌은 때지 않을 수 없다. 돈을 주고 구입해야 한다는 생각도 하지 못할 뿐더러 그럴 여유도 없으니까 단속을 엄하게 하면 할수록 밤이라든가 새벽에 잠행적으로 도벌하게 될 뿐이다.[72]

하루하루를 버티고 살아가야 하는 사람들이 필사적으로, 혹은 단속을 비웃기라도 하듯이 산을 덮쳤음을 알 수 있다.

그렇다고 해서 산에서 땔감을 채취하는 산림범죄가 모두 자기가 사용할 땔감문제를 해결하기 위한 것으로 보아서는 안 된다. 옛부터 무주공산에서는 생계수단의 하나로 땔감을 채취하여 판매하는 것이 허용되었는데, 식민지기에도 생계유지를 위한 '유일한 방법'으로 자신의 소유가 아닌 임야에서 그와 같은 행위가 이루어졌다.[73] 산림범죄 중에는 이러한 종류의 도벌이 포함되어 있었던 것이다. 그 사정에 대해 한 신문은 다음과 같이 보도했다.

조선 농촌에서는 자래自來로 인근 산에 적재한 낙엽쯤은 마음 놓고 긁어다가 땔감으로 사용하여왔다. 더구나 수삼년 이래 극도로 피폐한 농촌경제의 급박한 파멸상에 반伴하여 대량으로 산출되는 농촌실업군은 낙엽이나마 긁어다가 팔아서 근근 호구하는 사람이 날로 격증하는 현상이다. 그리고 전혀 이곳에다가 전 생계를 의탁하여가는 사람이 대부분이다.

그런데 돌연 군郡 당국에서 낙엽 채취를 엄금하며 만약 위반하는 자에게는 엄벌을 하기 때문에 시장에는 임야소유자의 벌취한 땔감만 몰려나와 그 가격이 실로 예년보다 약 2배가량이나 폭등했다. …… 오직 임야보호만을 위하여 일반 인민의 생활안정을 위협할 낙엽 채취 금지까지야 할 필요가 무엇일까?[74]

그러나 산림을 보호 육성해야 하는 식민지 권력으로서는 그러한 행위를 그대로 방치할 수도 없는 노릇이었다. 그렇다고 "농촌실업군" 들에게 살아갈 방법을 달리 강구해주지도 못했으니 벗어날 수 없는 악순환이 계속될 뿐이었다.

온돌은 취사를 하면서 남은 열로 방을 데울 수 있는 데다 그렇게 해서 축적된 열이 오랜 시간 지속되는 구조 때문에 경제적이었다. 무엇이든 땔감으로 쓸 수 있다는 점에서도 온돌은 분명히 경제적이었다. 그러나 이 같은 온돌의 경제성은 노동력만 투자하면 부근의 무주공산에서 간단히 하루 땔감을 확보할 수 있었던 시대의 이야기였다. 도벌로 땔감을 확보해야 하며, 그 때문에 잘못하면 거액의 벌금을 물거나 복역으로 농사를 망치고, 단속을 피하고자 목숨을 걸어야 하는 시대가 되고 보면 온돌생활을 유지하기 위해 치러야 하는 대가가 터무니없이 컸다. 또한 산림 단속은 공급부족 현상을 초래하게 마련이었으니 땔감 가격의 상승도 피할 수 없는 현실이었다.[75] 이미 온돌의 '경제성' 은 옛말이 되었다고 봄이 옳을 것이다.

강영심은 조선총독부가 시행한 산림정책이 "부족한 땔감 채취용 삼림을 쟁취하려는 지역민 간의 갈등"을 불러일으켰다고 지적한 바 있다.[76] 여기서 '산림보호를 위한 단속 때문에 발생한 조선인 간의 갈등'이라는 점에 주목하여 한 가지 더 언급해두고자 한다. 한국병탄 직후 국유림 삼림보호구 담당으로 일본인 산감 한 명에 그 지휘감독을 받는 조선인 산직이 5명씩 배치되었던 것으로도 알 수 있듯이 조선인들 사이에도 힘의 관계나 알력이 얼마든지 생겨날 수 있는 구조가 조선사회 안에 형성되어 있었다. 앞에서 논한 보호명령제도하에서는 각 보호구역에서의 도벌 단속 등의 '삼림보호'는 지역주민의 연대책임으로 되어 있었는데, 그것은 곧 보호명령을 받은 부락민들이 식민지 권력 시스템의 일부가 되어 특정 산림을 보호관리하고 인근 부락민들의 산림 탈취를 단속하는 주체가 되었다는 것을 의미한다.

동양척식회사도 일찍부터 이와 유사한 방법을 도입하여 산림보호의 효율화를 꾀했다. 동양척식회사는 부락 단위로 계약을 맺는 것에 부정적이어서 개인과 계약을 맺었다는 점이 특징적이다. 지역의 부락민 개개인과 담당구역을 정해 임야보호계약을 체결하고 '산번山番'과 협력하여 임야를 보호하게 하며, 그 보수로서 가지치기 등으로 나온 채취물을 주어 땔감으로 쓸 수 있게 함과 동시에 판매하여 수입을 얻는 것도 인정했다. 피계약자는 관계자 외 다른 사람의 입산을 막고, '산번'의 지휘하에 가지치기 같은 수목 손질을 해야 했다. 전체 양에 대해서는 확인이 안 되고 있으나, 1916년 단계에서 이런 식으로 채취물을 증여한 것이 343,400다발이었다. 피계약자는 가계에 많은 도움이 된다고 하면서 적극적인 자세로 계약 내용을 이행했다고 한다.[77] 그러나 한 부락에서 일부만이 피계약자가 됨으로써 생기는 문제점은 총독부가 주도한 보호명령제도보다 컸을 것이다. 부락 내의 계약을 맺지 않은 자, 또는 계약을 맺을 수 없는 자(노약자나 여성만으로 이루어진 가정처럼 가족 구성상 산림보호관리 능력이 없는 경우)에게 이 계약이 갖는 의미는 어떠했을까? 개인 계약이었으므로 그것이 한 부락 내에서 산림을 둘러싼 힘의 관계를 낳고, 땔감을 손에 넣을 길이 끊겨버린 사회적 약자는 동양척식회사와 보호계약을 맺은 부락민으로부터 단속의 대상이 될 수밖에 없었다. 이에 관해서는 충분한 조사가 더 필요하겠지만 산림보호 시스템 속에서 이와 같은 조선인 부락민 간의 갈등이 초래되었을 것으로 생각된다.

나오며

조선인의 온돌생활은 전통적인 무주공산이 폐지되고 산림이용에 대한 통제가 엄격해지면서 크게 변했다. 약 20년간은 연고림의 이용권까지 박탈당했다. 조림을 위해 대부된 산림에서 시초 채취가 허용되는 경우가 있기도 하였고 1932~1939년까지 7년간은 보호명령제도가 본격적으로 실시되었으며, 1935~1939년까지 4년간은 제1종 농용임지에 대해 이용이 제한적으로 허용되어 부분적이나마 땔감문제를 해소할 수 있었다.

그러나 땔감문제는 식민지기 내내 심각한 상황에 있었고 많은 조선농민이 도벌에 나설 수밖에 없었다. 식량만큼이나 중요한 땔감을 위해 그들은 목숨을 걸고, 또는 모든 생활을 걸고 범법행위를 일삼았다. 이는 온돌이 경제성을 상실했음을 의미한다. 또 한편으로는 조선인의 일부가 산림보호 시스템 속으로 끌어들여져 조선민족 간에 대립과 갈등이 생겼는데, 이 또한 근대 들어 온돌생활을 영유하기 위해 치른 값비싼 대가였다.

손진태에 의해 온돌이 민족적·문화적인 근원으로 예찬되었을 무렵, 온돌은 이미 경제성을 상실하고 조선민족 간의 대립, 갈등의 요인이 되어

'민족생활' 그 자체에 균열을 만들어 내고 있었다고 볼 수 있다. 한편 식민지 권력의 입장에서 보자면, 온돌생활은 단순한 습관에 따른 것이든 무지에 따른 것이든 혹은 조롱의 의식을 담은 것이든, 하나의 생활문화에 불과하면서도 식민지 권력에 대한 최대의 일상적 투쟁의 장이었다.

온돌을 둘러싼 제국주의 경험은 이렇게 복잡하고 다원적인 관계성을 띤 것이었다.

제4장

온돌생활의 수난

—근대성의 논리와 생활자적 논리

들어가며

산림보호를 목적으로 이루어진 온돌 땔감소비량에 관한 조사는 온돌생활 전반에 걸친 분석과 치유의 시선을 내포하고 있었다. 방대한 땔감소비량 속에서 불필요한 낭비를 찾아내어 개선해간다는 산림정책의 방향성이 잉태되어 있었던 것이다. 여기서는 그렇게 해서 출발하게 된 온돌의 합리적인 사용과 '개량'을 목표로 한 프로젝트에 대해 살펴보고, 그 실행 과정에서 나타난 구체적인 문제를 통해 제국주의 경험을 논한다.

조선인의 온돌생활에 나타나는 오래된 관습 또는 비합리성은 땔감문제 때문에 끊임없이 구설수에 올랐다. 조선산림회가 조선 가정의 땔감문제 해결방법에 대해 관민 유력인사들에게 설문조사한 내용을 보면,[1] 전통적인 온돌생활 습관에 대한 곱지 않은 시선이 역력히 드러나 있다. 다카하시 기시치로高橋喜七郎가 그 조사결과를 간단 명료하게 정리했는데, 그는 우선 설문조사 결과를 적극적인 해결방법과 소극적인 해결방법으로 구분하고, 적극적인 방법으로는 연료림의 조성을, 소극적인 방법으로는 다음과 같은 7개 항목을 들었다.[2]

① 연단의 보급, 석탄의 이용

② 왕겨를 연료로 삼을 것

③ 분구焚口(아궁이) 개량

④ 침구 개선

⑤ 주택의 일부를 다다미로 할 것

⑥ 음식물 조리문제 개선(찬밥 먹는 습관을 들이게 할 것)

⑦ 온돌방의 수를 제한할 것

①, ②는 대체연료로 전환하는 것을 말하는데 이에 대해서는 다음 장에서 다루기로 하고, 여기서는 온돌생활의 합리화와 관련한 문제를 다루고자 한다. 그중에서도 비교적 무게 있게 다루어진 찬밥 장려, 침구문제 개선, 분구개량, 그리고 위의 설문조사 결과에는 올라 있지 않으나 실제로는 중요한 의미를 가졌던 쇠죽 쑤기 금지(가축 생사生飼 장려) 등의 움직임을 통해서 온돌생활의 수난과 변화를 알아보자.

찬밥 장려

위에 소개한 설문조사에서 만지 도요노부万治豊喜(당시 경기도 농사장려회 평의원)는 조선인의 식습관에 대해 삼시 세 끼 "따뜻한 밥 먹기를 좋아하는 경향"을 지적하고, "하층 농가의 경우도 마찬가지여서 하루에 세 번이나 밥을 하는 것은 내지의 습관에 비해 너무나 사치스럽게 느껴진다"라고 말했다.[3]

1930년대에는 각 신문지상에서 찬밥을 맛있게 먹는 법이 종종 소개되기도 했지만, 끼니마다 따뜻한 밥을 먹는 것이 사치스럽다거나 땔감 낭비라는 뜻에서 찬밥을 장려하는 예는 전시체제에 돌입하기 전까지는 보이지 않는다. 그런데 만지의 견해는 찬밥을 싫어하는 조선인의 습관을 일본인들이 일찍부터 비판적으로 보고 있었을 가능성을 시사해준다. 조선에서는 실제로 상황이 허락하는 한, 농가에서도 하루에 세 번 밥을 짓는 것이 일반적이었다. 조선의 독립혁명가 김산의 자서전 『아리랑』에는 1910년대 평양에서 보낸 어린 시절의 기억이 서술되어 있다. 이에 따르면 가난한 농가였던 그의 집에서는 밥을 하루에 두 번만 지었으며, 점심은 찬밥이었다.[4] 이는 밥 지을 땔감이 부족했기 때문이었다. 이 예로 알 수 있듯이 여유가 없는 농민들은 찬밥을 장려하는 목소리가 나오기 전부터 이미 자연적으로 점심 한 끼를 찬밥으로 하는 길을 선택할 수밖에 없었다.

만지는 일본처럼 조선도 하루 세 끼분을 한 번에 지을 것을 권했다. 따뜻한 계절이라면 못할 것도 없을 것이고, 하루 세 번 꼬박꼬박 밥을 짓는 넉넉한 가정에서는 한 끼 밥짓기 정도는 생략해서 두 번으로 줄일 수도 있었으니 그런 면에서 설득력이 없지는 않았다. 그러나 일본과 기후가 다를 뿐만 아니라 찬밥을 싫어하며 더구나 취사하고 남은 열로 방을 데울 수 있는 온돌을 사용하는 조선인들에게 추운 계절에 저녁까지 찬밥으로 한다는 것은 선택의 문제가 아니었다. 게다가 찬밥조차 없어서 초근목피로 주린 배를 채우고 살아야 했던 많은 빈민들의 현실은 만지의 권유와 너무나 동떨어진 것이었다. 강만길의 연구에 따르면, 1924년 현재 전라북도 고창군의 총인구 104,930명 중 하루에 두 끼를 먹는 인구는 47,445명(45.2퍼센트), 한 끼를 먹는 인구는 32,668명(31.1퍼센트)이었다. 그리고 전라북도 김제군의 경우는 총인구 118,400명 중 한 끼밖에 먹지 못하는 인구가 25,410명(21.5퍼센트), 죽이나 풀잎으로 연명하는 인구가 15,711명(13.3퍼센트)이었다고 한다.[5] 만지가 비난한 하층농가의 생활이란 대략 이러하였으므로 하루 세 끼 밥을 짓는 농가는 극히 적었다고 볼 수 있다. 바꿔 말하면, 하루 세 끼 밥을 지어 먹는다는 것은 넉넉함을 뜻

그림 4-1 김홍도필풍속화첩 중 〈새참〉 농부들이 들에서 일손을 멈추고 식사를 하고 있다. 농번기에는 새참이나 점심도 따뜻한 밥을 지어서 일터로 가지고 가는 것이 보통이었다.

했다. 당시의 조선사회에서는 온식이 이상이었으나, 실질적으로는 경제 상황에 따라 식사의 질이 결정되었던 것이다.

이 외에 찬밥을 장려하는 목소리는 더 이상 찾아보기 어려운데, 굳이 이런 권고가 없더라도 땔감이 충분치 못한 상황에서 대부분의 농가가 군불을 땔 필요가 없는 점심 때 한 끼 밥짓기를 저절로 생략하게 되었으리라는 것은 쉽게 짐작할 수 있다. 또 땔감공급량의 부족은 땔감 가격상승을 초래하였으니 이것은 비단 농가만의 문제도 아니었다. 더구나 앞에서도 지적한 바와 같이 전시체제로 들어서면 연료배급제가 실시되고 '저온생활'을 강요받게 되는데,[6] 이러한 움직임 속에서는 만지의 주문대로 농가와 도시를 막론하고 하루 한 번 밥짓기가 예사가 될 수밖에 없었다.

여름철의 온돌 사용문제에 대해서도 간단히 살펴보고 넘어가자. 온돌은 취사겸용이 많기 때문에 여름철에도 방이 덥다는 것이 많은 일본인들의 비판이었다. 그뿐만이 아니다. 앞서 이야기한 것처럼 땔감 소비에 대한 과학적인 분석이 이루어졌고, 이로써 취사겸용이 난방전용보다 많은 땔감을 필요로 한다는 사실도 밝혀졌다. 굳이 이러한 분석을 거치지 않더라도 여름철에는 마당에 솥을 걸어 놓고 취사용으로 쓰면 방이 뜨거워지지 않을 뿐더러 땔감도 절약할 수 있었다. 실제로 그러한 경우가 없지 않아 있었지만[7] 일반적인 것은 아니었다. 당시 건축가로 활동하던 박길룡은 한 좌담회에서 취사 때문에 여름철에도 방을 데워서 땔감을 낭비하는 문제를 지적했는데,[8] 이것은 곧 대부분 취사전용 솥을 설치하지 않았음을 뜻한다. 1년 중에 반년 동안은 온돌을 전폐하자는 의견도[9] 취사전용 솥을 설치하여 온돌 사용기간을 줄이자는 뜻이었다.

그렇다면 이 같은 장점을 가진 취사전용 솥을 왜 일반적으로 사용하지 않았을까? 이 점에 대해서는 여러 가지 추측이 가능하다. 기본적으로는 이때까지 온돌에 대한 과학적인 분석이 없었을 뿐만 아니라 대부분의 사람들이 여름 한 철만을 위해서 솥을 하나 더 장만하는 부담을 원치 않았을 것이다. 마당에 설치한 솥이 비가 올 때는 무용지물이 되어버린다는 문제점도 있었다.

온돌의 합리적인 사용을 주문하는 목소리가 높아질 무렵에는 취사전용 솥을 설치하여 땔감 절약을 도모하는 사람들이 점차 늘고 있다는 지적도 있기는 했으나,[10] 앞에서 본 박길룡의 지적으로 보아 1940년 단계에서도 그다지 큰 변화는 없었던 듯하다. 이러한 움직임 속에서 온돌과는 관계없이 사용하는 취사전용 솥이 발명된 것도 특기할 만하다(그림 4-2). 시간, 금전, 노동력 등이 절감된다는 점에서 이 솥의 발명은 큰 의미를 갖는다고 할 수 있는데, 이는 한편으로는 취사가 온돌로부터 분리되어가는 과

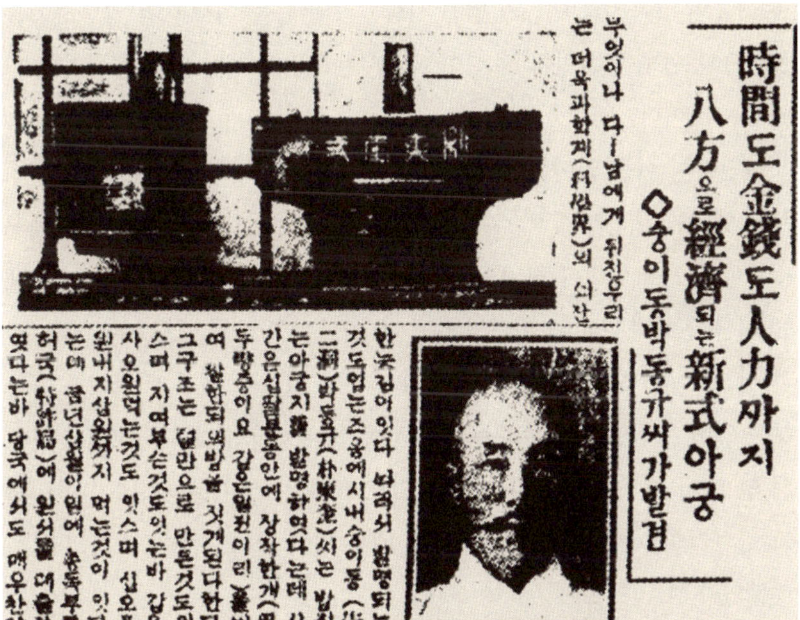

時間도金錢도人力까지
八方으로經濟되는新式아궁
◇송이동박동규씨가발견

무엇이나 다ㅡ남에게 뒤칠우리는 더욱과학계(科學界)의 [illegible]

한옷김어잇다 따러서 발명되는 것도업는조용에시내송이동(松[illegible]二洞)박동규(朴東奎)씨는 밥짓는아궁지를 발명하엿다는데 사간은십팔[illegible]동안에 장착한개(몇[illegible] 두[illegible]중이요 갈은[illegible]이라[illegible] 여[illegible] 짓게된다한다 그구조는 [illegible]만으로 만든것도잇스며 지여부슨것도잇는바 갑은 사오원며는것도 잇스며 십오륙원내지삼원까지 머는것이 잇다는데 [illegible]년삼월일일에 [illegible] 허국(特許局)에 원서를 데출하엿다는바 당국에서도 매우찬양

그림 4-2 취사전용 솥의 발명 여름철처럼 굳이 온돌에 불을 땔 필요가 없을 때는 취사만을 목적으로 하는 솥을 이용하여 땔감을 절약하려는 시도가 있었다. 이 신문기사는 취사전용 솥의 발명을 알리면서 이런 솥을 사용하면 시간, 금전, 노동력까지 절약할 수 있어 경제적이라고 보도하고 있다.

정을 나타내는 것으로서 온돌과 생활 사이에 생겨난 간격을 말해준다.

침구문화 개선

온돌생활을 하게 됨으로써 이불 사용에 큰 변화가 있었고 그로 인한 땔감 낭비가 크다는 것은 식민지기에 흔히 지적되던 문제였다. 온돌이 보급되기 이전에는 추위를 견디기 위해서 무엇보다도 침구문화를 발달시킬 수밖에 없었을 것이다. 이와 관련해 경기도 산림과장을 지낸 가케바 사다키치掛場定吉는 온돌이 발달함으로써 침구문화의 퇴보를 가져왔을 것이라는 견해를 내놓았다.[11] 온돌 사용을 계기로 전체적으로 오랜 기간에 걸쳐서 이불이 얇아지고 여유가 없는 사람들은 돈을 들여서 이불 장만하기를 뒷전으로 미루어 변변치 않은 이불을 사용하거나 이불 없이 살아가게 되었다는 것이다.

빈민들이 이불 없이 온돌에만 의지하여 살아간다는 지적은 이미 일찍부터 있었는데,[12] 본격적으로 문제가 된 것은 1920년대부터였다. 앞에서 소개한 설문조사에서 경기도 장단군 군청에 근무하던 김정덕은 시골에는 이불이 제대로 갖춰져 있지 않으며, 이불이 있다고 해도 겨우 넓은 천 한 장으로 여러 사람이 덮는 정도의 경우가 많다고 했다.[13] 만지 도요노부는 일반 조선인이 사용하는 이불 두께는 내지인의 것과 비교해서 반도 채 안 되기 때문에 다량의 연료를 필요로 하는 것이 분명하다고 단언하고 조선인의 이불 두께를 현재의 두 배로 해야 한다고 하며 다음과 같이 덧붙였다.[14]

> 선인鮮人 빈곤자, 아니 농가의 일부분 중에는 전연 이불을 갖고 있지 않은 자

까지 있는데 이런 사람들이 저녁에 온돌을 데일 정도로 때고 야간의 추위에 견디고 있는 사정을 보면 침구 개량이 연료경제에 얼마나 유효한지를 증명하기에 충분하다.

이러한 지적은 다카하시의 글[15]이나 경상북도 산림과가 발행한 『온돌 개량温突の改良』에도 거의 그대로 나타난다.[16]

온돌의 발달이 침구문화의 퇴보를 초래했다는 견해에 대해서는 전혀 납득이 안 가는 것은 아니다. 그러나 그것이 과연 퇴보를 의미하는지는 의문이다. 이불이 얇아진 것은 침구문화를 온돌생활에 걸맞은 상태로 바꾸어나간 것이니 퇴보라 할 수 없다. 그렇다면 이불 없는 생활에 대해서는 어떻게 생각해야 할까? 2장에서 살펴본 것처럼 달레는 조선의 가옥이 대개의 경우 비용을 들이지 않고 도끼와 끌만 가지고 문을 만들어 달기 때문에 질식사 같은 걱정은 하지 않아도 좋을 만큼 충분히 틈새가 있다고 했다.[17] 일반적으로 서민의 가옥이 이렇게 기밀성이 떨어진다는 것은 곧 외풍이 심했다는 것을 뜻한다. 외풍이 심한 가옥에서 이불 없이 생활한다는 것은 그만큼 고통을 동반하는 것이었다. 그런데도 이불 없이 생활했다는 것은 그들의 능동적인 선택이 아니라 경제적인 궁핍이 강요하는 수동적 선택, 다시 말하면 경제적 요인에 따른 문화적 결여를 의미한다. 구한말이나 한국병탄 직후의 일본 문헌을 보면 조선인의 다수가 흙바닥 위에 짚을 깔고 거주한다거나,[18] 혹은 '자리(筵)'[19]를 깔았다는 기록이 있다. 부유한 집의 유지를 바른 대리석 같은 방바닥을 기준으로 한다면 이 또한 경제적 요인에 따른 문화적 결여일 것이다. 그리고 이것이 적잖은 조선인의 생활상이었다.

이불 없는 생활에 대한 위와 같은 계몽 혹은 비난이 실제로 어느 정도의 변화를 가져왔는지는 확인되지 않으나, 1939년 단계에서도 같은 논조의 비난이 있었다.

> 대다수의 세민에 이르러서는 거의 침구라는 것을 갖고 있지 않다. 승려나 중류가정에서도 온돌을 뜨끈뜨끈하게 데워서 침구를 안 쓰고 옷을 입은 채 아무렇게나 누워 자는 관습이 있다. 땔감의 '칼로리'가 이불 몇 장의 역할도 하고 있는 것이다.
>
> 여하튼 열량에 의존하여 침구, 의류, 그 밖의 방한설비를 극도로 간략화한 풍습은 온돌에 의해서만 만들어진 반도의 독특한 생활양식이다.[20]

그런데 승려나 중류가정에서도 이불 없이 자는 습관이 있었다는 것은 선뜻 이해가 가지 않는 대목인데, 겨울철이 아니라면 수긍이 안 가는 바도 아니다. 이 글은 온돌 사용통제를 제창한 글이어서 온돌생활에 대한 비난이 지나칠 수도 있으나 1930년대 말까지도 침구문화에 나타난 문제점이 여전히 개선되지 않고 있었다는 점은 확실히 엿볼 수 있다. 그도 그럴 것이 앞에서 말한 대로 이불의 두께가 (일본인들의 것보다) 얇은 것은 조선의 침구문화가 온돌생활에 맞춰서 변했기 때문이니 굳이 그것을 다시 두껍게 하려고는 하지 않았을 것이고, 게다가 이불 없는 생활이 스스로 좋아서 선택한 것이 아니라 경제적인 궁핍이 강요하는 결과였다면 궁핍에서 벗어나지 못하는 이상 침구문제도 해결될 리 만무했다.

그런데 온돌생활로의 전환이 침구문화의 변화를 초래했을 것이라는 점은 대단히 흥미롭다. 또 그로 인해 땔감이 낭비되고 있다는 비난이 나왔으며 그것이 온돌을 통제해야 한다는 근거의 하나로 제시되었다는 점도 흥미로운 문제이다. '침구문화의 퇴보'라는 인식 자체가 산림보호에 혈안이 된 일본인들의 합리주의적인 시선, 그리고 본격적인 난방장치가 없는 생활을 영위하던 일본인들의 문화적 배경이 낳은 산물이었다. 나아가서 그러한 인식을 공유하고 일본인보다 앞서서 온돌 통제까지 제창한 것이 조선인이었다는 점도 생각해볼 만한 문제이다. 위 글의 필자인 임수재는 식민지 권력의 일원으로서 조선의 산림을 걱정하고 온돌에 의지하는 조선인의 생활을 비난했다. 그것이 누구를 위함이었는지는 차치하더라도 그가 비판한 빈민들 자신이 누구보다도 침구를 필요로 하고 있었다는 사실을 간과한 것만은 분명하다.

게다가 다시 한번 전시의 연료배급제나 저온생활운동과 관련지어 생각해보면, 그러한 급격한 생활여건의 악화 속에서 변변한 침구조차 갖추지 못한 빈민들의 온돌생활이 어떤 국면에 처하게 되었을지는 짐작하고도 남는다.

생사 장려—쇠죽을 금하라!

쇠죽 쑤기는 오래전부터 계속되어온 조선인의 생활습관 중 하나였다. 찬밥을 싫어했던 조선인은 농가의 재산으로서 소중하게 여기던 소에게도 온돌을 본격적으로 사용하는 기간, 즉 1년의 약 반은 온식을 먹였다.

소에게 온식을 먹이는 습관은 옳고 그름을 떠나서 축우 사육관리 및 사역에 가장 뛰어나다는[21] 평을 받던 조선 농민들의 소를 생각하는 마음에서 출발했을 것이다. 무엇보다도 이 습관은 온돌의 취사겸용이라는 특징을 조건으로 하여 농경문화와 유교문화가 온돌생활 속에 녹아든 예가 아닐까? 『조선일보』에 연재된 축우사료 관련 기사에서는 겨울에는 여물, 여름에는 꼴이나 베어 먹이는 정도의 영양가 없는 조식粗食으로 중노동을 해주는 조선 소의 소중함을 지적했는데,[22] 추운 조선에서의 온식은 그러한 소에 대한 배려였을 수도 있다. 또한 소를 소중히 여겼던 조선의 농부들은 사료를 주고 소화가 충분히 된 후에 소를 부렸다. 그러기 위해서는 아침 일찍 사료를 줘야 했다. 그런데 노부모를 모시는 농부는 새벽에 방이 식기 전에 군불을 땔 필요가 있었을 것이다. 농가의 모든 아궁이에는 솥이 걸려 있었으니 군불을 때기 위해서는 솥에 무엇이라도 넣어야만 했다. 이러한 두 가지 필요성이 쇠죽 쑤기라는 생활습관으로 이어진 것으로 추측할 수 있다. 또한 농부들은 소에게 줄 사료를 삶으면서 가능한 한 그 밖의 영양가 있는 것들을 섞어서 자양분을 섭취시키게 되었을 것이다. 사료의 종류나 급여법은 지방에 따라 또는 노역의 유무에 따라 달랐는데, 일반적으로 솥 안에 잘게 썬 짚, 보리, 콩줄거리, 조줄거리 등과 콩, 쌀겨 등을 섞고 물을 부어서 삶았다.[23] 이렇게 새벽에 쇠죽을 쑤면서 그 남은 열로 방 한 개의 난방을 해결한 것이다. 그러나 식민지 권력은 이 생활습관이 농가에서 어떤 의미를 갖는지에 전혀 관심을 갖지 않았을 뿐만 아니라 쇠죽을 쑤면서 동시에 해결되던 방 한 개의 난방문제조차도 무시한 채 땔감절약에만 절대적인 가치·목표를 두고 일상생활 속을 헤집었다. 그들은 오로지 소 한 마리에 소비되는 땔감을 수치화하고 끓이지 않은 사료, 즉 '생사生飼'로 전환함으로써 땔감이 얼마나 절약되는지 그 수치를 밝혀내기에 바빴다.

앞 장에서 지적한 바와 같이 다카하시 기시치로는 온돌 땔감에 관한 실험을 통해 취사와 난방을 겸한 일반적인 온돌이 난방전용에 비해 땔감소비가 크다는 것을 밝혀 온돌의 경제성에 대해 부분적으로 의문을 제기했으며, 동시에 쇠죽으로 사육하면 땔감소비량이 많아진다는 것도 밝혀냈다. 그는 경상북도의 조사에 근거하여 농가에서 땔감소비량의 약 반은 사료를 끓이는 데 소비된다고 지적하고, 쇠죽 쑤기는 꼭 끓일 필요가 있는 특별한 사료를 제외하면 노력과 땔감의 낭비에 지나지 않으며, 따라서 생사 먹이기를 실시하면 땔감문제의 대부분을 해결할 수 있다고 말했다.

구체적으로는 1년에 농우 1마리에 대해 사료용 땔감으로 1,400관(1관은 3.75kg)이 필요하므로, 가령 농우 1마리에 대해 연 1,000관의 땔감이 필요하다고 치더라도 조선의 총 축우 수 150만 마리에 대해서는 실로 15억 관이나 된다는 시산이었다.[24] 이로부터 3년 후인 1926년 조선총독부 기관지 『매일신보』도 독일인이 경영하는 농장의 축우 생사 실시를 예로 들며 땔감 절약을 위한 생사 실시의 필요성을 논했는데,[25] 이 또한 쇠죽 쑤기가 큰 땔감 낭비라는 주장을 전제로 하고 있었다. 그러나 엄밀히 보면 쇠죽을 쑤는 데 드는 땔감은 동시에 방 한 개의 난방문제를 해결하는 것이기도 했으므로 하나의 온돌방 사용을 그만두지 않는 한, 이런 단순한 계산은 성립될 수 없었다.

이렇게 땔감 절약을 목적으로 한 조사와 시산이 끝나고도 본격적으로 시행에 옮기기에 망설임이 있었던 것일까? 평안남도, 경상남도, 경기도 3도의 내무부장을 지내고 1930년에 함경남도 지사로 부임한 세키미즈 다케시關水武의 말에 따르면 1926년부터 3도에서 생사 실시의 필요성을 계속해서 설명했으나, 축산기술원들은 쇠죽 쑤기가 수백 년 동안 계속되어 온 습관이기 때문에 실현 가능성이 없다고 하며 노력을 기울이지 않았다고 한다.[26] 1929년이 되어서야 다카하시 기시치로(당시 파주군청에 소속)[27]가 우선 시험적으로 생사를 실시했다. 집집마다 하루에 20전씩 절약되니 파주군의 축우에 대해서 보면 6개월에 81,800원의 이익이 있다고 하여, 그것을 실제로 보기 위해 많은 시찰단이 방문했다고 한다.[28] 그러나 이것은 완전 실시되었을 경우의 예상일 뿐 실제 실시상황은 확실치 않다. 참고로 5년 후를 보면 생사 실시에 따른 파주군의 1년 이익이 48,980원으로 되어 있다.[29] 완전 실시되었을 경우 6개월에 81,800의 이익이 있다고 한 것을 참고로 한다면, 1년에 48,980의 이익을 보았다고 하는 것은 5년이 경과한 단계에서도 실시율이 4분의 1을 약간 웃도는 정도였다는 셈이

된다.

생사 실시는 파주군에 이어 세키미즈 다케시가 도지사로 부임한 함경남도가 1930년에 100퍼센트 생사 실시를 목표로 5개년 계획을 세우고, 경상남도 창원군이 1931년부터 5개년 계획으로 80퍼센트의 생사 실시 목표를 내거는 등[30] 각 지역으로 점차적으로 퍼져나가서 1933년부터는 전국적으로 본격화되기 시작했다. 그리고 1933년에 개정된 〈민유림지도 방침 실시요강〉에는 '삼림보호 무육撫育'의 일환으로 땔감 절약이 하나의 항목으로 제시되었고, 구체적인 실시내용으로서 '축우 생사 장려'와 뒤에서 다루게 되는 '온돌 분구개량' 등이 올라 있었다. 이와 같은 총독부 농림국의 방침에 따라 각 도가 생사 장려·실시에 박차를 가하게 된다.

1933년은 또 전년도부터 준비되어오던 농촌자력갱생운동이 본격적으로 시작되는 해이기도 했다. 부업을 적극적으로 장려하던 농촌자력갱생운동에서 땔감 절약은 땔감 채취와 쇠죽 쑤기에 소요되는 시간을 절감하여 그 시간을 부업에 투자하면 경제적으로 이익이 된다는 점에서 의미가 있었다. 또 부업으로서 가장 유력한 것이 축우 사육이었으며, 축우 사육은 비료의 자가생산이 가능하다는 점에서도 중요한 의미가 있다고 강조되었다(표 4-1 참조).

이뿐만 아니라 각 도의 실적과 위와 같은 경제적 이득의 실례가 구체적인 수치로 소개되기도 했다.[31] 강연회뿐만 아니라 활동사진, 전단지까지 이용되었고 각지에서 좌담회가 열리기도 했다.

쇠죽을 끓여서 먹이는 데는 아무런 장점도 없다는 주장의 진위가 문제이기는 하지만, 위와 같은 주장은 대단히 합리적이었다. 그러나 농민들은 종래의 습관을 순순히 버리려고 하지 않았다. 결국 각지에서 부진한 상황을 타개하기 위해 군·면 직원을 담당 부락에 보내 철저하게 지도·장려한다는 방침이 취해졌는데 거기에는 다양한 형태의 강제성이 배태

표 4-1 생사 실시의 연쇄효과

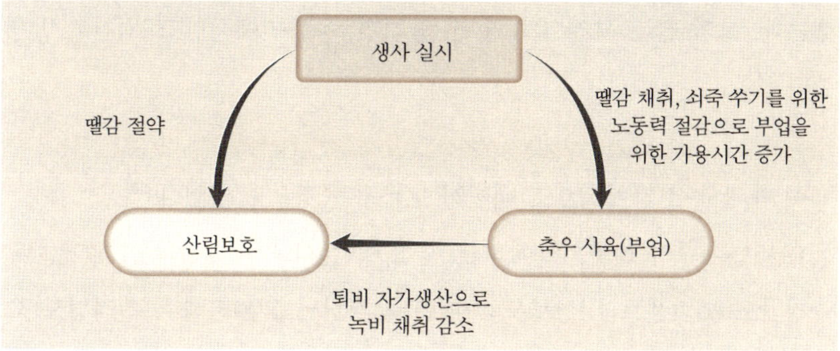

되어 있었다. 이하는 신문기사에서 확인할 수 있는 몇 가지 사례이다.

[사례 1] 고원군—주재소 순사 한모韓某가 생사 장려 용무로 김경진의 집을 방문하여, 솥에 쇠죽을 쑨 흔적이 남아 있는 것을 발견하고 솥 안에 들어 있던 물을 방 등에 뿌려서 말리던 곡물을 망쳐 놓은 데다, 후에 술에 취해서 그 불만을 발설한 김을 다가와田川 순사, 박모 순사와 함께 난타하여 중상을 입혔다.[32]

[사례 2] 합천군—"축우 생사를 실시하지 않는 사람에게는 사유림 벌채 허가를 내지 않는다"라는 방침을 내놓았다.[33] 합천은 일찍부터 생사 장려에 나선 것으로 확인되는 지역 중 하나인데 그 실적이 좋지 않자 1932년에 일부 면에서 소를 소유하고 있는 사람들로부터 '서약서'를 받은 바가 있다.[34]

[사례 3] 단양군—각 부락별로 '생사계生飼契'를 조직하여 위반자에게는 위약금으로 50전을 징수하기로 했다.[35] 경상남도 선령군도 두 명의 임시축우생사지도원을 고용하여 각 면, 각 부락을 순회하면서 위약자가 있으면 위약금을 징수했다.[36]

[사례 4] 예산군—축산계원이 마음대로 집에 들어가 쇠죽을 쑨 흔적

만 있으면 가마솥과 죽통을 깨부수고 그것도 모자라면 사람까지 폭행을 했는데, 그와 같은 사건이 대홍면, 광시면, 응봉면에서만도 20건이 발생했다.[37]

이 밖에 솥을 강제적으로 떼어서 보관하는 경우도 있었다.[38]

1935년 2월의 신문기사에 따르면 도별 실시율은 함경남도 70퍼센트, 충청남도 20퍼센트, 경상북도 60퍼센트, 경상남도 90퍼센트, 전라남도 30퍼센트였다. 충청남도의 실시율이 낮은 것은 시작 시기가 1934년으로 늦기 때문인데, 그 이후로는 농회를 통해서 축우생사품평회를 실시하는 등 적극적으로 추진되었다.[39] 이 점은 황해도에서도 마찬가지였다.[40] 1935년 이후로도 생사 장려 관련 신문기사는 계속적으로 많이 나타나는데 전시체제로 들어서면 이 또한 일상이 되어 특별한 이슈는 되지 못한다.[41]

쇠죽 쑤기를 금하는 것이 조선인의 온돌생활에 어떤 영향을 주게 될지를 논의한 흔적은 찾아볼 수가 없는데, 실생활 면에서 이 금지가 의미하는 바를 두 가지 방향에서 생각해볼 수 있다. 첫째, 쇠죽 쑤는 솥이 설치된 방의 난방을 하지 않는 것, 둘째, 쇠죽 쑤는 솥을 떼어내고 난방전용 온돌로 바꾸는 것이다. 후자의 경우는 난방용 연료가 별도로 필요하게 되므로 관계자들이 시산했던 만큼의 땔감 절약은 이루어지지 않는다. 따라서 진심으로 땔감 절약을 기대하고 있었다면 절약으로 직결되는 전자의 해석이 맞는다는 것이 된다. 후자일 수 없는 또 하나의 증거는 방 하나를 난방전용으로 바꾸려는 움직임이 전혀 없었다는 점이다. 이렇게 보면, 생사장려운동은 동시에 온돌방 하나의 난방기능을 폐지하는 운동이었다고도 할 수 있다.

이 같은 생사 장려에 대해 "축우의 기력이 쇠퇴한다"는 이유와 함께 조선, 특히 추위가 심한 북쪽 지방에서는 그런 방법으로는 땔감 절약이 되지 않는다는 이유로 비판하는 사람이 있었다는 것도[42] 이러한 해석을 뒷받침한다. 보은군 주최 축우생사독려좌담회에서 한 조선인 면장은 생사를 실시하면 "온돌이 차갑다고 하여 싫어하는 자가 많다"라고 하였고, 또 같은 좌담회에서 지금까지는 쇠죽을 쑤면서 온돌방을 따뜻하게 했는데 생사를 실시하면 쇠죽을 쑤지 않게 되니까 "온돌에 쓸데없이 연료가 든다"는 구실로 이행을 회피하는 사람이 있다는 발언도 있었다.[43] 즉, 전자는 쇠죽 쑤기를 금지당하여 온돌에 불을 때지 않는 경우이고, 후자는 솥이 그대로 있어서 쇠죽 대신 물이라도 넣고 불을 때는 경우라고 볼 수 있다. 결국 온돌이 난방전용이 아닌 이상 땔감 절약을 목표로 한다면 방 하나는 온돌 사용을 포기해야 한다는 것이다. 이는 곧 누군가는 냉방에서 생활하거나 아니면 그 방 사용을 포기하고 주거공간를 축소하는 식으로 생활을 바꿔가야 하는 것을 의미하므로, 조선농민의 주住생활에서는 치명적이었다. 게다가 후자의 경우처럼 온돌방의 난방기능을 유지하면서 쇠죽을 쑤지 않는 경우에는 약간의 절약이 가능했으나,[44] 기대한 만큼의 효과는 없었다.

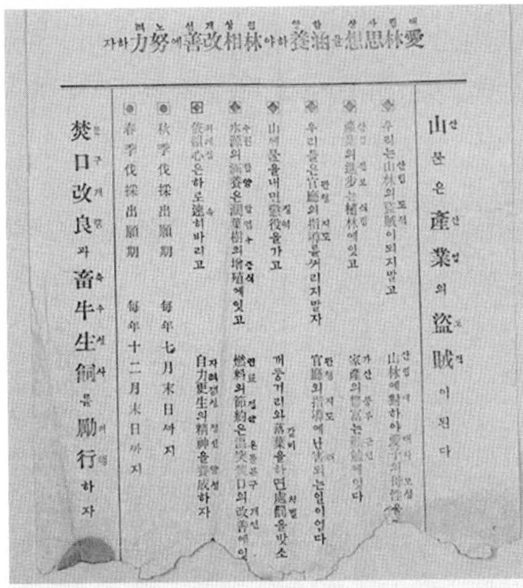

그림 4-3 분구개량과 축우 생사 실시를 선전하는 전단지

관점을 바꿔서 생각해보자. 조선 농민은 생사 장려에 내포된 '합리성'이라는 가치보다도 있는 그대로 온돌을 사용하고 소에게 온식을 먹이는 종래의 습관에 더 큰 가치를 두었는데, 그것은 소의 기력이 상실된다든가 추워서 불을 때지 않고는 견딜 수 없다고 하는 생활자로서의 합리적 근거

에 입각한 것이었다. 그러나 식민지 권력은 그것을 근거 없는 단순한 구습으로만 치부하고 온돌생활 유지를 위한 아무런 배려도 하지 않았다. 한편, 그러한 지도·장려를 받아들이려고 하지 않던 대다수의 농민들은 식민지 권력에 있어서 산림범죄자와 마찬가지로 뭔가 강제적 조치를 필요로 하는 비협력적인 존재(저항적이거나 무지하고 우둔한 존재)로서 순조로운 조선 통치라든가 정책 수행을 방해하는 커다란 장애와 다르지 않았다. 쇠죽 쑤기를 둘러싼 경험이란 이렇게 쌍방향적이고 복합적이었다.

산림황폐라든가 무주공산의 상실 등과 같은 생활여건의 변화 그리고 땔감과 노동력을 둘러싼 합리적인 사고의 보편화 등을 고려하면 쇠죽 쑤기라는 습관이 언제까지나 계속될 수 있는 것이 아니었다는 점은 충분히 납득이 간다. 그 습관을 둘러싼 강제·억압은 언젠가는 치러야 했던 근대화의 세례였는지도 모른다. 그러나 그 세례는 조선농민들에게 충분히 설득적이지 못하면서 너무 거칠었고 또 급격했다. 반대로 식민지 권력 측에서 보면 비협력적인 조선 농민은 어리석은 고집쟁이에 불과했다고 할까?

이러한 시련을 거치고도 해방 후 한국 농촌에서는 아침 저녁으로 쇠죽 쑤는 연기가 올랐고 그렇게 해서 데워진 온돌방이 중요한 생활공간 역할을 계속했다. 1970년대 이후로 농촌에서 재래식 온돌이 사라져가고 보일러가 그 역할을 대신하게 될 때까지는 그것이 농민들이 우직하게 지켜온 온돌생활의 한 방식이었다.

분구개량-땔감 40퍼센트를 절약하라!

산림보호를 목적으로 한 땔감 절약은 다양한 방법으로 실시되었는데 그

중에서도 가장 기대를 모은 것이 분구개량이었다. 다음은 분구개량(혹은 개조)을 처음으로 추진하고 선전했던 경기도청 가케바 사다키치의 상세한 설명을 정리한 것이다.[45] 아궁이라는 말이 더 익숙하지만 자료를 인용해야 하므로 여기서는 '분구'로 통일한다.

【분구를 개량하는 목적 · 방법 · 이익】

가) 개조 목적

① 땔감의 발열량을 늘린다.

② 되도록 적은 열로 방을 데울 수 있게 한다.

③ 일단 따뜻해진 열은 최대한 헛되이하지 않는다.

나) 개조 내용

① 분구의 크기를 작게 한다.

② 완전 연소시키기 위해 돌받침을 놓는다.

③ 온돌을 다시 설치할 때는 습기를 막기 위해 바닥에 돌을 깐다.

④ 불을 땐 후에 반드시 분구와 굴뚝의 뚜껑을 닫는다(＊이것이 개조의 핵심이었다).

다) 실행 방법

① 크기를 작게 한 분구와 굴뚝에 뚜껑을 단다.

② 비용은 약 1원이면 충분하다.

라) 주된 이익(난방전용일 경우)

① 연료의 약 40퍼센트를 절약할 수 있다.

② 굴뚝 뚜껑을 닫지 않아도 25퍼센트는 절약할 수 있다.

③ 실내 온도가 천천히 내려가기 때문에 불을 때는 횟수가 준다.

④ 온도 변화가 적기 때문에 이전처럼 온돌이 밤 늦게 식을 것을 우려하여 한번에 지나치게 뜨겁게 땔 필요가 없다.

⑤ 실화失火로 인한 화재를 방지하는 효과가 있다.

가케바는 이를 통한 땔감 절약이 산림에 막대한 효과를 가져올 수 있으며, 동시에 조선 농민의 땔감 채취에 드는 수고를 절약함으로써 부업을 할 수 있는 시간을 확보할 수 있다고 했다.

달리 소개된 상세한 기술을 보면 실험결과 실제로 절약된 것은 32퍼센트였고 재래식일 경우 방의 최고온도가 53도인 데 비해 개량식은 60도로 나타났다. 따라서 개량식을 53도 정도가 되도록 억제해서 땐다면 더 많은 절약이 가능할 것이라고 되어 있다.[46] 즉, 그렇게 해서 얻을 수 있는 절약 효과를 포함한 것이 '약 40퍼센트'라는 수치였다.

분구와 굴뚝의 뚜껑을 닫음으로써 연료를 절약할 수 있다는 것은 앞에서 소개한 1922년의 설문조사에 이영철이라는 사람의 의견으로 이미 게재된 바 있다.[47] 그러므로 가케바를 첫 고안자라고 단정할 수는 없으나 이 캠페인을 주도한 것은 그였다. 그가 계산한 대로 온돌 땔감의 40퍼센트를 절약할 수 있다면 분명히 이 개량은 획기적인 사업이었음에[48] 틀림없을 것이다. 실제로 조선 전체로 보면 1년에 3,200만 원(1관에 2전 하는 연료 16억 관을 절약)의 이익이 될 것이라고 가케바는 시산했다.[49] 개량온돌은 이렇게 연료 '40퍼센트 절약'을 구호로 외치며 신문지상에 대대적으로 선전되었으며, 전국 각지에서 강습회가 열리고 활동사진이 상영되었을 뿐만 아니라 책으로도 발행되었다. 경상북도는 실험을 통해 개량식이 재래식에 비해 약 40퍼센트의 연료를 절약할 수 있음을 재확인하고 이를 보급시키기 위해 실험 경과 · 결과 및 온돌 개량방법과 사용상의 개선사항에 대해 일본어와 조선어를 병기한 책자를 간행했다.[50] 또한 캠페인의 시발점이 된 경기도에서는 '1억 원'의 이익을 위해 온돌개조기성회, 온돌개조계를 각지에서 결성하게 된다.[51]

그런데 분구개량사업을 선도한 가케바의 설명 및 사업내용 자체에는 몇 가지 중대한 문제점이 있었다. 당초의 계획으로는 굴뚝에 뚜껑을 달고 때마다 여닫는 것으로 되어 있었는데, 가케바는 얼마 후에 이것을 무시하게 된다. 즉, 이제는 냉기를 막는 효과가 높은 개량분구(주철제鑄鐵製 분구, 가격은 1원 20전~1원 30전)가 나와서 개폐하기가 귀찮은 굴뚝 뚜껑을 일일이 굳이 닫을 필요가 없다며 이전의 주장을 철회한 것이다.[52] 이 설명 자체에 설득력이 없는 것은 아니나 그가 말을 바꾼 데는 다른 이유도 있었던 것으로 보인다. 1923년에 개최된 경성부업공진회에 가케바가 처음 설계한 것처럼 분구를 막는 형태의 개량온돌이 전시되었는데, 이를 본 신문기자 유광열이 "농민을 죽일 개량온돌"이라고 비판하며, 분구를 막아버리면 바닥에 틈새가 있는 농촌의 온돌에서는 가스 중독의 위험이 있다고 담당자에게 면박을 준 일이 있다고 한다.[53] 분구를 닫고 굴뚝까지 막는다는 것이 어느 정도 위험할지는 방바닥의 상태나 사용법에 따라 다를 수 있으나, 큰 위험을 내포하리라는 것은 충분히 짐작이 간다. 방바닥 상태가 좋지 않은 가옥에서 아궁이의 땔감이 완전히 연소되지 않은 채로 양쪽을 다 막아버리면 가스 중독의 위험이 있었다. 가케바의 당초 계획은 이 점에 문제가 있었던 것이다. 그리고 이런 점에서 볼 때 그가 이후에 말한 대로 기밀성이 한층 높은 주철제 개량분구를 사용하게 되면 문제는 더 심각했다. 결국 이것이 땔감 절약을 위한 실천에서 가케바가 굴뚝 닫기를 빼게 된 이유 중의 하나였을 것이며 실제로 그 후로 전개된 캠페인에서도 굴뚝에 대해서는 아무런 언급도 하지 않았다.

한편 첫 단계에서의 이러한 구상을 유일하게 다른 형태로 발전시킨 것으로 1939년에 김병하가 발명한 '온돌보온기'라는 것이 있었다.[54] 이 발명품은 스위치 하나로 분구와 굴뚝의 뚜껑을 개폐할 수 있어 일일이 손으로 여닫아야 하는 번거로움이 해소된다는 이점이 있었다. 이러한 발상이

나왔다는 것은 가케바가 단념했음에도 불구하고 이미 굴뚝에 뚜껑을 닫는 집이 없지 않아 있었음을 의미하며, 이는 가스 중독의 위험성을 높이는 것이기도 했다.

또 하나 짚고 넘어가야 할 것은 처음에는 분구에 뚜껑을 닫는 것만으로도 소비량의 25퍼센트가 절약된다고 하다가 본격적인 선전에 들어가자 분구만 닫아도 '30퍼센트'의 이익을 얻을 수 있는 것으로 부풀려졌다는 점이다(그림 4-5 참조). 기밀성이 높다고 하는 주철제 분구가 시판되는 것은 이런 선전이 한참이나 진행된 후로, 당시에 실제로 보급된 제품은 다양했으며 대체로 주철제 분구보다 싸고 질도 떨어졌다.

뒤에서 소개하겠지만 군에서 배부한 것이 정상적인 제품이라고 볼 수

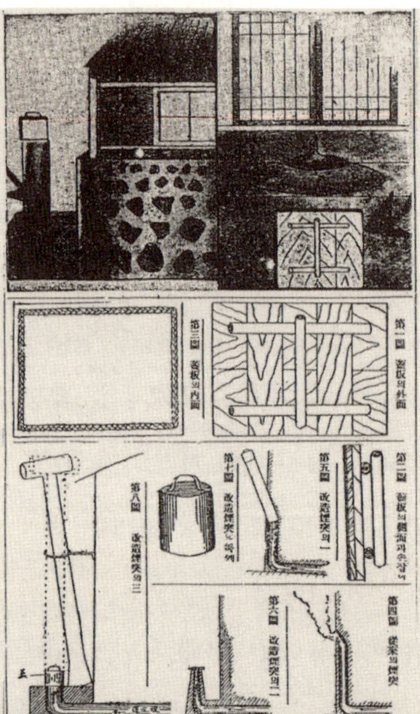

그림 4-4 온돌 개량 선전 포스터 창문 아래쪽에 뚜껑으로 덮인 아궁이가 있고 왼쪽에 있는 굴뚝에도 뚜껑이 덮여 있다.

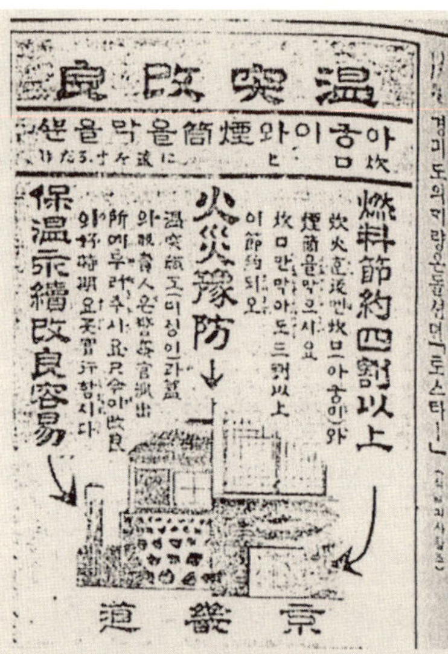

그림 4-5 온돌 개량 선전 포스터 분구개량의 효과로 땔감 절약, 화재 예방, 보온시간의 연장 세 가지를 들고 있다. 땔감 절약에 대해서는 약 '40퍼센트'라는 수치가 명시되어 있고, 분구 뚜껑을 덮는 것만으로도 '30퍼센트 이상' 절약된다고 했다.

없는 조악품인 경우도 있었으며, 가격은 대략 70전 정도였다. 땔감 절약효과를 충분히 낼 수 없는 저질의 제품에 굴뚝 닫기마저 하지 않을 경우에는 그 효과가 '25퍼센트'에도 미칠까 말까 했다고 볼 수 있는데, 선전에서는 이러한 문제들을 무시한 채 '40퍼센트'의 땔감 절약효과가 있다고 일관되게 주장했다. 다시 말하면, 가케바는 처음에는 분구와 굴뚝을 닫는 개량 온돌을 주장하다가 나중에는 굴뚝 닫기를 생략하는 것에 대한 일종의 변명으로 '품질이 좋은 주철제 분구'를 사용함으로써 굴뚝 닫기를 하지 않아도 같은 효과, 즉 40퍼센트의 절약효과를 낼 수 있다고 했던 것인데,[55] '주철제 분구를 사용하면'이라고 하는 전제조건이 캠페인에는 반영되지 않았던 것이다.

그런데 굴뚝을 굳이 닫지 않아도 주철제 분구로 되어 있으면 같은 정도의 효과를 볼 수 있다는 가케바의 주장에도 문제가 있었다. 경상북도가 연료 '40퍼센트 절약'을 재확인한 실험은 가케바와 같은 식으로 이루어진 것인데, 이 실험은 가케바가 말하는 기밀성이 높은 주철제 분구를 사용했다는 점이 달랐다. 주철제 분구를 사용하고 굴뚝 닫기까지 했는데도 그 결과는 똑같이 약 40퍼센트의 땔감 절약이 가능하다는 것이었다. 이 결과는 당초 가케바가 기밀성이 떨어지는 분구를 사용하고 굴뚝 닫기를 병행했을 때 약 40퍼센트가 절약된다고 한 주장이나, 그 후에 주철제 분구를 사용하면 굴뚝 닫기를 생략해도 40퍼센트가 절약되는 데에 변함이 없다고 한 주장과 크게 다르다. 즉, 가케바의 주장이 맞는다면 주철제 분구를 사용하고 굴뚝 닫기를 병행한 경상북도의 실험에서는 40퍼센트 절약에다 굴뚝 닫기에 따른 효과 15퍼센트를 더해 약 55퍼센트의 절약이 가능하다는 수치가 나왔어야 했다. 이러한 수치상에 나타나는 문제점은 지나친 공명심 또는 숫자를 부풀려 과도하게 선전하려고 한 데에 기인한다고 생각한다.

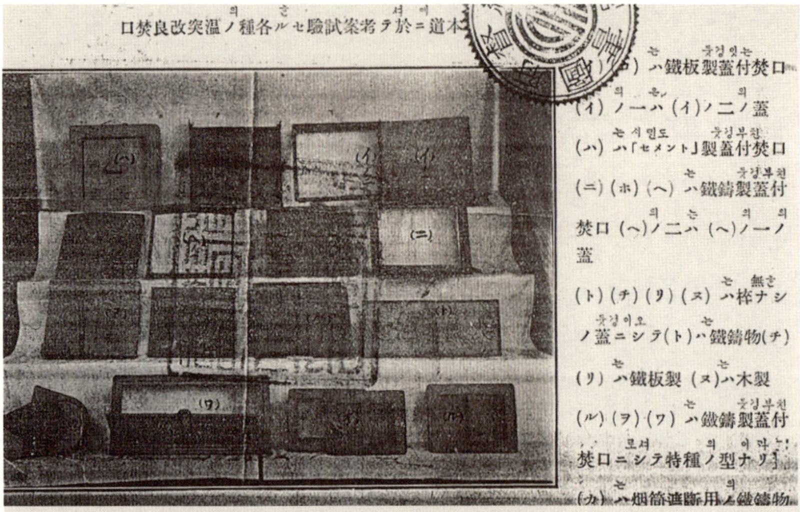

그림 4-6 **개량분구의 이모저모** 경상북도에서 고안해 시험한 각종의 온돌 개량분구를 소개하고 있다.

분구개량사업은 1928년에 보도된 「평양부 내의 온돌개량계획」이라는 신문기사를 통해 이미 조선총독부 방침으로 도에 시달되어 있었던 것을 확인할 수 있으며,[56] 앞서 말한 바와 같이 1933년 개정된 〈민유림지도방침 실시요강〉에 '삼림보호 무육'의 일환으로 땔감 절약이 하나의 항목으로 채택되고 그 실시 항목의 하나로 '온돌 분구개량'이 제시됨으로써 활발한 전개를 보이게 된다.

개량분구 보급은 어떠했는지 살펴보자. 적극적인 선전의 결과로 그 자체에 대해서는 호평을 얻은 듯한 흔적도 있으나 보급은 순조롭지 못했다. 도시 주거자로 땔감을 구입할 만큼 여유가 있던 사람들은 연탄이나 석탄으로 전환하는 경우도 많았는데, 그중에 재래식 온돌을 사용하는 사람들은 땔감 절약이 그대로 경제적인 이익으로 이어졌기 때문에 분구개량에 비교적 의욕적이었다. 문제는 가난한 농민들이 '40퍼센트'의 땔감 절약을 위해 개량분구에 투자를 할지 안 할지, 혹은 투자할 수 있을지였

그림 4-7 **주철제 개량분구** 난방전용 온돌에 주철제 개량분구를 설치한 것이다. 분구의 틀과 뚜껑이 한 세트로 되어 있음을 알 수 있다.

다. 무엇보다도 땔감을 '구입'한다는 것 자체를 납득하지 못하는 그들은 분구개량이 자신들에게 경제적 이익을 가져다주는 것으로 이해하기가 어려웠다. 이뿐만 아니라 초근목피로 허기를 채워야 했던 핍박한 상황의 많은 농민들은 분구개량을 선택할 여지조차 없었다.[57] 결국 상황은 앞에서 논한 생사 실시와 비슷하게 전개되었다. 분구개량 실시율은 부진하여 이윽고 전국적으로 '철저'한 지도·장려, 즉 강제·반강제적인 실시가 일반화된 것이다. 그 기본방식은 개량분구의 강제 배부와 그에 따른 대금의 일부 보조였다.

여기서 우선 확인해두고 싶은 것은 비교적 이른 시기에 보조금 없이 강제 배부된 실례이다. 1928년 전라북도 익산군에서는 사전에 구입신청을 받았는데 신청을 한 사람과 하지 않은 사람이 있었다. 그런데도 군 직원뿐만 아니라 경찰까지 출동하여 집집마다 개량분구(1세트에 1원 65전)를 억지로 배급해서 군민들의 원성이 높았고, 게다가 제품도 변변히 쓸 수 없는 조악품이었다고 한다.[58] 이것은 개인 부담으로, 더구나 조악품을 경찰 협력하에 강제 배포했다고 하여 비난을 받은 예이다. 그런데 제품이 정상이라고 해서 문제가 없는 것은 아니었다. 신문에서 확인할 수 있는 정상 제품의 강제 배부와 대금 일부 보조에 관한 전형적인 예를 소개하면 다음과 같다.

[사례 1] 경상남도 남해군이 군내의 모든 집에 1, 2개의 분구를 강제적으로 배부한 후 대금으로 1개당 17전씩을 징수한다고 하여 일반 농민들의 비난의 목소리가 높았다.[59]—분구 가격을 70전 전후로 보면(사례 2를 참조), 농민들의 부담금이 17전이었고 나머지 약 4분의 3을 보조금으로 지급한 것으로 볼 수 있다.

[사례 2] 경기도 파주군에서는 1개에 67전 하는 분구를 2,000개 구입하여 빈민에게는 호별로 등급을 매겨서 1개당 50전, 30전, 20전씩을 보조하여 배급한다고 했다.[60]

[사례 3] 황해도는 1933년부터 5개년 계획으로 도비에서 보조금으로 4,733원을 지급하여 개량분구장치를 장려할 예정인데, 금년도에는 14,814개를 각군에 배치하고 목하 군면 지도부가 배부 설치 중이라고 보도되었다.[61]

[사례 3]은 도 차원에서 대대적으로 강제 배부와 보조금제도를 실시한 예인데 이는 전라북도, 전라남도, 함경남도도 마찬가지였다.[62] 농민에게서 비난의 목소리가 높았다는 [사례 1]을 보아도 알 수 있듯이 농민들에게 강제 배부는 큰 부담이었다. 1932년 현재 정미 1되 가격이 평균 약 22전이었다.[63] 이와 비교해보면 남해군 농민들이 부담하게 된 17전은 별것 아니었다고도 할 수 있겠으나 먹을 것조차 변변치 않았던 가난한 사람들

에게는 이것이 17전의 크고 작음에 대한 객관적인 판단기준이 될 수 없었다. 충청북도 보은군에서는 배부된 개량분구의 대금 지불이 순조롭게 이루어지지 않아 배부한 분구를 회수해야 하는 사태까지 발생했는데,[64] 이런 일은 어느 지역에서나 일어날 수 있었고 또 실제로 일어났다고 생각할 수 있는 사태이다.

보은군의 경우는 대금을 지불하지 않아 회수해 가게 된 예지만, 농민들에게 이 문제가 그렇게 단순하지 않았다는 것은 경상남도 창원군의 예가[65] 잘 말해준다. 창원군에서는 5개년 계획으로 5만 개의 개량분구를 배포한다는 계획을 세우고 1933년 11월 말까지 22,000개를 배포할 예정으로 이미 군내 각 지역의 역 구내와 면사무소에 운반하여 쌓아 두고 있었다. 구체적으로 보면 첫째로, 분구 1개당 70전 하는 것을 집집마다 평균 2개씩 '유상'(보조에 대한 말은 없어서 전액 개인 부담이었던 것으로 판단됨)으로 배부하고, '극빈자'는 수확 후에 쌀로 대금을 지불하기로 되어 있었다. 이는 1년 중 상당기간을 초근목피로 허기를 채워야 했던 극빈자가 수확기에 우선 그 대금을 지불해야 하는 것을 의미한다. 둘째로, 사방공사가 실시되고 있던 창원군의 동면, 북면, 상남면 등의 수해지역에서는 "거의 의무적으로 부엌(분구—지은이 주) 수대로" 사야만 했다. 이 3개 면의 농민이 다른 지역과 비교해서도 이처럼 과중한 부담을 져야 했던 것은 군이 사방공사에서의 고용권을 이용하여 강요했기 때문이다. 그런데 이 지역 농민들은 이미 수해를 입은 후여서 그 대금을 지불하고 싶어도 쌀 수확이 없어 대금을 일당에서 떼이게 되어 있었다. 이렇게 해서 새로운 분구를 장만하게 된 사람들에 대해 신문은 이렇게 전했다. "종일 피땀 흘려 하루의 품을 파는 그들은 겨울이 가까워 오되 부엌에 땔 연료가 없어서 도리어 걱정 중이라고 한다."[66]

이런 식으로 진행된 창원군의 분구개량사업 결과는 아주 흥미롭다. 이해(1933년)에 배부된 개량분구 수는 22,000개였는데 『임업통계林業統計』에 따르면, 개량 실적은 16,000개에 불과하여[67] 사업이 결코 순조롭게 진행되지 않았음을 알 수 있다. 강제 배부 때문에 창원군민이 고충을 겪었음은 물론이거니와 그 고충이 저항으로 전화하여 군청으로 하여금 개량분구를 회수할 수밖에 없는 상황을 낳았던 것이다. 참고로 그 이후 창원군의 사업전개를 보면, 1934년 5,000개, 1935년 3,000개, 1936년 2,894개, 1937년 96개로 추이하여 총 분구 수 39,234개 중 1937년 현재 개량된 것이 29,966개로 약 4분의 1을 실현하지 못한 채 남겨두고 있었다.[68] 이것은 거꾸로 보면 약 4분의 3에 해당하는 분구가 '경제적'인 개량분구라는 이름으로 강제 배부되어 온돌생활 속에 자리 잡게 되었음을 말한다. 온돌생활자들은 이제 땔감을 위해 투쟁하고 또 땔감을 사야 하는 데 그치지 않고, 그것을 절약시켜주는 새로운 분구를 사야 하는 지경에 이른 것이다. 현단계에서 확인이 가능한 도별 통계로는 경상남도와 충청남도가 있는데, 경상남도는 1937년 현재 553,430개 중 개량된 것이 511,536개,[69] 충청남도는 1939년 현재 664,240개 중 개량된 것이 250,975개였다.[70] 충청남도는 실시율이 37퍼센트에 머무르고 있어서 이것만으로도 지역 차가 상당히 컸음을 알 수 있다.

전시기에 들어서면 철제 사용을 제한해야 한다는 필요성과 극단적으로 실시율이 낮았던 충청남도에서의 보급을 목적으로 값싼 시멘트제 분구(40전 내외)와 간이분구(15전 내외)를 조선인이 만드는 등 새로운 움직임도 나타났다(그림 4-8).[71] 그러나 이와 관련한 신문보도가 급감한 것으로 보아 당시 개량분구 보급이 전국적으로 거의 한계점에 이르러 있었던 것으로 보인다.

경기도를 시발점으로 한 분구개량에 따른 사회적 이익이 어느 정도였는지 그 크기를 가늠하기는 어렵지만, 적어도 얼마간의 이익이 실현되었

그림 4-8 전시기의 분구 (왼쪽) 시멘트제 분구 (오른쪽) 간이분구

음을 부정할 수는 없을 것이다. 해방 후에도 개량분구가 사용되었고[72] 현재까지도 재래식 온돌 아궁이에 사용되고 있다는 사실이 그것을 뒷받침한다(그림 4-9 참조).

그러나 동시에 그러한 이익의 실현이 사회 속에 커다란 고통을 안겼다는 점도 간과할 수는 없다. 또 한편으로는 산림을 둘러싼 여건이 낳은 결과이기도 하지만, 이제는 땔감을 철저하게 절약해야 하고 그러기 위해서 분구에 뚜껑을 장만하여 닫고 살게 되었다고 하는 것은 온돌생활에서 큰 변화라고 하지 않을 수 없다.

이상, 생사 실시와 마찬가지로 분구개량을 둘러싼 경험도 다양하고 복잡하게 얽혀 있었다는 것을 확인했다. 덧붙여 말하자면, 도비道費로 거액을 보조한 실적은 어떻게 보면 대부분의 사람들이 갖고 있는 식민지 권력에 대한 부정적 이미지를 위협하는 것일 수도 있다. 그러나 식민지 권력은 경제적으로 곤궁에 처해서 정책에 도저히 따르

그림 4-9 현재에도 사용되고 있는 개량분구(전주 한옥마을)

수 없는 사람들을 배려하지 않아 그들에 대한 완전한 무상배급이라는 선택은 하지 않았다. 그 결과 철저하게 지도 · 장려하는 과정에서 저항과 사회적 문제를 낳았다. 대금에 대한 보조와 이러한 강제성은 동전의 양면이다. 단순히 '보조'를 식민지민에 대한 시혜로 보고 '강제'를 억압으로만 본다면 식민지 권력이나 제국주의 경험의 전체상을 그릴 수 없다. 그것은 총체적인 제국의 이익과 식민지의 안정을 동시에 이루어야 하는 식민지 권력이 애써 저울질하면서 선택해야 했던, 필연적이면서 동시에 모순된 길이었다.

식민지 권력이 제국의 이익과 식민지의 안정이라는 두 가지 과제 사이에서 줄타기를 했다고 한다면, 식민지민은 어떠한가? 만약, 경제적으로 곤궁에 처한 사람들에게 분구를 무상배급했더라면 어떻게 되었을까? 그러한 정책은 조선인들을 종순해지게 하고 식민지 조선의 안정을 이루는 데에도 크게 공헌하였을 것이다. 분구개량에 따른 충돌도 없고 사회문제도 발생하지 않았을 것이다. 지배자의 자비로운 배려로써 피지배자의 생활자적 욕심이 충족되면, 식민지의 질서는 강화되어 제국의 안정이 확보된다. 당시의 조선인 혹은 이 글을 읽는 독자가 어떤 이유에서든 식민지 지배에 찬성하지 않는 사람이라면, 그러한 식민지의 질서와 제국의 안정을 바람직한 상태라고 보지는 않을 것이다. 즉 식민지 질서의 약화와 제국의 불안정을 위해서는 자비로운 무상배급에 따른 분구개량 같은 것은 있어서는 안 되었다는 말이 된다. 그리고 실제로 그러했기에 당시의 빈민은 저항을 할 수 있었던 것이고 지금의 우리 또한 식민지 권력을 비난할 수 있는 것이다. 그런데도 당시의 민족주의자나 지금 우리는 일본에 대해 (자비로운 선정을 펴기보다) 제국의 이익 외에는 안중에도 없는 제국주의라고 비판한다. 자비롭지 못함을 비판하면서 동시에 그들이 자비로울 경우에 초래될 식민지의 안정도 원치 않는 이러한 자가당착은 이익을 추구하면서 동시에 안정을 꾀해야 했던 식민지 권력이 갖는 모순과 다를 바 없다. 지배자와 피지배자가 똑같이 이율배반적인 존재였던 것이다.

식민지 권력과 조선 신문의 친화성—합리성에 대한 신봉

여기서 논하는 조선 신문의 성격은 곧 대부분의 엘리트가 지닌 성격을 나타내는 것이기도 하다. 당시 조선의 신문은 위와 같은 문제에 대해 대체로 중립적인 입장이었다. 각 도가 전개하는 캠페인은 객관적으로 보도되었다고 할 수 있는데, 비판도 전혀 없지는 않았다. 생사 실시와 관련된 예를 하나 들어보자.

> 그들(군당국—지은이 주)이 힘줄을 세우고 목이 마르도록 외치고 있는 자력갱생운동이 오히려 농민으로부터 불평 불만을 사고 있으니 참 우스운 일이 아닌가? 하동군에서도 축우 생사 장려를 시작한 지 2, 3년은 된 듯하다.
>
> 그간 무리 탄압적인 행동에 못 견뎌 대부분이 실행했으나 실행하지 않는 자도 있다. 만일 그것을 발견하면 솥을 깨기도 하고 때리기도 하는데, 이러한 것은 그들의 의무일까? 이것은 일본 내지인 지원이 한층 더 심한 것 같다.
>
> 그들은 농민의 복리를 위해서라고 말한다.…… 하, 하, 하, 하, 웃기는 일이다. 군으로부터 농민들이 받는 이익은 얼마나 되는가? 없다 없어, 제로다.[73]

이 신문기사는 할 말은 있지만 "언론의 자유가 없어서 여기에는 안 쓴다"라고 덧붙이고 있는 것으로 보아 언론통제를 의식하고 쓴 글인데, 그럼에도 충분히 반항적이어서 사전에 삭제되었다. 그러나 이 기사도 생사 실시를 둘러싼 폭력적이고 강제적인 측면이라든가 자력갱생운동이 결코 농민의 생활 향상으로 이어지지 않는다는 점을 비판하고는 있어도 생사 실시 그 자체의 가치를 비판하고 있다고 보기는 어렵다. 당시 조선의 신문도 합리성에 대한 신봉이라는 점에서는 식민지 권력과 일치하였고, 구체적인 지도·장려의 문제점에만 비판의식이 있었던 것이다. 여기서 말하는 합리성에 대한 신봉이란 바꿔 말하면 근대성의 공유이다. 그 가치를 공유하는 신문은 캠페인을 보도하고 알리는 식으로 끊임없이 식민지 권력의 도구 역할을 하면서 동시에 구체적인 실천방식의 문제점이나 폭력성에 대해서는 비판하는 이중적 존재였다.[74] 1920년대 생활개선운동을 전개한 조선의 신문은 식민지 권력과 코드가 같았다고 할 수 있다.[75] 생활개선운동의 핵심적인 요소 중 하나였던 '색의色衣 착용'(흰옷 대신 색깔 있는 옷 입기)이라는 과제가 다름 아닌 식민지 권력의 과제이기도 했다는 것이 그 대표적인 예이다. 근대성이라는 가치를 추구한다는 점에서 신문은 식민지 권력에 친화적이고, 그러하기에 대체로 근대성의 가치를 쉽게 인정하지 않는 대다수의 조선인에 대해서는 비친화적일 수밖에 없었다. 그러면서 한편으로는 폭력성에 비판적이라는 점에서는 조선 민족에 친화적이었다. 즉 조선 신문의 민족적 친화성은 다분히 식민지 권력의 폭력성에 의존하는 것이었다. 이것은 식민지 통치하에 있는 신문의 자기모순적인 존재 양태이다.

이러한 식민지 조선의 신문이 갖는 특징은 여기에서 논한 모든 문제에서 발견할 수 있다. 찬밥 먹기나 침구 개선의 필요성이 말해질 때 각 신문은 그 자체를 부정하지 않았고, 분구개량 캠페인에 대해서는 생사 실시의 경우와 마찬가지로 중립적인 자세에서 보도하고 알리는 역할을 충실히 해냈다. 그 실천방식이 과격하여 폭력성을 띠었을 때만 비판의 목소리가 나왔다. 앞 장에서 논한 새로운 산림정책의 문제점을 보완하기 위한 농용임지와 같은 구제책에 대해서도 마찬가지여서 기대 섞인 보도는 있어도 비판은 없었다.

식민지 권력에 대한 조선 신문의 이 같은 친화성에 반해, 구시대의 생활습관을 버리지 못하는 대다수의 조선인은 어디까지나 생활자적인 입장에서 식민지 권력에 대해 비친화적일 뿐만 아니라 저항적인 존재양태를 띠었다.[76]

나오며

구습에 매달린, 저항적인 조선인들의 삶의 방식은 근대성의 논리로는 이해하기 어렵다. 해방 후 경제적인 여유가 있는 사람들은 개량된 분구를 사용하고 여름철용으로 취사전용 솥을 마당에 걸어 놓고 사용하기는 했지만, 여전히 찬밥을 원치 않았고 쇠죽 쑤는 습관을 버리지 않았으며 온돌방의 수를 줄이는 일도 없었다는 것이 그것을 증명한다. 굳이 말하자면 그것은 생활자적 논리였다. 생활 속에서 터득한, 어쩌면 비합리적일 수도 있는 그들 나름대로의 '진리'와 경제적 여건이 그들의 선택을 좌우했던 것이다. 그러한 생활자적인 논리가 근대성의 논리와 대립되지 않을 때만, 다시 말하면 정책이 자신들의 생활에 긍정적인 결과를 가져다준다고 믿고 동시에 경제적인 여건이 허락될 때만 그들은 식민지 권력에 대해 온순할 수 있었다. 하지만 그렇게 되기에는 식민지 권력이 너무 독선적이었고 횡포했으며, 농민들은 고집스럽고 너무 가난했다. 농촌의 '온돌'이 생활자들의 논리와 식민지 권력의 근대성의 논리가 끊임없이 충돌하는 투쟁의 장이 될 수밖에 없었던 연유이다.

농민들의 고통이 묻어나는 그 충돌은 식민지 권력에 대한 의도하지 않은, 말하자면 생활자적인 입장에서 하는 투쟁이었다. 근대성의 가치를 식민지 권력과 공유하는 조선의 신문이나 엘리트가 충분히 대변해주지 않는 상황에서 그것은 고독한 투쟁일 수밖에 없었다.

제5장

대체연료와 온돌의 변화

들어가며

재래식 온돌이 갖는 장점 중 하나는 연료(이 장에서 중점적으로 다룰 '대체연료'와 기존 재래식 온돌에 사용한 '땔감'을 '연료'라 통칭한다) 이용상의 유연성이다. 장작, 나뭇가지, 낙엽과 같은 일반적인 연료뿐만 아니라 짚을 포함한 곡식 줄거리라든가 마른 풀, 심지어 나무뿌리까지 이용할 수 있다는 것은 큰 매력이었다. 한국병탄 전 도케 미쓰유키道家充之와 나가쿠라 준이치로長倉純一郎가 「남한삼림조사서」에서 연료 절약에 적합한 온돌의 보급은 산림황폐의 원인이라기보다 오히려 그 결과로 보아야 한다고 한 것은[1] 그들이 이러한 온돌의 특징을 얼마나 큰 매력으로 느꼈는지를 잘 말해준다.

그러나 이미 한계점에 이른 산림을 복구하는 데 구속 없이 산림을 이용하고 마른 풀이나 낙엽을 긁어서 연료로 쓰는 등의 묵은 습관이 장애가 된다고 인식되는 상황에서 자유분방한 온돌생활은 더 이상 허용되기 어려웠다. 이 같은 산림 여건에 따른 시대적 요구는 온돌 변화에 중요한 요인으로 작용했다. 이 밖에도 근대적인 도시생활의 필요성, 일본인의 식민을 위한 문화 구축의 필요성이 온돌에 대한 뜨거운 관심을 낳았다. 이와 같은 조건 속에서 식민지기를 거치며 온돌을 둘러싼 다양한 변화가 일어나게 되었다.

그런데 온돌의 변화에 관한 현대의 역사기술은 흔히 식민지기를 훌쩍 뛰어넘어 버리곤 한다. 한 예를 들어보자.

> 구조의 큰 변화 없이 전승되어오던 재래식 온돌은 해방과 6·25를 전후한 시기에 임산연료의 고갈로 인하여 도시지역에서부터 로스톨을 이용하여 무연탄의 사용이 가능하도록 개조되기 시작했다. 그 후 1952년부터 상공부에서 열손실을 줄이고 운반이나 가정사용이 편리하도록 구멍탄을 만들어 사용하게

됨으로써 재래식 구들에 레루식으로 아궁이만 개조하여 사용하게 되었으나, 구멍탄 사용은 연탄가스의 누출사고와 연소효율상의 문제를 야기했다.[2]

이것은 해방 후의 온돌을 둘러싼 주된 동향을 기술한 것이라고 할 수 있으나, 이 시기를 온돌 변화의 '시작'으로 보는 것은 옳지 않다. 여기에 기술된 것은 모두 식민지기에 일어난 변화라고 보아야 한다.

문제의 핵심은 무엇보다도 연료의 산림 의존도를 낮춰야 한다는 점에 있었다. 그것이 산림보호는 물론이고 도시생활에서의 연료문제 해결이나 일본인의 온돌생활 실현을 가능케 하는 길이기도 했다. 대체연료의 도입이 불가피한 이러한 상황 속에서 왕겨가 연료화되고 한편으로는 석탄과 연탄이 보급되어 온돌생활에 큰 변화를 가져왔다. 왕겨는 농가에서 생겨나는 것인 데다 사용하는 데 사람의 손을 필요로 하는 것이었기 때문에 농가에 적합했고, 석탄과 연탄은 도시생활에 적합했다. 이 중에서도 특히 연탄의 등장은 곧 온돌 구조면에서의 변화를 요구하는 것이기도 하여, 재래식 온돌을 개조한 온돌이나 기타 여러 가지 발명을 동반했다. 온돌연구에 종사한 사람들은 조선인이든 일본인이든 발명을 통해 온돌생활에 의미 심장한 변화를 가져왔다. 이 시기에 그들에 의해 온돌 연료가 분화 또는 계층화되었고 그에 따라 온돌 그 자체에 변혁이 일어났으며, 그것은 다름 아닌 온돌생활의 변화를 의미하는 것이기도 했다. 여기서는 그 구체적인 실상에 초점을 맞춰 살펴보겠다.

연료의 이모저모

이미 언급한 바와 같이 재래식 온돌의 연료는 다양하다. 농가에서는 여러 가지 곡식 줄거리를 연료로 쓰고 나머지는 임산연료에 의존하는 것이 일반적이었는데, 임산연료에는 소나무 가지와 솔잎, 장작은 물론이고 잡초까지 포함된다. 식민지 권력이 흔히 비난하고 한탄하던 조선농민의 모습 중 하나가 그 악명 높은 '갈퀴 든 무리들'이었다.

> 나는 여행 중에, 한 부대를 이룬 그들 토민 수십 명이 어깨에는 지게, 손에는 갈퀴를 들고 산으로 산으로 진격하는 놀라운 광경을 종종 목격했다. 저녁 무렵 그들은 섶나무를 가득하게 지고 의기양양하게 귀갓길에 오른다. 이리하여 가을부터 봄까지 이 약탈을 계속하기 때문에 산은 차츰 외피가 벗겨져 종내에는 암벽만 남게 되는 것이다.[3]

이미 앞에서 이야기했듯이 이러한 연료 채취는 많은 노동력을 필요로 했을 뿐만 아니라 범법행위인 경우가 허다해서 위험이 따르기 일쑤였다. 한편 연료 가격이 상승했기 때문에 사서 쓰는 경우에도 문제는 심각했다. 이러한 여건 속에서 온돌 생활자들은 연료 절약의 중요성을 의식하지 않을 수 없게 되었고, 그에 따라 시대의 산물로서 연료 절약을 가능하게 하는 온돌분구도 발명되기 시작했다(그림 5-1~3).[4]

그림 5-1 **개량분구**(주우명朱尤明 고안) 이 개량분구는 당시에 이미 특허까지 취득했고 종래의 분구보다 연료가 80퍼센트 정도 절약된다고 보도되었다.

이 무렵 연료 절약에 대한 인식의 확산과 맞물려 대체연료도 급속히 보급되었다. 여기서는 대체연료를 포함해서 당

그림 5-2 문화분판(김달응金達應 고안) 이 문화분판文化焚鈑은 당시 특허출원 중으로서 간편하면서도 과학적으로 만들어졌으며 나무를 사용할 경우에 특히 많은 절약이 가능하다고 보도되었다.

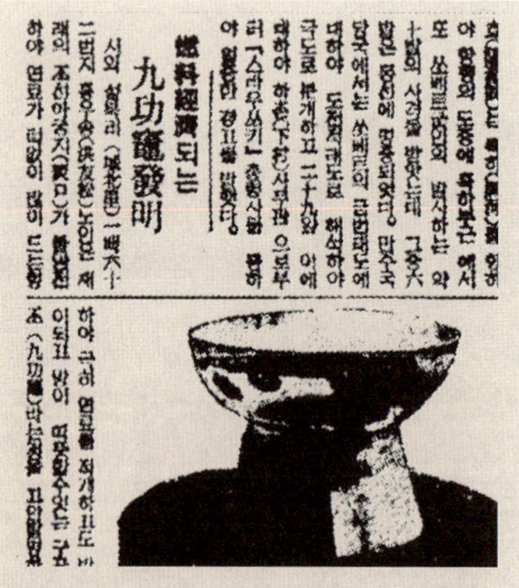

그림 5-3 구공조(홍우송洪友松 고안) 구공조九功竈는 특허출원 중이며 일반 분구보다 연료가 70~80퍼센트는 절약된다고 보도되었다.

시의 연료 사정이 어떠했는지 그 전체상을 우선 확인해두자.

다카하시 기시치로高橋喜七郎는 1923년에 당시의 연료 사정에 대해 정리하였는데, 우선 이를 참고해가면서 임산연료에 관해서 간단히 소개하면 다음과 같다.[5]

임산연료 중에 가장 많이 소비되던 것은 일본인들이 '마쓰바松葉'라고 부르던 연료이다. 이것은 솔잎이 달려 있는 가지를 쳐서 적당한 크기로 맞춰 묶은 것으로 정확히 말하면 '솔잎나무', 즉 흔히 '솔가지'라고 부르던 것을 가리킨다. 가격은 지방에 따라 달랐는데 서울에서는 쌀 때도 10관에 1원 20전 이상이었고 비쌀 때는 2원을 넘기도 했으며, 지방에서는 비교적 싸서 1원을 초과하지 않았다.[6] 이 연료는 온돌 연료 중에 가장 비쌌기 때문에 도회지에서는 되도록이면 이용하지 않았다.

솔가지 다음으로 많이 소비되던 것이 장작이었는데, 장작의 대부분은 소나무였다. 소비량이 대단히 많아서, 예를 들면 군산 같은 곳에서는 중

그림 5-4 **솔가지를 팔러 나온 나무장수** 솔가지는 임산연료 중 가장 많이 소비되던 것이었다. 지게를 이용하는 경우도 있었지만, 많은 양을 먼 장터까지 운반하는 데는 소만큼 좋은 운송수단이 없었다.

류층 이상의 가정이 모두 소나무 장작을 사용하고 솔가지는 불쏘시개로 쓰는 것이 고작이었다. 소나무 장작도 지방에 따라 가격 차이가 있었는데 서울에서는 10관에 1원에서 1원 50전 사이로 솔가지보다 약간 싼 편이었다. 다른 자료에 따르면 '4첩疊 반'[7] 넓이의 온돌방 한 칸에 필요한 연소비액(약 반년 동안 사용하고 그 외에는 한 달에 2번 불을 지피는 정도로 사용)은 약 25원이었다.[8]

잡초, 즉 건초도 많이 소비되었다. 건초는 갈퀴로 긁어서 채취하기 때문에 산림에 치명적인 피해를 주었다. 지방에 따라서는 1년의 반 이상 잡초에 의존하는 곳도 있었다. 나무시장에서도 거래가 약간 있었고 솔가지보다는 싼 것이 보통이었다. 이 외에 낙엽(주로 솔잎)도 주된 연료 중의 하나로 꼽을 수 있는데 임지를 갈퀴로 긁어대는 낙엽 채취는 산림에 가장 치명적인 피해를 줬다. 지방에 따라서는 1년 내내 낙엽만을 연료로 때는 곳도 있었고, 특히 도읍지방의 빈민은 연료를 구입할 돈이 없어서 대개 부근의 소나무숲에 들어가 낙엽을 채취해서 연료로 사용했다.

이 외에 새로운 대체연료로 석탄, 연탄, 왕겨가 있었는데 우선 석탄과 연탄에 대해 언급해두겠다. 1923년 단계에서는 석탄 산지와 주요도시에서 석탄, 연탄을 온돌 연료로 하는 가정이 늘어가고 있었다. 특히 연탄은 서서히 시대의 총아로 대두되어갔다. 이 무렵 임산연료의 가격 상승에 대해서는 별다른 손을 쓰지 않던 조선총독부가 석탄, 연탄 가격을 되도록 억제하려고 한 이유도 여기에 있었다.[9] 조선총독부는 평양탄광소의 연탄 제조능력이 충분치 못한 것을 고려하여 일반 수요자나 신탄업자들에게 연탄 간이제조법을 가르쳐서라도 연탄을 보급하려고 했다.[10]

석탄은 특별한 장치 없이도 이용할 수 있었지만, 가격이 저렴하지 않은 데다 화력이 지나치게 강하여 아궁이에 가까운 쪽 방바닥만 뜨거워진다는 단점까지 있어서 온돌 연료로서는 그다지 적합하지 않았다. 연탄은 불붙이기가 어렵고 아궁이에 특별한 장치가 필요하다는 점과 가스중독 우려가 있다는 단점이 있었지만 가격이 저렴했다.[11] 불붙이기에 어려움이 따른다는 지적은 현대인으로서는 이해하기 어려운 부분인데, 이 무렵(1923년)에는 아직 연탄불이 살아 있는 상태에서 정기적으로 교환하는 것이 아니라 불을 때야 하는 시간에 매번 연탄에 새롭게 불을 붙여서 넣는 방식이었기 때문에 불을 붙일 때마다 상당히 번거로웠다. 연탄 착화용 불쏘시개로 쓰는 연료 비용이 별도로 1년에 4원 정도 필요하다는 셈이 존재했다는 것도[12] 그것을 뒷받침한다. 그러나 이 같은 불편함이 있기는 했지만, 연탄은 불을 장시간 유지할 수 있고 가격이 저렴하다는 장점 때문에 소나무 장작과 함께 일본인들이 선호했다. 이 경우 1년에 소비되는 연료비는 앞에서 소개한 소나무 장작의 경우와 똑같은 25원(연탄 사용 시 불쏘시개로 소비되는 4원을 포함)이었다.[13]

같은 무렵 왕겨는 미곡 생산지역에서 한 가마에 10전 내외로 그 비용

은 솔가지의 5분의 1에서 6분의 1 사이였다.[14]

'왕겨'라는 연료의 발견

연료난에 허덕이는 사람들, 특히 빈농들에게 산에 의존하지 않아도 되는 값싼 대체연료 왕겨의 등장이 얼마나 큰 의미였는지는 짐작하고도 남는다. 물론 왕겨는 벼를 찧으면 나오는 것이었으므로 옛부터 존재했으나 비료로 또는 과일을 포장할 때 이용되는 것이 고작이었고 심지어 버려지는 양도 적지 않았다.[15] 1900년을 전후한 시기에 인천, 군산에 이주해온 중국인이 풍구('풀무'라고 하여 대장간에서 불을 붙이거나 화력을 높일 때 사용하던 기구가 있는데, 근대에 들어 그와 같거나 비슷한 것이 왕겨를 연소시키는 데에도 사용되었다. 신문에서는 그것을 가리켜 보통 '풍구'라고 하였고, '송풍기' 또는 '풍기'라는 말이 쓰이기도 했다)를 고안하여 왕겨를 신탄 대용으로 쓰기 시작한 것이[16] 왕겨라는 대체연료의 시작이었다. 이에 대해 조선총독부 관계자는 왕겨 이용이 연료 수급 및 농가경제에 적지 않은 도움이 될 것이라며 상세한 연구조사 결과를 발표했다.[17] 이 글을 통해 확인되는 바를 정리하면 다음과 같다.

중국인들이 처음 왕겨를 연료로 이용한 결과가 아주 양호한 데다 재는 비료로 이용할 수도 있어서 부근의 조선인들이 이 방법을 모방하기 시작했다. 특히 엿 또는 두부 제조업자같이 다량의 연료를 필요로 하는 사람들은 앞을 다투어 왕겨를 사용하여 서울, 평택 및 군산, 김제 부근에서 점차로 유행하기 시작했다. 군산의 경우는 거의 모든 조선인이 왕겨를 사용하게 되었다. 왕겨 사용에는 그림 5-5 같은 풍구가 사용되었다. 작은 구멍이 뚫려 있는 송풍장치를 아궁이에 놓고 풍구로 바람을 보내면서 그

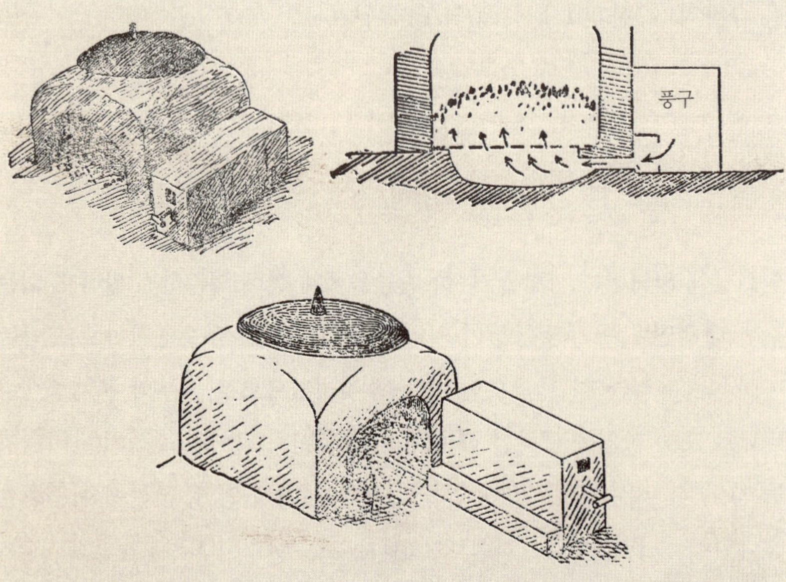

그림 5-5 초기의 풍구 벼를 찧고 난 후 그대로 버려지던 왕겨를 연료로 이용하게 된 것은 연료난으로 허덕이던 사람들에게는 획기적인 사건이었다. 왕겨를 사용하기 위해서는 풍구(송풍기)가 필요했는데 초기의 풍구로는 고정식(위)과 이동식(아래)이 있었다.

위에 왕겨를 뿌려 넣는 방식이었다. 이러한 풍구가 시장에 다량으로 나와 1914년 한 해 동안 김제시장에서 매매된 것이 천 개를 넘었다. 가정용 풍구의 가격은 50~70전인데 약 30전 정도의 재료비로 가정에서도 제작할 수가 있었다. 한편 김제에서 쌀장사를 하던 이노우에井上라는 인물이 1914년에 왕겨를 한꺼번에 넣고 풍구 없이 사용하는 특수한 화덕을 고안했는데 취사용과 목욕통 물을 끓이는 용도로 써서 좋은 효과를 보았다(그림 5-6). 풍구를 이용할 경우에는 계속해서 바람을 일으키고 겨를 한 줌씩 던져 넣어가면서 연소시켜야 하는 번거로움이 있는 반면, 이 화덕은 그러한 번거로움이 없을 뿐만 아니라 장시간 열을 유지할 수 있었다. 단, 사용하는 중에 열 조절이 안 되고 재를 버릴 때 번거로우며, 온돌에 응용하기 어렵다는 단점이 있었다.

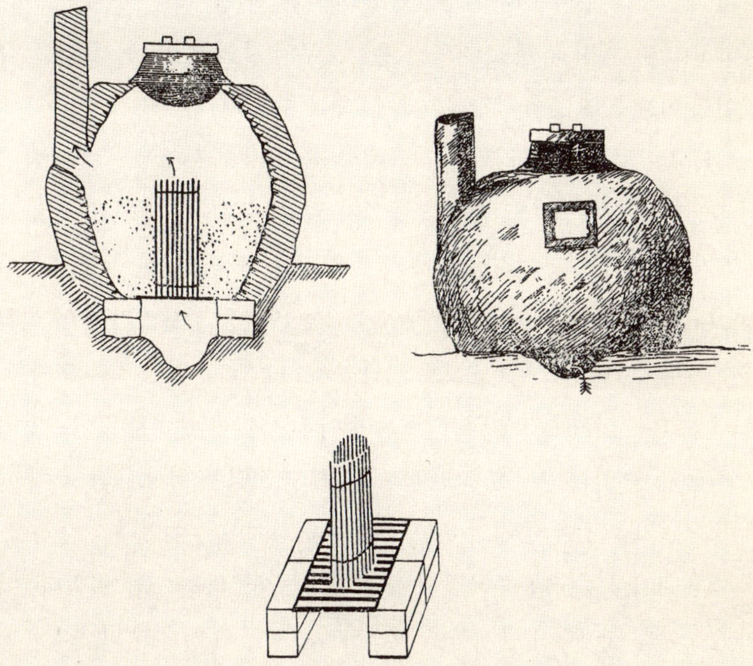

그림 5-6 이노우에가 고안한 왕겨 화덕 왕겨를 계속해서 넣어주어야 하는 번거로움이 없을 뿐만 아니라 장시간 열을 유지할 수 있었다. 온돌에는 설치하기 어려워 취사용과 목욕통 물을 끓이는 용도로 이용되었다.

이 화덕은 일종의 곤로라고 볼 수 있는데, 특히 취사에 이용되었다는 점은 난방과 취사의 분리를 촉구하는 계기가 될 수 있었다는 점에서 주목할 만하다. 또 이것이 효시가 되어 다음과 같은 발명으로 이어졌다.

1934년 김해의 김기홍金基洪이 풍구를 사용하지 않고 왕겨를 때는 화덕을 발명했다.[18] 이 화덕은 겨울철에는 온돌방의 군불과 취사를 겸하고 여름철에는 노천에 설치하여 취사용으로 쓸 수 있는 것이었다. 구조에 대해서는 현재 확인이 되지 않는데, 이노우에가 고안한 화덕과 비슷한 제품이었을 것으로 추측한다. 또한 1938년에는 함경북도의 지창영池昌英이 겨를 사용하는 '곤로'를 고안하였는데[19] 이 또한 앞의 화덕과 비슷한 것이 아니었을까 생각한다. 이 제품들은 모두 저렴한 왕겨라는 대체연료를 사용하고 있다는 점 외에도 취사를 온돌로부터 분리시킨다는 특징을 갖고 있어서 이를 통해 온돌생활의 변화를 엿볼 수 있다.

위와 같은 화덕을 둘러싼 움직임에서 또 한 가지 흥미로운 점은 발명의 연쇄성인데, 대체연료로 등장한 왕겨가 널리 사용되기 위해서는 몇 가지 과제가 더 있어서 그 해결을 위해 새로운 것을 연구 고안한 발명이 끊이지 않았다. 발을 사용하는 조선 재래의 풍구는 바람을 일으키기 무척 힘들다는 문제점이 있어서 우선 손으로 간단하게 사용할 수 있는 것을 고안할 필요가 있었다. 신의주의 원익선元益善은 힘이 들지 않아 부녀자나 어린아이라도 사용할 수 있는 풍구를 고안해 냈는데, 그 모양은 원형 목판 속에 바람개비를 달고 그것을 돌리기 위한 손잡이를 장치한 것이었다.[20] 상하로 움직이는 재래식 풍구나 중국인이 만들었다는 풍구와는 크게 달랐다. 이것이 손잡이를 돌려서 바람개비를 회전시키는 풍구의 시초가 되었다.

그러나 일일이 손으로 풍구를 돌리고 연료를 투여하는 것은 여전히 불편했다. 이중의 수동성이 문제였던 것이다. 앞서 말한 풍구를 사용하지 않는 김기홍의 아궁이는 이 문제를 해소하고자 한 것이었다. 그리고 한편으로는 풍구는 사용하되 왕겨 투여를 수동이 아닌 자동으로 바꾸는 식으로 문제의 부분 해소를 목표로 한 발명이 줄을 이었다. 장작이 일반적으로 많이 사용되던 이유는 불을 붙여서 넣어두면 거의 손을 대지 않아도 그대로 완전 연소되기 때문이었는데, 그런 의미에서 한 사람의 인력을 일정 시간 동안 완전히 구속해버리는 왕겨의 단점은 무시할 수 없는 것이었다.

온돌에 의한 산림황폐를 막고 싶어서 온돌연구를 계속해왔다는 김천의 정기동鄭基東이 발명한 '만년풍기萬年風機'는 왕겨를 한군데에 담아 놓고 풍구를 돌리기만 하면 자동적으로 일정량의 왕겨가 투여되게끔 고안된 제품으로 어디에서나 쓸 수 있으며 화력이 강하다는 장점이 있었다.[21] 원익선의 풍구와 마찬가지로 '만년풍기'도 역시 돌리는 구조였다. 1938년에도 '자동식 강곡糠穀 투입 송풍기', '연강기燃糠機' 등 거의 비슷한 발명이 이어졌다(그림 5-7, 5-8). 특히 전자는 지금도 한국 사회에서 흔히 쓰이고 있는 풍구와 형태가 유사했다. 두 가지 풍구 모두 왕겨를 자동 투입하기 때문에 편리하고 경제적이며 동시에 간편하고 고장이 나지 않는다는 특징이 있었다.[22] 한편 완전 수동이면서 어디로나 간편히 운반할 수 있으며 왕겨뿐만 아니라 장작 또는 석탄처럼 불붙이기가 쉽지 않은 대체연료에도 사용할 수 있는 풍구도 이 시기에 발명되었다.[23] 이것은 장작불을 붙일 때 지금도 사용되고 있는 것과 흡사하다(그림 5-9).

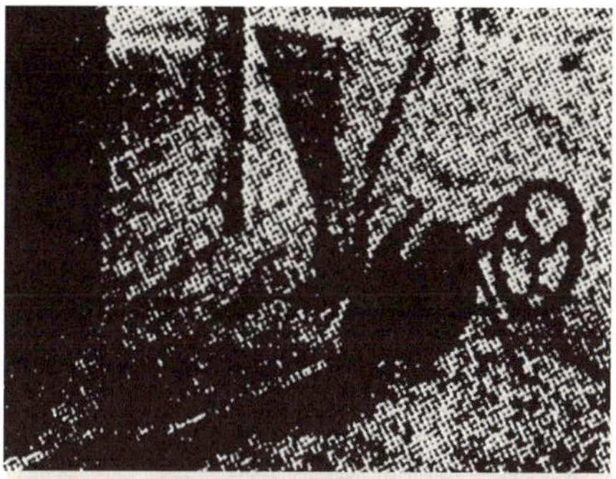

그림 5-7 자동식 강곡 투입 송풍기(송영근 고안) 지금도 일반적으로 볼 수 있는 바람개비가 달린 풍구가 정면에 보이는데, 그 안쪽에는 왕겨를 한꺼번에 넣어 놓고 바람개비를 돌리면 자동적으로 왕겨가 투여되도록 하는 기구가 놓여 있다.

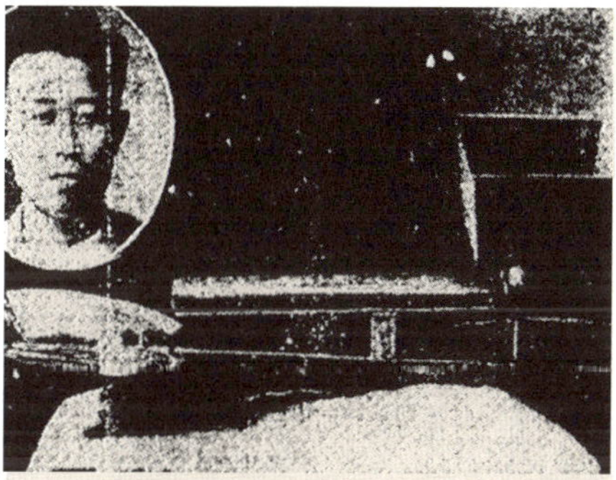

그림 5-8 연강기(전규현全圭鉉 고안) 왕겨가 자동 투입되어 편리하고 그에 따른 노동력을 줄일 수 있어 경제적이었다.

1938년의 한 신문기사에 '중류 이하'에서는 왕겨를 연료로 땐다고[24] 되어 있는 것으로 보아 이 무렵 왕겨가 얼마나 폭넓게 사용되고 있었는지를 짐작할 수 있다. 폭넓은 왕겨 사용에 대해서는 이보다 이른 1934년, 진천에서 설날에 정미소가 휴업할 것에 대비하여 왕겨를 사러 다니는 빈

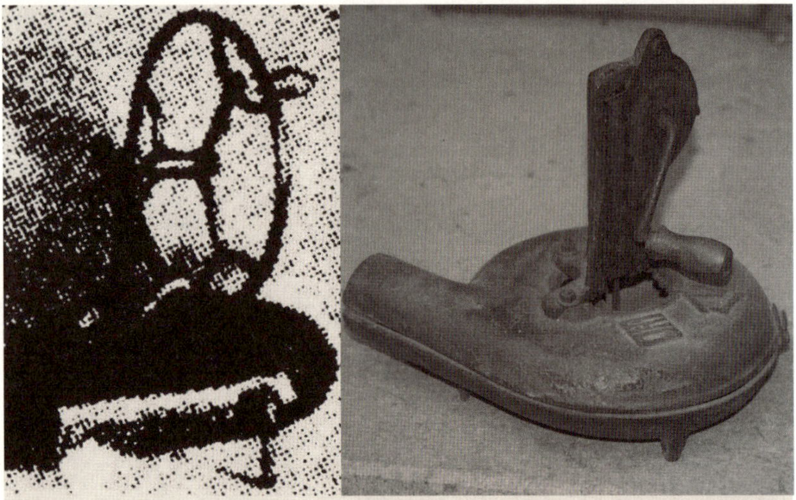

그림 5-9 **송풍기** 완전 수동식으로 어디나 간편하게 들고 다닐 수 있는 형태로서 왕겨뿐만 아니라 장작 또는 석탄처럼 불붙이기가 쉽지 않은 대체연료에도 사용할 수 있었다. 1939년에 발명된 송풍기(왼쪽)와 오늘날의 송풍기(오른쪽).

민들의 모습이 하루종일 이어지고 있다는 기사로도 확인할 수 있다.[25] 또 더 거슬러 올라간 1928년의 북쪽 지방에서는 산림 벌채가 금지되어 있던 관계로 이미 솔가지 가격이 폭등하여 여유 있는 집은 연탄을 연료로 하고 대부분은 왕겨, 톱밥, 분탄 등을 사용했다고 한다.[26] 톱밥이 사용된 것은 산림이 우거진 북쪽 지방의 특색이라고 할 수 있는데, 전시하에서는 인천에서도 톱밥 거래가 있었던 것을 확인할 수 있다.[27] 이와 같이 지역이나 시기에 따른 차이는 있었겠지만, 빈민들 중에 그나마 연료를 구입할 수 있는 사람이 있다고 한다면 왕겨는 그들이 구입 가능한 유일한 연료였을 것이다.

그러나 그것도 한때뿐 1938년을 전후해서는 왕겨마저 품귀현상으로 가격이 폭등하는 사태를 맞게 된다. 장항에서 왕겨 가격이 '40퍼센트나 폭등' 하여 한 가마에 1원이나 된다는 보도를[28] 시작으로 각지에서 1원을 크게 웃돈다는 보도가 이어졌으며,[29] 심지어 인천에서는 4원 50전이나

되어 빈민들이 비명을 지르고 있다는 기사도 있었다.[30]

가격 폭등의 요인은 여러 가지였다. 첫째, 1937년 미국에서 왕겨를 대량 주문했는데 그로 인해 인천의 왕겨 가격이 크게 요동을 쳤다.[31] 둘째, 전시하의 연료 부족으로 인천의 각 공장이 석탄 대신 왕겨를 사용하게 됨으로써 빈민들의 '연료 기근'이 초래되었다.[32] 셋째, 공동판매제도가 시작되면서 벼가 나돌지 않게 되어 정미소가 벼를 찧을 수가 없었다.[33] 12월 중순에도 이러한 상황은 변함이 없어서 돈이 있어도 구입할 수가 없는 심각한 상태가 계속되었다.[34] 또한 이러한 인위적인 요인 외에 장항의 경우처럼 극심한 가뭄에 따른 미곡 수확량의 격감이 왕겨 기근으로 이어진 예도 있었다.[35] 문제가 가장 심각했던 인천에서는 이듬해 가을에도 상황이 나아지지 않아[36] 왕겨 대용품으로 톱밥을 공급하게 되었다.[37]

이상에서 살펴본 왕겨문제 역시 전시체제 속에서 일어난 연료부족문제의 한 부분이었음은 말할 나위도 없다. 이렇게 왕겨의 공급이 여러 가지 인위적·자연적 조건에 좌우된다는 것은 연료의 안정성이라는 측면에서 볼 때 적지 않은 문제를 내포하고 있다고 할 수 있지만, 왕겨라는 대체연료의 출현이 근대에 들어 산림 이용을 극도로 구속받게 된 조선인의 온돌생활에서 대단히 중요한 변화였음에는 틀림이 없다.

연탄의 등장—온돌생활의 혁명

화석연료가 이용되기 시작하는 근현대에서 연탄이 온돌문화 속의 일부가 되는 것은 시간문제였다. 그렇다고 해서 연탄의 도입이 순조로웠던 것은 결코 아니다.

현대인은 연탄이라고 하면 대개 '구멍탄'(일명 '구공탄')을 상상하지만,

여기서 말하는 연탄은 석탄, 목탄 등의 분말을 반죽하여 만든 연료를 말하는 것으로 해방 전후에는 개인이 직접 만들기도 했다. 조선총독부는 1919년 '관제 연탄' 만으로는 일반으로까지 연탄 사용을 확대해갈 수 없다는 판단 아래 소비자가 스스로 제조해서 쓸 수 있도록 장려할 것을 지시했고,[38] 그에 따라 간편한 연탄 제조법이 일반인에게 제공되기도 했다.[39] 연탄 모양에 대해서는 1912년의 『권업신문』 기사에 일본인들이 제조 중이라고 소개된 것이 최초인 듯한데 그 연탄은 '난형탄卵形炭', 즉 '조개탄' 이었다.[40] 조선총독부가 권장한 연탄 간이제조법을 보면 용도에 따라 난로·욕조·아궁이 등에 적합한 연탄과 곤로·화로·고타쓰에 적합한 연탄 두 종류로 나누어 소개하였는데, 전자는 구멍탄이었고 후자는 용도에 맞는 적당한 크기면 되는 것으로서 일종의 조개탄으로 볼 수 있다(그림 5-10).

앞에서 언급했듯이 연탄을 사용하기 위해서는 특별한 장치가 필요했다. 그러나 그 장치라는 것도 현대인들이 떠올릴 만한 연탄화덕 같은 것을 말하는 것은 아니었던 것 같다. 단언하기는 어려우나 필자의 조사에서 화덕이라고 할 만한 것이 확인된 것은 1930년대부터이다. 초기에는 로스톨(석탄이나 장작을 땔 때에 밑에 까는 대발 형상 또는 구멍이 많이 뚫린 철판)이 설치된 아궁이에 때마다 한 개의 구멍탄을 넣어 연소시키는 방식이었다가 그 이후로 화덕을 이용하는 방식이 등장하여 세분화되어갔다. 경기도 장단군에서는 로스톨이 설치된 '개량분구' 를 보급시킴과 동시에 연탄 사용을 장려할 목적으로 연탄제조강습회를 개최하기도 했는데,[41] 이로 보아 일반인이 제조해서 쓰게 된 간이제조 연탄도 아궁이에 로스톨을 장치하고 그 위에서 연소시키는 것이었음을 알 수 있다.

손이 가지 않고 연소시간이 긴 연탄의 등장은 온돌의 새로운 가능성을 열어주는 것이었으나 연탄의 그와 같은 특성을 살리자면 온돌에도 구조

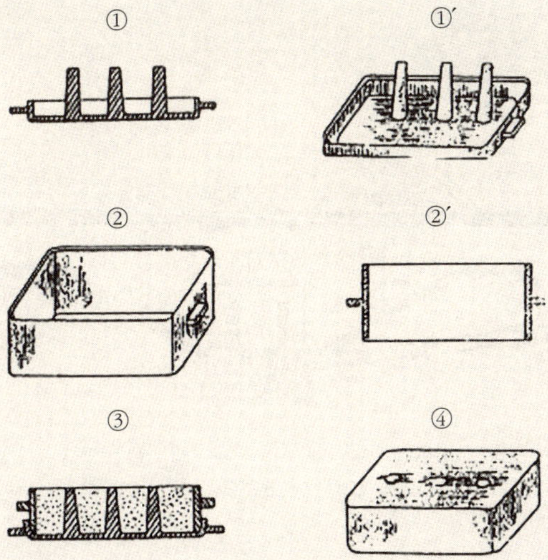

그림 5-10 조선총독부가 장려한 연탄 제조법(구멍탄) 연탄 사용을 확대하기 위해 조선총독부는 연탄 제조법을 일반인에게 제공했다. 당시 연탄은 오늘날의 그것과는 달리 석탄, 목탄 등의 분말을 반죽하여 만든 것으로 일반인도 제조할 수 있었다. 이 그림은 구멍탄 제조법을 설명한 것이고 구멍탄은 주로 난로, 욕조, 아궁이 등에 사용되었다. ①, ①′는 아래 틀과 그 단면, ②, ②′는 위틀과 그 단면, ③은 틀 안에 반죽한 탄을 넣었을 때의 단면, ④는 완성된 구멍탄이다.

적인 변화가 필요했다. 그러한 움직임이 활발하게 나타났던 1930년대는 온돌과 관련한 특허취득이 본격화되는 시기로 신식 온돌의 예명기라고 할 만하다.

일본인의 '개조온돌'† 발명 중에 이미 잘 알려진 것으로 오노식大野式, 가와카미식川上式, 무라오카식村岡式 등이 있다.[42] 오노식은 연탄 전용이었고[43] 나머지 두 개는 어떤 연료든지 사용이 가능한 구조였는데, 특히 석탄과

† 개조온돌

경성고등고등학교 교수 가사이 시게오葛西重男는 재래식 온돌을 구조적으로 개조한 온돌을 '개량식 온돌'이라고 불렀다(「溫突概觀」, 『朝鮮と建築』 19-3, 1940, 25쪽). 그러나 '개량'은 나쁜 점을 고쳐서 더 좋게 만든다는 뜻인데, 온돌의 구조적인 개조가 반드시 발전을 의미한다고 볼 수는 없으므로 특별한 가치판단을 내포하지 않는 '개조온돌'이라는 명칭이 적합하다.

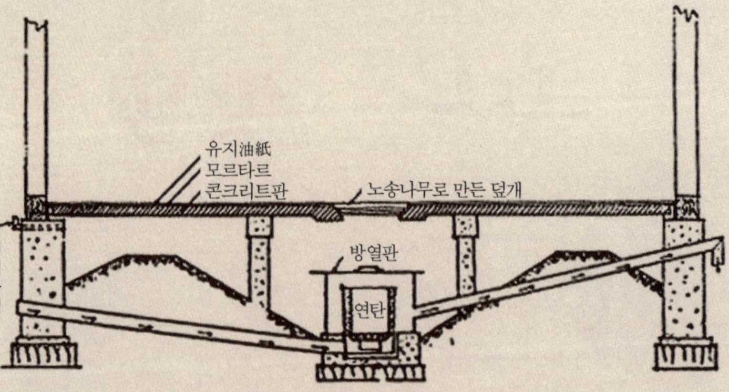

그림 5-11 오노식 온돌 오노식은 방바닥에 구멍을 뚫어 화덕을 넣고 그 위를 여닫아 연탄을 갈 수 있게 한 방식으로 철근콘크리트로 된 판을 사용했다. 그러나 미관상 좋지 않았고 연탄을 갈 때 실내에 가스가 찬다는 문제점이 있었다.

연탄을 때기에 적합하게 만들어진 것이었다.[44] 여기서는 해방 후와의 연관성이라는 점에서 주목할 만한 것으로 오노식과 가와카미식에 대해 논하고 그것이 어떤 식으로 발전해갔는지를 살펴보겠다.

오노식은 1934년경에 고안된 것으로[45] 재래식 온돌의 구들판 대신 철근콘크리트로 된 판을 사용하였으며,[46] 방바닥 밑에 일종의 화덕을 놓고 방바닥에 뚫어 놓은 구멍을 여닫으며 연탄(구공탄)을 갈 수 있게 되어 있는 구조였다. 아궁이는 따로 필요가 없었으며, 필요에 따라서는 방 안에서 '철병鐵瓶'으로 물을 끓이기도 했다. 연탄을 이용하여 연료면에서의 경제성을 추구한 것이었다고 한다.[47] 오노식의 특징은 연탄이 들어 있는 화덕을 구들판 밑에 넣는다는 발상에 있었다. 그러나 방 크기에 따라 한두 개씩 사각의 구멍이 뚫려 있어서 외관상 좋지 않다는 점과 방 안에서 연탄을 가는 과정에서 실내에 가스가 찬다는 것이 큰 단점이었다.[48]

1930년대에는 이러한 문제점을 해결하고자 하는 노력이 곳곳에서 있었고, 그 성과로서 방 밖에서 간편한 레일을 이용해 화덕을 넣고 뺄 수 있

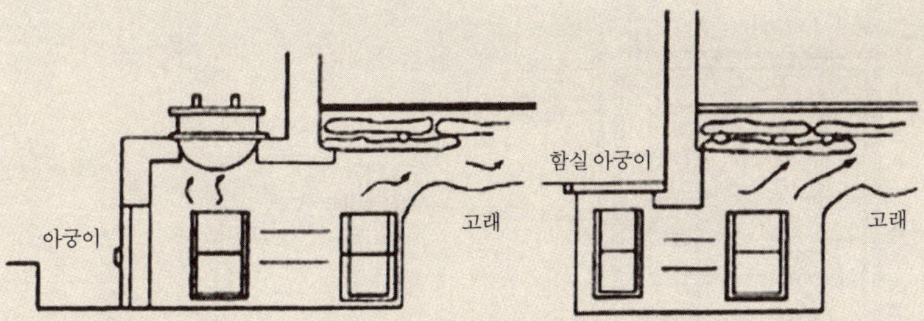

그림 5-12 **레일식 온돌** 방바닥 밑에 레일을 설치해 밖으로 화덕을 끌어내 연탄을 갈 수 있게 했다. 화덕을 아궁이 쪽으로 끌어내 취사에 이용할 수도 있었다.

는 방식,[49] 즉 이른바 '레일식'(레루식)이 탄생했다. 레일식은 연탄이 들어 있는 화덕을 구들 밑으로 넣는 오노식의 발상을 응용한 것으로 해방 후의 한국사회에 널리 보급되어 1970년대, 1980년대에도 사용되었다(그림 5-12).

오노식의 문제점을 개선한 레일식 온돌의 탄생을 확인해보자. 이 시기에 열린 온돌좌담회의 기록을 보면, 철도관계사업을 하던 아리가 사다키치有賀定吉는 밖에서 연탄을 넣고 빼고 할 수 있는 방식을 궁리 중인데 '이상적인 것'이 나오지 않는다는 발언을 했고, 이에 대해 조선총독부 기사 사사 게이치笹慶一는 자신이 조선신궁神宮의 방 하나에 그러한 온돌을 설치했다는 발언을 했다.[50] 이 개조온돌의 성패를 가른 것이 레일의 이용이었던 것이다. 단 이것은 오노식의 발상을 응용한 것이어서 그림 5-12에서 보는 것과는 달리 화덕을 방 한가운데까지 밀어 넣는 방식이었을 것으로 추측된다. 오노식을 넘어선 레일식 온돌의 또 하나의 의미는 필요할 때마다 화덕을 꺼내서 취사에 이용할 수 있게 했다는 점이다.

다음은 가와카미식 온돌에 대해 살펴보겠다. 가와카미식은 구들판을 특수한 벽돌을 사용하여 한 장의 판처럼 축조했다. 가장 큰 특징은 아궁이 상부에 실내로 수증기를 내서 방열하는 '특허 방열기'를 설치했다는

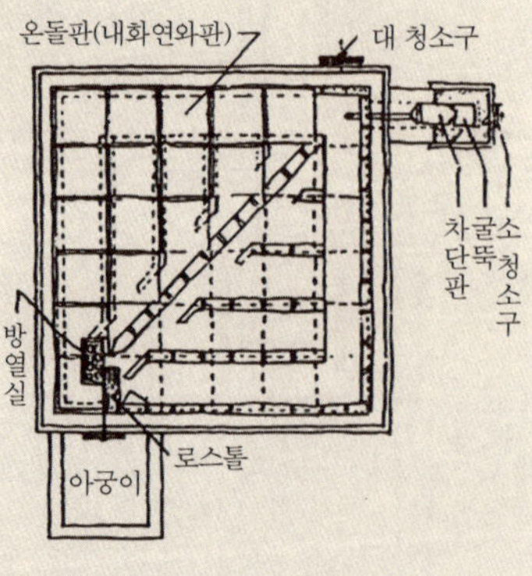

그림 5-13 **가와카미식 온돌** 특수한 벽돌을 이용해 한 장의 판처럼 구들을 만들었다. 아궁이 상부에 특허 방열기를 설치해 수증기로써 방열함과 동시에 건조함의 문제도 해결했다.

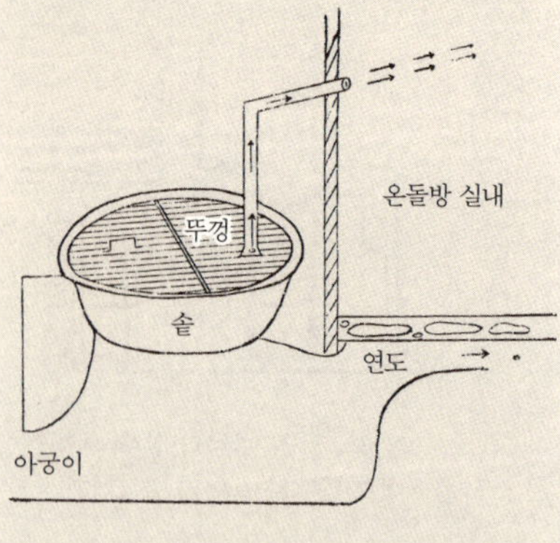

그림 5-14 **수증기 공급장치** 온돌방의 단점인 건조함을 해결하기 위해 아궁이에 불을 때면서 동시에 물을 끓여 실내로 수증기를 공급할 수 있게 했다.

점이다. 일본인들은 온돌방의 단점 중 하나로 건조함을 드는 경우가 많았다. 그 문제를 해결하기 위해 1919년에는 불을 때면서 실내로 수증기를 공급하는 장치가 고안되기도 했는데(그림 5-14), 가와카미식에 설치된 방열기는 이것을 참고로 하여 고안된 것으로 생각된다.

온돌에서 수증기를 발생시켜서 실내로 공급하는 이러한 발상은 좀 다른 방식으로 조성만(서울)의 '대덕온돌'로 이어진 것으로 보인다. 조성만의 특허출원을 보도한 신문기사는 이를 "'스팀'식 온돌기로 방 한 칸에 40자가량의 파이프에 물을 넣고 증발솥에 구공탄을 넣어 두면 한 칸 방에 80도(섭씨 26.7도—지은이 주) 온도가 보존된다"라고 소개하고 있다.[51] 즉 구공탄으로 수증기를 발생시켜서 바닥 밑에 설치된 파이프를 통해 공급하여 방을 데우는 '대덕온돌'은 현재 확인할 수 있는 최초의 스팀식 온돌이다. 한편 다음 장에서 논하겠지만, 1930년대 일본에서는 석탄 보일러를 이용한 온수순환식 바닥난방이 시도되고 있었다.

가사이가 1940년 단계의 온돌에 대해 정리한 글을 보면, 개조온돌 외에 '모의온돌模擬溫突'이라는 항목이 있다.[52] '모의온돌'로는 온수나 수증기를 이용하는 것과 전열을 이용하는 '전기온돌'이 소개되었다. 구공탄으로 수증기를 발생시키는 '대덕온돌'은 여기서 말하는 온수나 수증기를 이용한 '모의온돌'에 해당한다. '전기온돌'은 식물재배에 사용하는 전열온상케이블을 응용하는 것으로 당시에는 아직 시험단계여서 일반에는 사용허가가 나지 않은 상태였다.

이상, 연탄을 사용하기 위해 온돌의 구조적 변화가 추구되고 그 과정에서 온돌의 다양화가 이루어졌음을 살펴보았다. 대체연료는 석탄과 연탄을 넘어 전기로까지 확대되어가는 추세에 있었다. 열을 공급하는 방식으로 본다면 화덕을 방바닥 밑으로 넣기도 하고 온수 또는 스팀을 파이프로 순환시키게 되었으며, 열선을 깔고 전기를 이용하는 등의 새로운 방식이 대두되었다. 이처럼 해방 후 현대 한국사회에서 사용된 온돌의 상당 부분이 식민지기에 준비되어 있었다는 점은 주목할 만하다.

연탄의 사용은 온돌생활에서 작은 '혁명'이었다. 재래식 온돌설비의 무게는 가옥을 복층으로 한다는 발상을 억지하는 '구속'으로 작용했다. 19세기 말에서 식민지기까지도 양옥이든 일본식 가옥이든 온돌을 설치한 것은 일반적으로 1층뿐이었다. 2층에 사용하기 위해서는 온돌의 경량화가 필요했다. 활활 타는 불을 2층에서 사용한다는 것 또한 상상하기 어려운 일이었을 것이다. 이러한 구속으로부터 자유로워진 데에는 연탄의 공이 컸다. 점차적으로 온돌설비가 가벼워졌을 뿐만 아니라 화덕을 이용함으로써 화재의 위험성에서도 어느 정도 벗어날 수 있었던 것이다.

온돌이 설치된 2층 가옥이 일찍부터 있었다는 기록도 있기는 하다.

> 재래의 조선주택에는 2층으로 된 것이 없는데, 내지인 주택에는 오래된 것에도 2층짜리가 있다. 신기한 것은 2층에 온돌이 있는 것이 더러 있다는 점이

다. 스토브가 보급되지 않았던 시대에 2층의 난방으로서 역시 온돌을 생각한 것이다. 가옥이 벽돌집이고 철근콘크리트 바닥인 경우에는 이 방법도 크게 어려운 것은 아니지만, 목조 2층에 이것을 설치하는 것이니 꽤나 무리한 이야기이다. 그 구조는 튼튼하게 짠 바닥 위에 흙을 얹고 그 위에 1층의 경우에 준하여 온돌을 축조하는 것으로, 현재 이런 종류의 것이 경성에 두세 개 있다는 것이다.[53]

이러한 가옥이 언제 지어졌는지 연료는 무엇이었는지 등에 대해서는 확인이 되지 않는데, 석탄이나 연탄을 사용하는 온돌이 아니었다면 지극히 예외적인 것이었음에 틀림이 없다.

2층에서 사용할 수 있는 온돌이 공공연히 사람들 입에 오르내리게 된 것은 연탄 사용이라는 '혁명'으로 개조온돌이 등장한 후였다. 앞에서 소개한 1939년의 '대덕온돌'에 대한 신문기사는 그 온돌의 장점에 대해 이렇게 썼다.

가격의 저렴은 물론이거니와 부엌의 불결한 것과 부인들의 노동을 절약하는 점에도 특별한 가치가 있을 뿐 아니라, 2층 양옥에도 장판방을 하여 겨울에도 아무런 추위를 느끼지 않는다 한다.[54]

여기서 말하는 '장판방'은 서양식이나 일본식 다다미와 비교되는 것으로 온돌방을 의미한다. '대덕온돌'이 실제로 어느 정도 보급되었는지는 알 수 없으나 이는 2층 가옥에 온돌을 설치할 수 있게 되었음을 알리는 신호탄이었다.

연탄 사용이 지니는 의미는 비단 이에 그치지 않는다. 위 신문기사에 쓰인 부엌의 청결과 노동력의 절약은 위생을 중시하고 생활상이 변해가는 당시의 시대적인 요구이기도 했다. 도시생활자가 일을 마치고 귀가해서 전통적인 생활방식대로 온돌방에 불을 때고 취사를 한다는 것은 큰 불편이 아닐 수 없었다. 온돌의 구조적인 변화로 연탄의 사용방법이 정착된다는 것은 따뜻한 온돌방이 일터에서 귀가하는 도시생활자들을 맞이할 수 있게 된다는 것을 뜻하니, 분명 그것은 온돌생활의 획기적인 변화였다. 전시체제하에서 조선인이 안정된 온돌생활을 영위할 수는 없었으나 그 가능성의 길은 이 시기에 이미 열리기 시작한 것이다.

그러나 개조온돌에 대한 평가는 당시부터 만족할 만한 것이 못 되었다. 아리가 사다키치는 좌담회에서 자신의 연구결과에 따르면 "개량된 것은 모두 일장일단이 있는 것 같다"라고 하며, "결국은 역시 조선온돌이 제일 좋지 않은가" 생각한다고 밝혔다.[55] 식민지기의 온돌을 둘러싼 과제는 그대로 현대 한국사회로 이어져 1970년대까지도 남아 있었다. 연탄 사용의 문제점은 크게 가스중독 문제와 난방기능상의 문제로 나눌 수 있다.

첫째, 재래식 온돌의 일반적인 연료로는 연기가 새어들어도 큰 문제가 되지 않던 것이, 연탄 사용이 확대되면서 가정에서의 가스중독 사건이 신문지상에 빈번히 보도되었다. 이것은 곧 온돌의 장점인 '안전성安全性의 상실'을 의미한다. 식민지기를 거치며 목숨을 걸고라도 따뜻함을 확보해야 하는 사람들이 농산촌에 생겨났듯이 도시에서는 생활이 어려운 사람들을 중심으로 연탄가스와의 전쟁이 시작된 것이다.

둘째, 난방기능 면에서는 축열방식에서 상시가열방식으로 전환되었다는[56] 점이 결정적인 요소였다. 축열방식인 재래식 온돌은 아침 저녁으로 정해진 시간에 불을 때기 마련이어서 '안정성安定性'이 있었는데, 연탄 온돌은 쉽게 뜨거워지고 쉽게 식는 구조로 바뀌어 연탄불이 꺼졌을 경우가 문제였다. 앞에서도 소개한 좌담회를 보면, "연탄불이 꺼져 있으면 우선 숯불을 피우고 그리고 나서 숯불을 연탄에 옮기고 그것이 어느 정도 빨개

진 다음에나 아궁이 속으로 넣을 수 있기 때문에 1시간 정도가 지나야 방이 따뜻해진다는 불편함이 있다"는 발언이 있다.[57] 이것은 오노식 온돌에 대한 발언인데, 어느 정도 연탄 온돌의 보편적인 문제였을 것이다. 더구나 그렇게 해서 다시 불을 피워서 취사까지 해야 하니 더더욱 문제였다. 이러한 연유로 연탄 불갈이를 의식해야 하거나 걱정하며 살아가야 하는 생활로 바뀌었다면 그것이 얼마나 큰 변화인지를 알 수 있다. 말하자면, 이것은 온돌생활에서의 '안정성의 상실'이었다.

나오며

왕겨, 석탄, 연탄 등의 대체연료는 온돌 연료의 산림 의존도를 낮추는 데 공헌했다. 생활이 윤택하지 못한 사람들 사이에서, 특히 농촌에서 오랫동안 사용되는 왕겨의 등장은 복음이었다고 해도 과언이 아니다. 현대인의 생활에서는 멀어졌으나 왕겨와 함께 등장하여 한 시대를 풍미했던 풍구 또한 새롭게 기억할 만하다.

온돌생활에서 연탄이 차지하는 사회적·역사적 의미는 대단히 컸다. 그것이 연탄의 등장이 가져다준 생활상의 득이라고 한다면, 그와 함께 재래식 온돌의 많은 특징을 잃게 되고 생명의 희생을 동반하게 된 것도 부정할 수 없는 사실이다. 앞에서 연탄의 사용은 작은 '혁명'이었다고 표현했는데, 그것은 그 의미에 상당하는 대가를 치르게 했다는 점에서도 '혁명'이라는 표현이 어울릴 것 같다.

재조선 일본인들은 조선에서 없어서는 안 될 생활문화로서 온돌을 사용하게 되었다. 그것은 이를테면 그들에 대한 조선사회의 의도성 없는 문화의 제공이었다. 한편 온돌이라는 문화를 제공받기는 했어도 재래식 온돌 사용에 익숙하지 않았던 재조선 일본인들은 쉽게 대체연료를 선택하게 되었고, 그것이 점차적으로 도시의 조선인들 사이에서도 확대되어 갔다. 그러한 의미에서 그들은 온돌생활의 변화에서 중요한 촉매 역할을 했다고 볼 수 있다.

연탄 사용은 온돌의 구조변화를 초래했고 그 과정에서 발명의 연쇄현상이 일어났다. 이익을 추구하는 일본인의 경제활동[58] 또는 연구활동이 조선인의 활동으로 이어졌다. 그러한 활동의 결과물은 또 민족적 구분 없이 식민지 공간 전체를 통해서 수용되었다.

이것이 대체연료와 개조온돌이라는 관점에서 확인되는 온돌의 근대이다. 이 관점에서는 선도 악도 없고 공과도 없는, 오직 온돌이라는 생활문화가 영위되는 식민지 공간이 보일 뿐이다.

제6장

바다를 건넌 온돌

들어가며

일본 유적에서는 5세기에서 6세기경에 조선계 도래인이 축조한 것으로 추정되는 온돌이 발견되곤 한다.[1] 이는 식민지기 일본에 온돌이 알려지기 이전부터 이미 일본에서도 온돌이 사용될 가능성이 충분히 있었다는 것을 의미한다. 그런데도 근대 이전까지 온돌이라는 본격적인 난방시스템은 일본에 정착되지 않았다. 온열대지역에 속하는 일본에서는 추위보다는 더위와 습기를 극복하는 일이 훨씬 더 중요했고, 실제로 남방문화에 가까운 주거양식이 주를 이루고 있어서 온돌의 매력은 그다지 크지 않았다. 지진이 많고 습도가 높아 유지하기에 곤란하다는 점도 온돌이 일본에 정착하지 못한 또 하나의 요인이었다.

그러한 일본에서 메이지유신 이후로 아주 특별한 이유에서 온돌을 필요로 하게 된다. 일본은 제국으로 팽창해가면서 북방문화건설이라는 과제를 떠안게 되었고 그 일환으로 온돌의 도입을 검토하게 된 것이다. 남방문화에 가까운 그들의 생활문화는 국가가 지향하는 방향과 맞지 않았다. 우선 홋카이도北海道라는 식민지를 개척 · 경영하기 위해서 북방문화가 필요해졌고, 페치카와 함께 온돌에 대한 관심이 싹튼 것도 그런 맥락에서였다.

그렇다고 해서 근대 일본에서 온돌문화가 순조롭게 꽃핀 것은 물론 아니다. 북방문화를 대표하는 온돌에 대한 관官이나 일부 식자들의 갈망과 그것을 선택하기 어려운 서민들의 현실 사이에는 거리가 있었다. 홋카이도에서 일어난 온돌 보급을 위한 움직임에 대해서는 『홋카이도주택사화北海道住宅史話』에 몇 가지 중요한 지적이 있다.[2] 여기서는 그 연구도 일부 참고해가면서 바다를 건넌 온돌의 역사를 기술하고자 한다.

식민지기에는 많은 조선인이 일본 땅을 밟았고 홋카이도와 사할린도 예외는 아니었다. 온돌이 매력 있는 문화로서 대두되어 조금씩 보급되어

가던 일본 북방에서 정작 온돌생활자이면서 이제는 온돌을 떠나 일본 땅에 살게 된 그들의 주住생활이 어떠했는지도 흥미로운 주제가 아닐까?

일본에서 실시한 시험적 도입

일본은 본격적으로 홋카이도 개척을 시작하기 이전부터 에도막부江戸幕府의 관리들을 곳곳에 파견한 상태였다. 그런데 홋카이도에서 겨울을 지내기에 그들의 주택문화는 너무나 남방적이었다. 문학자 시바 료타로司馬遼太郎는 에도막부가 방한에 대한 아무런 배려도 없이 남방건축을 그대로 이용하게 한 것에 대해 얇은 판자로 된 "조립식 도시락" 같은 건물에 인간을 넣어 아한대의 겨울을 나게 하는 실험을 한 것이나 마찬가지라고 비판했다.[3] 이렇게 파견된 막부의 관리들은 스스로 북방의 추위를 견뎌낼 방법을 찾을 수밖에 없었는데, 그들이 우선 선택한 것은 스토브였다. 1856년에 영국 기선의 스토브를 참고로 해서 제작된 홋카이도산 스토브 11대가 배포되었는데,[4] 성능이 좋지 않았는지 더 이상 보급되지 않았다. 이후 일본에서 본격적으로 스토브가 보급되는 데는 개척사開拓使 고문 호레스 캐프런Horace Capron의 공이 컸다. 그가 미국에서 가져간 철판스토브를 모방해서 다량으로 만들게 되었던 것이다.[5]

일본은 1869년에 개척사를 두면서 홋카이도 개척에 힘을 쏟기 시작했다. 1876년 그 개척사는 관청·학교·병원에 히바치 사용을 중지하라는 지시를 내렸다. 위생상의 문제를 우려하여 히바치 대신 스토브 사용을 장려한 것인데, 그럴듯한 성과가 나타났다는 흔적은 찾을 수 없다. 공공기관에서조차 이렇게 제대로 된 난방장치를 갖추지 못했으니, 일반 '개척민'들의 생활은 말할 것도 없었다. 스토브는 그 가격이 비싸 개척민들의 생활 속으로 보급되기까지는 많은 세월이 필요했다. 대략 1910년을 전후한 시기까지도 겨울난방은 모닥불, 히바치, 고타쓰가 중심이었다.[6]

일반 개척이민에 비해 좋은 조건에 있던 '둔전병屯田兵'의 가옥인 '둔전병옥屯田兵屋'은 외벽은 나무판자로 둘러 있었고 천정이 없었으며, 봉당[土間](여기서는 밖으로 통하는 문과 거실 사이의 공간으로 흙바닥 그대로 둔 곳을 말함)과 거실 사이에는 벽이나 장지문이 없었다. 난방은 한 개의 이로리뿐이었다. 자고 있는 동안에 틈새로 쳐들어온 눈이 이불 위에 쌓이기도 하고, 엄동설한에는 얼굴에 닿는 이불의 가장자리 부분이 꽁꽁 얼어 있는 것이 보통이었다. 둔전병옥은 상대적으로 서둘러 개량되고 스토브가 설치되기도 하였으나, 홋카이도의 추운 겨울을 나기에는 여전히 부족함이 많았다.[7]

한편 온돌에 대한 관심도 나타나기 시작했다. 개척장관 구로다 기요타카黒田清隆는 수차례에 걸쳐 해외의 한지寒地 주택을 관찰한 바가 있어서 홋카이도의 주택문제에 힘을 쏟았던 인물이다. 그는 강화도조약(1876) 체결 시에 특명전권변리대신으로서 조선의 가옥구조와 온돌을 접할 기회가 있었는데, 홋카이도의 주택문제를 해결하기 위한 방법을 모색하는 과정에서 1878년 한성의 공사관을 통해 온돌자료를 요청했다.[8] 그 후 어떻

그림 6-1 **고토니 둔전병옥**(1874년) 일본은 삿포로札幌의 고토니琴似 지역에 둔전병옥을 짓고 둔전병을 주둔 · 정착시켜 평상시에는 농사를 짓게 하고, 전시에는 전투병으로 동원했다.

그림 6-2 고토니 둔전병옥 내부 추운 지역임을 감안하지 않고 설치된 둔전병옥은 나무판자로 된 외벽에 천정은 없고 난방시설이라고는 이로리 하나뿐이었다. 그러나 이조차도 일반 개척이민에 비하면 좋은 조건이었다.

게 진행이 되었는지에 대해서는 확인할 수 없으나, 이로써 당시에 개척사가 스토브를 장려하면서 동시에 온돌 도입도 검토하고 있었음을 알 수 있다. 흥미로운 것은 온돌에 대한 관심이 식민지의 개척·경영을 위한 주택문화 개량이라는 목적에서 출발했다는 점이다.

청일전쟁을 전후해서 조선 땅을 밟는 일본인이 부쩍 늘었고 그들에 의해 조선사회에 대한 글이 많이 발표됨으로써 일본에서도 온돌이라는 것이 서서히 귀에 설지 않은 단어가 되어갔다. 일본에서 가장 처음 온돌이 축조된 것은 러일전쟁이 한창이던 1904년 모리오카盛岡고등농림학교였는데, 당시 이 학교의 교장으로 있던 다마리 기조玉利喜造의 강연내용을 적은 『동북진흥책東北振興策』[9]에 온돌을 도입하게 된 배경이 잘 나타나 있다.[10] 다마리는 정체된 일본 동북지방의 발전책과 더불어 러일전쟁 후 일본민족의 북진을 위한 대비책을 논했다. 동북지방에서 발전을 이룰 만한 문화를 건설하는 것이 곧 러일전쟁 후에 일본이 만주, 시베리아까지 발전해나갈 수 있는 밑바탕이 된다는 것이었다.[11] 한지생활에 적합한 문화를 건설해야 한다는 이 주장은 1930년대에 달아오르게 되는 북방문화 이데올로기의 시초라고 할 수 있다.[12] 그럼 다마리가 시급히 해결해야 할 문제라고 한 동북지방의 생활문화를 어떻게 보고 있었는지 확인해보자.

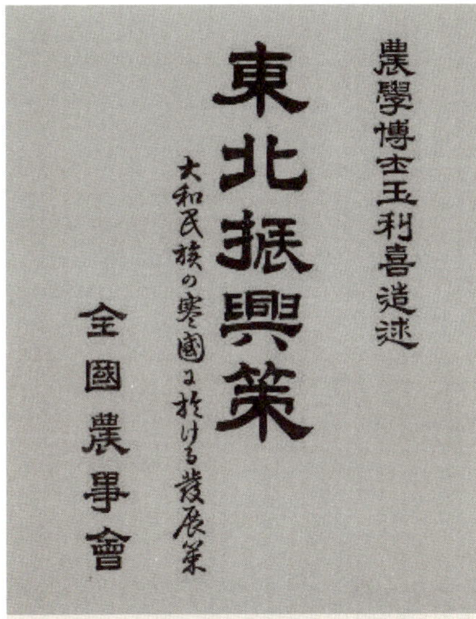

그림 6-3 다마리 기조의 『동북진흥책』 다마리 기조는 이 책에서 러일전쟁 이후 일본의 북진을 위한 대비책을 논하면서 한지생활에 적합한 북방문화를 건설해야 한다고 주장했다.

다마리는 동북지방의 의식주와 생활습관은 한지에 적합하지 않아서 추위가 엄습하면 실내에 칩거하여 불을 쬐고 앉아 있게 되며, 그 때문에 자연히 활동적이지 못하고 나태해지는 등 좋지 않은 성질이 양성된다고 보았다. 그가 고타쓰 폐지론자였다는 것은 이미 앞에서도 논한 바가 있는데(제2장), 여기서도 활달하지 않은 국민을 만들어 내는 고타쓰를 폐지하고 다른 난방법을 강구해야 한다고 주장했다. 그는 서양에서 사용하는 스토브도 생각해볼 만하지만 가격이 비싸니 온돌을 채택하는 것이 바람직하다고 하며, 우선 동북지방의 농학교, 공업학교, 농사시험장 등에서 솔선수범해 보일 것을 권했다. 또 지역의 농회사무소에도 클럽실을 겸하여 온돌방을 건설해서 청년 또는 농회 회원들이 겨울철에 작업을 하거나 신문잡지를 읽으며 지식을 쌓는 장소로 삼고, 소학교 · 군郡사무소 · 경찰서 등의 공공건축물, 병영과 같은 곳에도 모두 온돌을 설치하고,

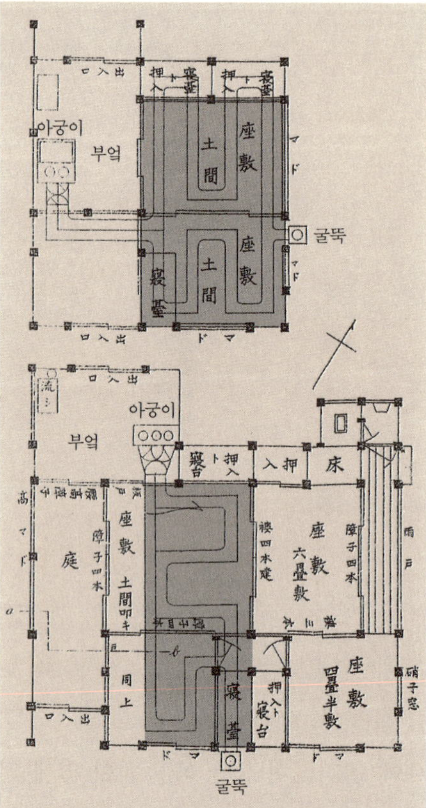

그림 6-4 **모리오카고등농림학교에 축조된 온돌식 가옥의 평면도** 아직 온돌 설치경험이 부족하였기 때문에 겨우 1실의 반에만 설치할 수 있었고, 그 난방효과도 그리 높지는 않았지만 이후 동북지방에 온돌이 보급되는 계기가 되었을 수 있다.

지역 유지들도 각자의 가옥을 개축하자고 제창했다.[13]

다마리가 모리오카고등농림학교에 온돌을 설치한 것은 바로 이런 생각에 입각한 시도였던 셈이다. 그의 말에 따르면 처음에는 온돌을 여러 건물에 설치할 예정이었으나 건축기사가 경험이 없어서 꺼렸기 때문에 그나마도 무리하게 부탁해서 겨우 1실의 반에 설치하는 데 그쳤다고 했다. 충분히 온도를 높일 수 없어 그다지 좋은 결과라고는 할 수 없었지만, 한겨울에 학생들이 실내에서 작업을 할 정도는 되었다고 한다.[14] 그는 앞으로 여러 곳에 더 설치할 생각이라고 밝혔으며, 권말에는 '온돌식 가옥' 평면도와 그에 대한 설명도 실려 있어서 다마리의 의욕이 어느 정도였는지를 짐작할 수 있다. 그 후로 동북지방 전체에 온돌이 얼마나 보급되었는지에 대해서는 확인된 바가 없으나, 1920년 산림전문가 나가쿠라 준이치로長倉純一郎가 일본에 온돌을 보급하기 위해 그 축조법을 설명한 글에 따르면 일본 동북지방 및 홋카이도지방에서 일부러 조선에서 온돌 장인을 초빙하여 온돌을 건축한 것이 있었다고 한다.[15] 온돌 보급을 위한 노력이 계속되고 있었음을 짐작할 수 있다.

온돌을 도입하라!

일본에 온돌이 도입되기까지는 대략 여섯 번의 계기가 있었다. 첫 번째가 메이지 초기에 있었던 개척사의 시도, 두 번째가 다마리의 시도였다. 특히 비록 완전하지는 않았지만 실제로 온돌을 설치하고 도면까지 만들어서 제시한 다마리의 시도는 온돌 보급의 역사에서 보자면 큰 진전이었다.

세 번째 계기는 홋카이도장관 다와라 마고이치俵孫一가 한지생활에 걸맞은 주택의 필요성을 강조하면서 온돌 도입을 제창한 것이다. 다와라는 조선통감부와 조선총독부 관료로서 약 6년간 조선에서 근무한 경력이 있었다. 1915년 홋카이도장관으로 부임한 그는 1917년에 신축 완성된 장관 관사에 온돌방 2개를 만들었다.[16] 앞서 언급한 나가쿠라가 홋카이도에도 조선에서 온돌장인을 초빙하여 축조한 것이 있다고 지적한 그 온돌이 시기적으로 보아 바로 이 관사의 온돌이었을 가능성이 높다. 이 관사에 나타난 한 가지 흥미로운 특징은 본래 서로 다른 지역의 난방문화로 존재해온 온돌과 페치카가 공

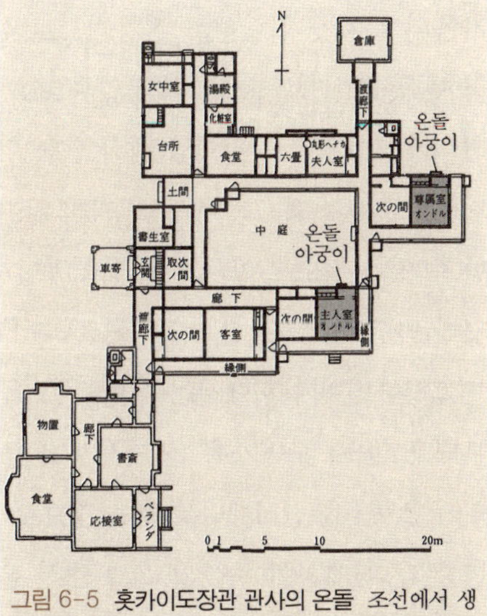

그림 6-5 홋카이도장관 관사의 온돌 조선에서 생활한 경험이 있던 다와라 마고이치는 관사에 온돌방 2개를 설치했다. 이 관사에는 온돌 외에 페치카와 스토브도 함께 설치되어 있었다.

존하고 있다는 점이다. 이러한 예는 조선에 지어진 관사에서도 볼 수가 있는데,[17] 이는 북방문화를 의식적으로 받아들여 정착시키고자 했던 데서 탄생한 독특한 형태이다. 그림 6-5 홋카이도장관 관사의 도면에서 알 수 있듯이 온돌이나 페치카가 없는 방도 다수 있었는데, 그런 방에서는 스토브가 사용되고 있었을 것으로 본다면 다양한 난방문화의 공존이라는 그 특징은 더더욱 두드러진다. 다와라는 이렇게 관사에 온돌방을 만들었을 뿐만 아니라 일반 가옥에 온돌을 도입할 것을 제창하기도 했다. 또한 1918년에 개최된 '개도開道 50년 기념 홋카이도박람회'에서는 특설관을 마련하여 '농가 모범가옥'을 전시함과 동시에 조선식 온돌과 러시아식 페치카 '모형'을 전시하기도 했다.[18]

박람회가 열리기 전 해에 홋카이도농회는 도청에 협조를 구해 농가주택설계안을 현상모집했다. 그러자 다와라는 농우회 기관지에 글을 기고하여 이 현상모집에 전폭적인 성원을 보냄과 동시에 한지생활에 적합한 가옥의 부재를 한탄하고 점차적으로 이상적인 가옥을 만들어가야 한다고 했다. 또한 그러한 노력의 일환으로 박람회에서 '농가 온돌가옥'의 모범이 될 만한 것을 전시할 생각임을 밝혔다. 그리고 조선 농가의 온돌이 전문기술자나 목수의 손을 빌리지 않고도 이웃끼리 서로 도와가며 축조할 수 있을 정도로 설치가 쉽다고 하면서 그 온돌구조를 홋카이도에 맞게 개량 연구하여 응모할 것을 촉구했다.[19]

그렇다면 박람회에서는 어떤 식으로 전시가 이루어졌던 것일까? 앞서 본대로 '농가 모범가옥'을 전시하고 동시에 조선식 온돌과 러시아식 페치카 '모형'을 전시했다고 하는 것으로 보아 '농가 온돌가옥'을 전시하려 한 본래의 계획이 무산되고 그 대신 온돌 '모형'을 따로 전시한 것으로 볼 수 있다. 다와라의 말에 따르면 "조선에 온돌가옥의 구조 모형을 보내달라고 해서 받았는데 보내온 것이 상류층의 가옥이었다"라고 한다.[20] 그 때문에 그 모형을 이용하여 '농가 온돌가옥'을 만들지는 못하고 온돌 모형만 따로 전시해야 했던 것으로 생각된다. 결국 일반관람객이 온돌의 효과를 어느 정도 실감할 수 있는 전시였는지 판단하기는 어려우나 건축업자나 주택문제에 관심을 갖는 사람들에게는 충분히 온돌에 관한 지식을 제공하는 기회가 되었을 것이다. 이뿐만 아니라 박람회를 개최하기 전에 온돌의 개량연구를 촉구했다는 것은 이미 전문가들에게 온돌에 관한 지식이 전달되었다는 것을 의미하기도 한다.

네 번째 계기는 홋카이도 아사이카와시旭川市 구舊 육군 제7사단의 온돌 권장이다.[21] 엔도 아키히사遠藤明久는 제7사단의 온돌 관련 자료를 '시베리아 출병' 이후, 즉 1922년 이후에 작성된 것으로 보았다. 만주, 시베리아까지 출동해서 각지의 기후 풍토와 주민의 생활상태를 관찰하고 각종 연구를 하였는데, 온돌난방도 그중 하나라고 하는 자료상의 기술에 근거를 둔 판단이다. 다와라의 경우가 그랬듯이 이 온돌 권장도 역시 외지 경험이 낳은 결과였다. 또한 앞으로 진행될 북진을 염두에 두고 북방문화를 건설하려 한 것일 가능성도 배제할 수 없다.

이 자료에서는 홋카이도 개척이 진척되어감에 따라 임산연료가 결핍되어서 보온·난방법을 근본적으로 개량하지 않는다면 멀지 않은 장래에 주민이 추위로 고생하는 시기가 도래할 것이라고 하며 온돌식 난방법 채택을 강하게 주장했다. 본론에서 논하고 있는 것은 대략 다음과 같다.

홋카이도는 만주, 조선과 기후가 비슷한데도 가옥의 구조는 물론 난방법에도 현저한 차이가 있다. 온돌은 설비가 간단하고 마른 풀을 비롯한 다양한 연료를 이용할 수 있으며, 여러 면에서 뛰어난 난방법이다. 홋카이도에 설치하는 경우에 발생할 여러 가지 문제점을 우려할 수 있겠지만, 조선의 일본가옥에는 반드시 온돌방이 설치되어 있고 육군관사에서도 채용한 것이니, 일본가옥과 같은 목조건물이라도 화재예방에만 각별히 유의해서 설치한다면 문제는 없다.

구 육군 제7사단은 조선의 일본 육군관사를 참고로 했는지 실제로 관사에도 온돌을 설치했다. 건축학자 가와시마 요이치川島洋一는 1990년대에 제7사단 관사해체조사를 실시하다가 온돌의 존재를 확인했다.[22] 축조시기는 앞에서 소개한 온돌자료와 마찬가지로 1922년 이후로 추측된다. 가와시마에 따르면 구 관사에서 온돌구조가 발견된 것은 두 동이었다고 한다.[23]

이상, 개척사에 의한 온돌 도입의 검토, 다마리의 동북지방 발전책과 일본의 북진을 위한 북방문화로서의 온돌 보급, 다와라 홋카이도장관의 온돌 설치와 온돌 도입의 제창, 그리고 그에 이은 온돌 '모형'의 전시, 구 육군 제7사단의 온돌 권장과 관사 온돌 설치 등 일본에서 온돌 보급의 중요한 계기가 될 만했던 몇 가지를 소개했다. 그런데 이러한 각각의 계기들이 실제로 온돌 보급에 얼마만큼의 영향을 미쳤는지는 확인하기 어렵다. 분명한 것은 이러한 계기가 일본 내에서 온돌에 대한 인지도와 문화적 가치를 높임으로써 서서히 온돌을 보급시키거나 보급의 기초를 다지는 역할을 했을 것이라는 점이다.

전시의 북방문화건설이라는 과제

1931년 9월에 발발한 만주사변 이후 일본이 만주를 둘러싼 권익을 확보하게 되자 북방문화의 부재라는 문화적 과제가 새롭게 인식되기 시작했다. 그 이전부터 줄곧 존재했던 북방문화건설이라는 과제는 하나의 이데올로기가 되어갔다. '북방시대'가 도래했다라든가 국가의 대세는 북진이라고 하는 '북방시대설' 또는 '국세國勢북진설'이 이미 1928년부터 나타났는데,[24] 1935년에는 홋카이도제국대학 총장을 역임한 다카오카 구마오高岡熊雄가 '문화북진설'을 제창하고 장래에 홋카이도의 문화가 일본문화의 정점이 될 "운명과 사명을 갖는다"라고 주장했다.[25] 이것은 북방 또는 홋카이도를 일본 내에서 새롭게 자리매김하려는 것이었다. 이와 연계하여 1936년에 종합북방문화연구회가 발족되었고, 이러한 움직임은 이듬해 중일전쟁의 발발로 한층 더 활발해졌다. 논자들은 '남방'의 의미를 깎아내리면서 동시에 '북방'의 의미와 사명을 철저하게 주장했다. 그리고 그 과정에서 북방으로의 민족적 발전, 즉 북진의 기초가 되는 북방문화건설이 논자들에 의해 국가적인 과제로 대두되었다.[26]

이것이 온돌 도입의 다섯 번째 계기이다. 이로써 한지생활에 맞는 주택 및 난방의 확립은 한층 더 절실한 과제가 되었다.

여섯 번째 계기는 연료 결핍인데, 이는 대개 북방문화건설이라는 과제와 함께 논의되었다. 이 시기에는 총력전을 수행하기 위해 관민이 힘을 합쳐 문화적인 과제를 해결하고자 하여 온돌을 둘러싼 실제적인 움직임이 활발하게 나타났다. 1940년 5월 홋카이도의 환경에 맞는 주택을 고안하기 위해 건축업자와 홋카이도제국대학 관계자 등으로 구성된 홋카이도건축협회가 설립되었다. 강한 추위와 많은 적설량을 고려하여 주택을 개선하는 내용 등이 담긴 계획 안에는 연료 국책으로서 온돌을 난방설비로 재검토한다는 계획이 포함되어 있었다.[27]

이 계획은 종래의 생활문화에 대한 반성에서 출발한 것이었다. 추위가 심한 홋카이도 지역에서는 온 사방으로 한기가 새어들어오는 틈새투성이의 방에서 스토브를 마구 때대는 것이 보통이었다. 그러한 생활양태가 "앞은 열대熱帶여도 뒤는 한대寒帶"라는 말까지 낳았다. 즉 난방을 과도하게 이용하여 앞쪽을 아무리 따뜻하게 해도 등이 시리다는 뜻으로 홋카이도에는 그런 허술한 집이 적잖이 있었다.[28] 또 1941년의 조사에 따르면, 농어촌에서는 1년 내내 난방을 하는 집이 많았다[29]고 하는데, 애당초 한지에 맞지 않는 주택의 결점을 무지막지한 연료 소비로 메우고 있었던 것이다. 이러한 임시방편적인 생활이 오랫동안 홋카이도의 일상이었는데 홋카이도건축협회는 이제는 시대가 바뀌었다고 인식했다. 이와 관련해 한 홋카이도청 건축기사는 "마음껏 장작을 때서 스토브를 빨갛게 달구고 있을 수 있는 시대는 이미 지나서 일가의 경제면으로 보나 국책상으로 보나 연료를 절약해야 하는 시대"가 되었다고 했다. 즉 '연료비와 방한구조'를 고려한 새로운 구조의 고안이 필요해진 것이다.[30] 이것이 바로 홋카이도건축협회가 북방문화건설을 슬로건으로 내건 연유이다.[31] 위생면에서의 문제점도 적지 않았다. 1941년경 농어촌의 난방법은 석탄스토브 77.8퍼센트, 장작스토브 13.9퍼센트, 이로리 8.3퍼센트의 비율이었다.[32] 이처럼 농어촌 난방의 90퍼센트 이상을 차지하고 있던 스토브는 먼지가 많이 발생해 실내 청결면에 문제가 있었는데,[33] 장작스토브 시대에서 석탄스토브 시대로 바뀌면서 이 문제는 한층 더 심각해졌다.[34]

이제는 단순히 북방문화로서 주택과 난방을 받아들여 한지생활에 적응해야 하는 것뿐만 아니라, 동시에 연료와 위생 문제까지 해결하지 않으면 안 되는 상황이 된 것이었다.

1939년부터 아사히카와旭川, 삿포로札幌, 하코다테函館 등에 설치되기 시작한 '홋카이도식 온돌'로 일명 '다카스기식高杉式 온돌'이라는 것이 있었다.[35] 1940년 2월경에 열린 조선건축회 좌담회 내용을 보면, 몇달 전에 홋카이도청으로부터 조선온돌 자료요청을 받고 카탈로그 등을 보냈다는 발언이 있다.[36] 다카스기식 온돌이 그 자료를 바탕으로 고안된 것인지 아니면 별개의 것인지는 알 수가 없으나 건축협회를 발족시키기 훨씬 전부터 홋카이도청이 온돌을 보급시키기 위한 작업에 착수해 있었던 것은 분명하다. 1942년 여름, 가옥 및 온돌을 연구하기 위해 시찰단을 조선과 만

주에 파견했다는 점에서도 홋카이도청의 적극성을 엿볼 수 있다.[37]

온돌은 난방시설로서 우수성, 경제성, 위생성 모든 면에서 홋카이도가 안고 있던 과제를 해결하기에 충분했다. 예를 들면, 다카스기식 온돌에 대해서는 다음과 같이 평가되었다. 첫째, 실내온도가 거의 균일하고 "온화한 따스함"이 있으며, 하루에 단 두 번 불을 지피는 것만으로 온기가 유지되므로 조작이 간단하다. 둘째, 무엇이든 연료로 사용할 수 있고 취사 겸용으로 쓸 수 있어 종래에 비해 연료비를 약 반 정도 절약할 수 있다. 특히 무엇이든 연료로 쓸 수 있다는 점은 전시체제라는 시국에서도 의미가 크다. 셋째, 스토브와는 달리 실내를 더럽히지 않으며 여러 가지 면에서 위생적이다. 넷째, 스토브나 페치카처럼 실내 면적을 차지하거나 미관을 해치는 등의 문제가 없다.[38] 덧붙이자면 시찰단이 조선·만주를 시찰하면서 주목한 온돌의 매력도 난방으로서의 우수성과 곡식 줄거리나 들풀을 연료로 쓸 수 있다는 경제성이었다.[39]

북방문화론의 논리는 홋카이도나 사할린에 북방문화를 건설하여 일본의 북진을 돕는다는 것이었다. 그러나 적어도 난방에 관한 한 그러한 성과가 있었다고 보기는 어렵다. 전시에 만주로 간 일본 '개척단'의 생활에도 북방문화는 절실하게 필요했는데, 그들은 현지의 생활문화를 직접적으로 받아들였다. 1943년의 「개척주거조사단보고」를 보면, 만주의 일본인 개척민들은 온돌이나 캉(炕)(중국의 캉은 온돌과 같은 구조로 방 한쪽의 침상에 해당하는 공간만을 데우는 난방시설)을 적극적으로 채택했고 페치카나 스토브를 함께 사용하는 경우도 있었다.[40] 이러한 점은 온돌이든 페치카든 북방의 난방다운 난방을 좀처럼 소유할 수 없었던 홋카이도의 농가와 비교할 때 큰 차이였다.

1934년 『동아일보』에 온돌에 사용하는 돌의 "출세"를 전하는 흥미로운 기사가 실렸다. 기사에 따르면, 홋카이도에서 연료 절약과 보온상의 필요 때문에 조선식 온돌을 시험하는데, 온돌에 사용하는 돌(화강암)이 없어서 대신 철판을 썼더니 쉽게 뜨거워지고 또 쉽게 식어서 제대로 된 "온돌맛"이 없었다고 한다. 그래서 홋카이도 오타루小樽에서 "온돌 돌"을 조선에 주문했다는 것이다.[41] 일찍이 홋카이도장관 관사나 아사이카와시의 육군 관사에 온돌이 채택되기도 했지만, 이 신문기사를 통해 1934년 단계에도 기술로서는 온돌이 아직 정착되어 있지 않았음을 알 수 있다. 앞에서 언급한 바와 같이 1940년경에 홋카이도청이 조선에 온돌 관련 자료를 요청했다는 것으로 보아 그 무렵에도 사정은 마찬가지였을 것이다. 홋카이도에서 온돌축조법이 하나의 기술로서 정착된 것은 다카스기식 온돌이 처음이었다.

그렇다면 홋카이도에서 보급되었다고 하는 다카스기식 온돌은 어떤 것이었을까?[42]

연도를 형성하는 격벽隔壁과 바닥판(구들장)은 모두 콘크리트 블록이나 삿포로 연석軟石 등을 사용하여 시공했고, 바닥판 위에는 화산재를 섞은 콘크리트를 10센티미터 정도 덮어서 평평하게 했다. 끝으로 몇 겹의 종이를 붙인 다음 온돌용 조선 유지油紙를 붙였다. 가장 두드러진 특징은 아궁이와 굴뚝을 인접시킴으로써 난방이 필요하지 않은 여름철에는 부뚜막과 연도 사이에 차단판을 내려서 취사전용으로 사용할 수 있게 되어 있었다는 점이다. 바로 옆에 설치된 아궁이와 굴뚝 사이에는 차단판으로 개폐가 가능한 작은 구멍이 하나 있어서 취사전용으로 사용할 때에는 연기를 굴뚝으로 직접 뺄 수 있었다.

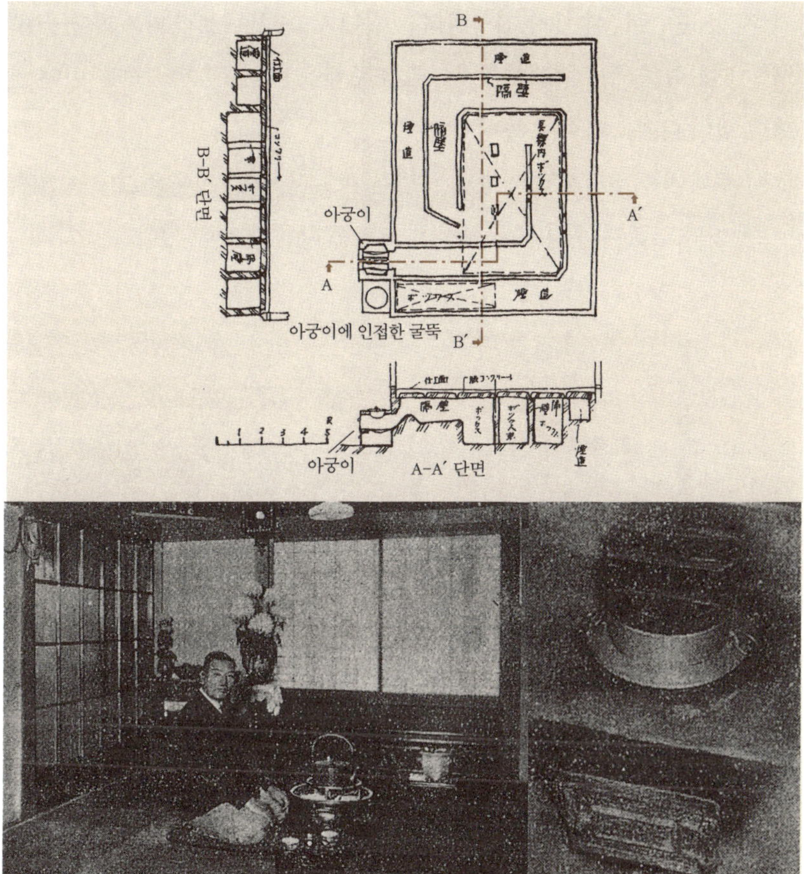

그림 6-6 다카스기식 온돌 홋카이도에 설치된 개조온돌로서 여름철에는 부뚜막과 연도 사이에 차단판을 내려 취사전용으로 사용할 수 있게 했다는 특징이 있다.

1939년 한 해 동안 아사히카와시에 보급된 것은 14곳으로 특별한 경우를 제외하면 모두 취사겸용이었고 석탄을 포함해서 무엇이든 연료로 사용할 수 있었다. 온돌이 설치된 장소는 대개 거실이었고 더러는 부엌에까지 설치하는 경우도 있었다.

1942년을 전후해서 다카스기식 온돌은 관官과의 연계 속에서 한층 더 주목을 받게 되었다. 홋카이도건축협회가 연료면에서의 경제성을 꾀하기 위해서는 온돌이 가장 적당하다는 판단 아래 삿포로시 나카지마공원中島公園 내에 협회시안주택協會試案住宅으로 소주택을 하나 건축했는데, 이때 채택된 것이 다카스기식 온돌이었다.[43]

이 주택에 시험적으로 거주한 사람은 보고서에서 "겨울을 모르는 집冬識らずの家"이라고 하며 온돌의 환상적인 효과를 다음과 같이 썼다.

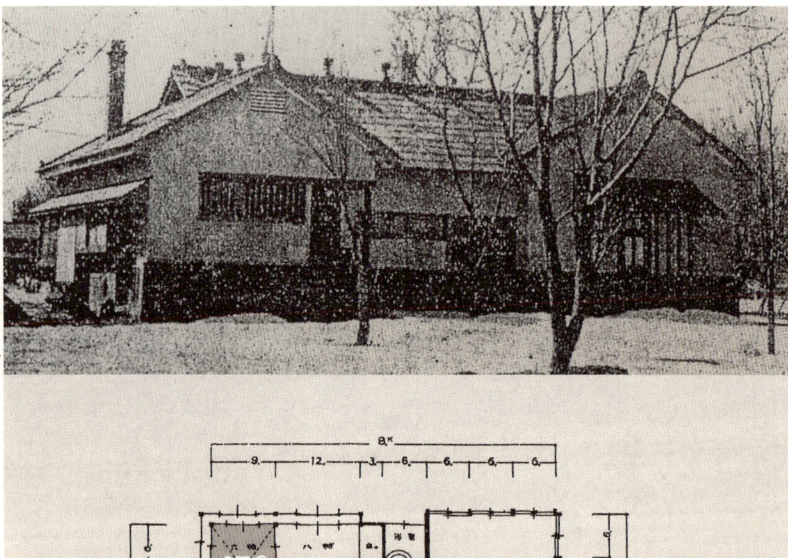

그림 6-7 온돌이 설치된 협회시안주택(삿포로시 나카지마공원) 홋카이도건축협회가 삿포로시 나카지마공원 내에 건축한 주택이다. 협회는 연료면에서의 경제성을 따졌을 때 온돌이 가장 적당하다고 판단해 다카스기식 온돌주택을 채택했다.

눈 위를 삐걱거리며 미끄러져가는 썰매 소리에 비로소 엄한의 아침임을 깨닫는다. 주택 실내는 온돌을 때기 시작한 아침 7시 반인데도 방바닥에서 포근한 온기가 하반신에 어머니 살의 따스함과도 비슷한 그리움을 전한다. 창밖으로 보는 극한은 장엄한 우주의 자연미이다. …… 여기서는 거세게 타는 불은 맛볼 수 없지만, 거실의 온돌이 발산하는 따스함에 항상 봄처럼 편안하고 느긋하게 사는 기분은 겨울을 먼 현실 속의 꿈처럼 느끼게 하며, 스토브로는 맛볼 수 없는 즐거운 겨울을 보내고 있다.[44]

또한 구체적인 난방기능에 대해서는 처음에는 충분히 건조되지 않아 불을 많이 때야 했지만, 약 한 달 후부터는 조선에서 사용하는 온돌과 비슷한 수준이 되어 취사하면서 때는 불로도 충분했다고 썼다.[45] 이 같은 보고자의 감상에 나타난 온돌의 매력은 관계자들의 마음을 사로잡기에 충분했을 것이다.

전시하에서 보급된 것은 대개 다카스기식 온돌이었을 것인데, 같은 시기에 또 다른 연구도 진행되고 있었다. 홋카이도제국대학 공학부 교수 오노 료에小野諒兄가 1942년에 발표한 한지 주택에 관한 보고서에는 상당히 독자적인 형태의 온돌연구가 소개되어 있다.

이 연구의 주안점은 연료면에서의 경제성과 건축비용의 저렴화였다. 그 특징은 다음과 같다. 첫째, 토관이 연도가 되고 동시에 구들장 역할도 했다. 즉, 연기가 통과하면서 토관에 축적된 열이 서서히 실내로 방출되는 구조였다. 둘째, 부뚜막과 방 사이에 벽이 위치하는 재래식 온돌과는 달리 부뚜막이 실내로 들어가고 아궁이만 실외에 둔 형태였다. 셋째, 방바닥 높이보다 낮게 설치된 부뚜막 윗면에 얇은 철판을 대고 그 부분에 솥을 넣을 수 있도록 장치했다. 넷째, 실내의 부뚜막 윗부분에 있는 작은 구멍을 여닫으며 연소 조절을 할 수 있게 했다. 전체적으로는 열효율을

그림 6-8 오노식 온돌 토관을 연도로 이용해 구들장 역할을 하게 했으며, 부뚜막을 실내로 들이고 아궁이만 실외에 설치했다. 열효율을 높이고 실내에서 취사를 할 수 있게 한 구조이다.

높이고 동시에 실내에서 취사를 할 수 있게 하고자 하는 시도였다. 이 시험적인 온돌이 그 후에 어떻게 전개되었는지는 확인이 되지 않으나, 특기할 만한 것은 사할린에서도 이 같은 온돌에 주목하고 있었다는 점이다. 이와 관련해서는 뒤에서 다시 다루겠다.

홋카이도에 맞는 주택과 난방법을 모색하는 이와 같은 적극적인 활동도 미국·영국을 상대로 전쟁이 확대되면서부터는 흐지부지되어갔다.[46] 홋카이도에서 온돌은 페치카와 경합하는 상태에 있었는데 양쪽 모두 부유층을 중심으로 일부에 보급되는 데 그쳤다. 다카스기식 온돌의 단가는 평당 약 90엔이었는데,[47] 1941년 당시 유명사립대학 문과계열의 수업료 1년분이 160엔이었다.[48] 평당 단가 90엔은 그 반을 넘는 금액으로 7평 면적의 온돌 축조비용이 사립대학교 4년간 수업료와 비슷했다는 셈이 된다. 즉 경제적으로 여유가 있는 집이 아니면 온돌을 축조하기가 쉽지 않았음을 알 수 있다.

관에서 주택문제를 해결하고 온돌을 보급시키고자 했던 주된 대상이 농어촌이었다는 점에서 보면 건축비용을 충분히 고려하지 않은 이 계획은 실패였다. 홋카이도제국대학 농학부 조교수 다카쿠라 신이치로高倉新一郎의 다음과 같은 발언이 흥미롭다.

> 이것은 결국 경제문제가 됩니다만—페치카, 온돌 등을 설치한다, 이것은 좋다고 생각합니다. 이론적으로 보아도 그 이상 좋은 것은 없는데, 홋카이도 사람이 새로 집을 짓는다면 모르지만 현재 살고 있는 집에 설치하는 것은 어려운 일입니다. 그러니까 오히려 스토브를 중심으로 한 세계를 생각하는 편이 낫다고 생각합니다.[49]

온돌을 새로 축조하는 데 드는 비용이 저렴하지 않았을 뿐만 아니라, 이미 지어져 있는 집에 온돌을 설치하는 것도 큰 부담이었음을 알 수 있다. 그런데 다카쿠라는 이렇게 말하면서도 바로 이어서 석탄스토브가 지닌 위생상의 문제점을 지적할 수밖에 없었다. 이 발언에는 온돌 도입에 대한 체념과 난방문제를 둘러싼 딜레마가 역력히 나타나 있다.

결과적으로 말하면, 스토브에 의존하는 방식의 난방이 하나의 해결방법이 되기 위해서는 결국 등유, 가스, 전기 등 연료의 다양화라는 전제조건이 충족되어야 했다. 북방지역다운 주택문화와 난방법을 도입하고자 하는 홋카이도 관민의 오랜 숙원은 이렇게 해서 전후로 이어져가게 되었다.

사할린과 온돌

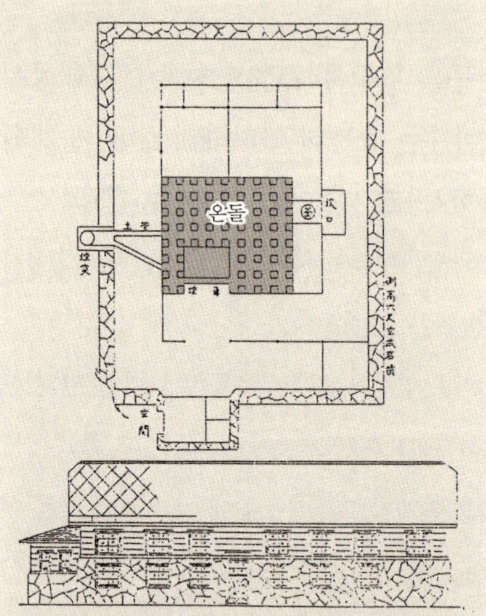

그림 6-9 **슘슈섬 가옥설계도** 슘슈섬 어업이민자를 상주시키기 위해 설계된 가옥의 도면으로, 온돌이 그려져 있었다.

북방지역에서 어업을 하며 상주하는 '어업이민'도 있었는데, 이들에게도 본격적인 난방장치는 꼭 필요했다. 예를 들면, 치시마수산회사千島水産會社 사장 신도 신타로眞藤愼太郎는 1940년경 홋카이도 북쪽의 치시마열도千島列島 북동단北東端에 위치한 슘슈섬Shumshu (일본명은 슘슈토占守島)에 어업이민을 상주시키기 위해 특별한 가옥을 설계했는데 거기에 온돌설비가 그려져 있었다(그림 6-9).

북방문화의 부재는 사할린을 경영하는 일본인들에게도 큰 걸림돌이었다. 1915년의 기록을 보면, 사할린에서는 난방법을 모색하는 과정에서 일찍부터 페치카와 온돌을 저울질하고 있었다.[50] 이제 서서히 일반에 보급되기 시작한 스토브는 어디까지나 차선책에 불과했다. 그런데 사할린 주택문제에 열심이었던 의학박사 나카지마 다다시中島忠의 글에 나타난 사할린의 상황은, 1927년 단계에서도 여전히 홋카이도와 다르지 않았다. 그는 온난한 고향을 멀리 떠나 극북極北의 한지까지 와서 이민생활에 성공하느냐 실패하느냐는 우선 가라후토樺太(일본에서 사용되던 사할린의 옛 명칭)의 추위를 정복하는 데 달려 있다고 했다. 히바치나 고타쓰 같은 것은 난방장치라고 할 것이 못 되므로 재래의 일본주택에는 난방장치가 전혀 없는 것이나 마찬가지인데, 영하 30도 이하까지 내려가는 사할린에서는 난방장치가 절대적으로 필요하다는 것이었다.[51] 확정적인 난방법을 찾지 못하고 모색하는 단계여서 저울질도 여전히 계속되고 있었다. 나카지마는 난방의 조건에 대해 첫째로 실내를 균일하게 데우는 것이라야 하며, 둘째로 먼지나 가스 발생이 없는 것이라야 한다고 하고 장래 사할린의 난방문제에 대해 대략 다음과 같이 전망했다. ① 전기난방, 증기난방, 온수난방 등은 써 볼 만하다. ② 온돌도 흥미롭기는 하지만 2층 방이 잘 데워지지 않는다는 결점이 있다. ③ 결국 이래저래 생각해보면 사할린의 현상으로 보아 어쩌면 페치카로 만족해야 할지도 모르겠다.

나카지마에 따르면 스토브 개량이 많은 진척을 보이고 있었다는데, 스토브는 그가 말하는 난방의 조건을 충분히 만족시키지 못했다. 온돌도 2층까지 데우기에 적합하지 않고, 그렇다고 해서 2층에 설치할 만한 기술도 없으니 사할린에는 적합하지 않다는 판단이었다. 또한 그가 페치카도 충분히 만족스러운 난방법으로 여기지 않았음을 짐작할 수 있다.

그런데 실제로 1930년대 사할린에서는 난방기구 대부분이 스토브였다.[52] 난방법으로서의 가치는 떨어지고 임시적인 느낌조차 있지만 가장 선택하기 쉬운 것이 스토브였기 때문이다. 그러나 이 선택은 난방면에서뿐만 아니라 위생면에서도 중대한 희생을 동반하는 것이었다. 한 의사는 사할린의 스토브문제에 대해서 다음과 같이 말했다.

> 스토브는 연료를 태우기 위해서 실내의 산소함유량을 줄이고 반대로 일산화탄소와 기타 유해한 기체를 발생시킨다. 다행히 기밀성이 낮은 사할린의 일본가옥은 자연 환기가 이루어지기 때문에 큰 문제는 되지 않으나, 밖에서 유입되는 공기가 찬 공기이므로 실내를 따뜻하게 하기 위해서는 필요 이상의 연료를 소비하게 된다. 이러한 연료 낭비는 지금처럼 목재와 석탄이 풍부하게 있는 동안은 문제가 되지 않겠지만 장차 심각한 영향을 주게 될 것이다. 그렇

> 다고 해서 증기난방이나 온수난방 등을 설치하고 싶어도 비용상 일반 가옥에는 무리가 있다. 현재로서는 스토브를 개량해서 이상에 가까운 것을 만드는 것이 바람직하다. 가능하다면 스토브를 실외에서 연소시키고 그렇게 해서 뜨거워진 공기를 실내로 공급하는 등의 방법이 좋다.[53]

불충분하나마 어쩔 수 없이 스토브를 선택하고 그것을 개량해서 이상에 가까운 것을 만들어보자는 견해는 앞에서 본 다카쿠라의 생각과 일치한다. 그러나 이로부터 10년이 지난 1944년에 다카쿠라가 스토브 사용 시 실내 청결상의 문제점을 지적하면서도 어쩔 수 없이 스토브 중심의 생활을 할 수밖에 없다고 한 말은 당시 스토브 개량의 한계점을 여실히 드러낸다. 결국 사할린에서도 난방으로서의 조건을 갖추지 못한 스토브가 그대로 일반 가정의 중심을 차지할 수밖에 없었던 것이다.

계속해서 주택문제를 탐구하던 나카지마 다다시는 1941년 말, 앞에서도 소개한 오노 료에의 '한지 주택' 실험을 견학했다. 이 실험에서는 온돌·페치카·스토브를 비교하기도 했는데, 나카지마는 온돌이 설치된 주택을 모범적인 북방주택으로 삼고 장려했다.[54] 그러나 일본통치시대를 통틀어서 사할린에 온돌이 보급되었다는 기록은 찾아볼 수가 없다. 전시체제하에서는 본격적으로 온돌이 보급되기 어려워 가능성인 채로 끝났다고 봄이 옳을 것 같다.

그런데 온돌이 보급된 것이라고까지 보기는 어려우나, 일찍이 사할린에도 온돌 축조가 시도되어 사용되었을 가능성은 있다. 1916년 무렵 석탄 가격의 급등으로 탄광에서는 석탄 채굴량을 최대로 늘리고자 했다. 그래서 미쓰이三井 탄광, 미쓰비시三菱 탄광, 홋카이도 탄광 등의 회사에서는 부족한 노동력을 보충하기 위해 시험적으로 조선인을 쓰기 시작했는데, 회사 측으로서는 조선인의 비위를 맞추면서라도 노동자를 모집할 수밖에 없었다. 당시 일본의 한 신문이 보도한 바에 따르면, 조선인 노동자들이 "일본에 가도 온돌이 있는 집에 넣어준다면" 이라는 조건을 걸었기 때문에 미쓰비시 탄광은 일부러 건축기사를 파견하여 온돌설비를 견학시키고 실제로 온돌 가옥을 지었다고 한다.[55] 온돌 축조에 성공했다는 확증은 없으나, 이것은 사할린에서 조선인에 의해 일정기간 동안 온돌이 사용되었을 가능성이 있음을 뜻한다. 이와 비슷한 움직임은 다른 회사의 경우에서도 확인할 수 있다. "머지않아 기공될 가라후토공업회사樺太工業會社에서는 공장에서 일할 조선인을 40~50명 정도 모집할 생각인데 모집 결과가 좋으면 계속해서 다수 모집할 계획이며, 그들을 수용할 가옥에는 '조선식 난방'을 설치하고, 공장 내 및 일반사택 등도 같은 난방법을 채택할 계획" 이라고 신문은 보도했다.[56]

그림 6-10 **온돌식 조선인 한바** 1910년대 후반 석탄에 대한 수요가 늘어나자 홋카이도의 탄광에서는 생산력을 높이기 위해 조선인을 고용했다. 일본은 조선인들이 원하는 온돌을 설치하면서까지라도 부족한 인력을 확보하고자 했다.

이와 같은 움직임은 홋카이도에서도 나타났다. 미쓰비시비바이광업소三菱美唄鑛業所에서는 1917년에 처음으로 조선인 124명을 채용했는데 그때 '온돌식 조선인 한바飯場(산간 오지에서 이루어지는 토목공사나 건설 현장의 급식 · 휴게 · 숙박시설)'가 지어졌다(그림 6-10).[57]

당시의 조선인 노동자들이 온돌을 도일 조건으로 내거는 일이 있었다는 점이나 일본 탄광회사가 그것을 받아들이고 온돌로 비위를 맞춰서라도 그들을 고용하려고 했다는 점은 대단히 흥미롭다. 또 그렇게 해서 온돌생활을 떠나 사할린으로 간 조선인을 위해 일본인들이 온돌방을 축조해야 했다는 기이한 사실도 온돌의 역사의 한 단면으로 기억할 만하다.

재일조선인과 온돌

조선인은 추운 지역으로 이주해가면 그곳에서도 온돌을 사용하는 일이 많았다. 만주지역에서는 물론이고, 연해주와 우즈베키스탄의 고려인들도 온돌을 만들어 사용했다.[58] 온돌은 한반도를 떠나서 살아가는 조선민족에게도 중요한 생활문화였던 것이다.

그렇다면 일본에 거주하던 조선인의 생활은 어떠했을까? 상식적으로 보아 동북지방 이북에 한해서만 난방의 필요성을 말하던 일본에서 조선인이 온돌을 축조했을 가능성은 비교적 적다. 그런데 손진태의 「온돌예찬」에서 보았듯이(제2장) 온돌에 익숙한 조선인에게는 외풍이 센 틈새투성이의 일본가옥에서 히바치 하나에 의지해서 겨울을 나는 고통이 이만저만한 것이 아니었다. 그 때문인지 일본에서도 곳곳에서 온돌이 사용되었다.[59]

현재 도쿄에 있는 재일한인역사자료관에는 1930년경에 사용된 온돌이 재현되어 있는데, 이것은 실제로 온돌을 사용했다는 여러 사람들의 증언을 토대로 만든 것이라고 한다. 자료관에 근무하는 라기태 연구원으로부터 본인의 온돌 체험에 대한 증언과 온돌을 재현하기 전에 그가 직접 들었다는 몇 가지 증언을 들었다. 그 증언을 통해 다음과 같은 온돌 사용의 사례를 확인할 수 있었다.

① 라기태 씨(1952년생)는 동북지방의 센다이시仙台市 니가타케苦竹 조선인 부락에서 자랐는데, 어린시절 집에 있던 온돌방을 기억하고 있다. 센다이로 이사한 것은 1948년경이고 온돌이 축조된 것도 그 무렵인 것으로 추측한다. 온돌을 축조한 것은 친척 아저씨였다. 이것은 해방 후에 동북지방에서 온돌이 사용된 예이다.
② 라기태 씨 집에 온돌을 축조한 아저씨가 전쟁 때 소개疎開해 있던 도치기현栃木縣 가누마시鹿沼市에는 한두 집에 온돌이 있었다. 이는 식민지기에 온돌이 사용된 예이다.
③ 해방 직후 관동지방의 가와사키시川崎市 쇼와덴코昭和電工 사택에 온돌을 설치한 사람이 있었다.
④ 관동지방의 조후시調布市 가미이시하라上石原에 형성되어 있던 조선인 부락에서 온돌이 사용되었다.

④의 증언에 대해서는 시기를 정확히 알 수가 없는데, 이 지역을 촬영한 1930년대 사진 중에는 굴뚝과 그 주변이 검게 그을린 벽을 확인할 수 있는 것이 있다(그림 6-11). 관동지방에서는 난방장치로 히바치를 사용하는 것이 고작이어서 스토브일 확률은 낮으며, 그을음으로 보아도 온돌 굴뚝으로 보는 것이 옳을 것 같다.

온돌은 이와 같이 일본인들의 주거지역 밖에 형성된 조선인 부락에서

그림 6-11 조후시 가미이시하라의 조선인 부락 온돌 사용에 따라 발생한 그을음 때문에 굴뚝과 그 주변의 벽이 검게 그을려 있다.

한정적으로 사용되었을 것이다. 홋카이도나 사할린에서는 조선인이 직접 온돌 가옥을 건축해서 사용한 예는 확인된 바가 없다. 대부분 탄광이나 광산 노동자로 사택에 거주하는 경우가 많았기 때문이다.

극히 일부에 불과하다고는 하지만 재일조선인에 의해 일찍부터 온돌이 사용되었다는 점은 주목할 만하다. 앞서 살펴본 1910년대의 홋카이도나 사할린의 예에서도 확인할 수 있듯이 당시의 조선인은 일본인으로부터 온돌을 제공받아 생활하는 경우가 있을 수 있었다. 문헌을 통해 상세하게 확인된 것으로 홋카이도의 야쿠모八雲 광산이 있다. 군사용 중요 광물을 산출하던 야쿠모 광산에서는 1941년부터 1942년에 걸쳐서 조선인 노동자 93명을 이입하여 가족동반자에게는 사택을 대여했다. 1943년 이후로도 이입을 계속했는데, 가족용 사택 중 조선인용 사택 2동(총 8호)에는 온돌이 설치되어 있었다.[60] 각 호의 구조는 4첩 반 2실에 부엌과 봉당으로 되어 있었는데, 그중 방 1개가 온돌이었고 연료로는 장작을 땠다(그림 6-12).[61] 야쿠모 광산에 온돌식 사택을 지은 것은 소장 미야자키 마사루宮崎勝로 조선에 8년간 체류한 적이 있는 인물이었다. 조선인 광부가 증가함에 따라 이미 다른 두세 곳에서도 온돌식 주택이 시도되고 있었으나, "설계상의 인식 부족이나 건축공의 미숙으로" 제대로 된 것이 지어지지 않았다. 그러던 중 미야자키에 의해 만족할 만한 온돌집이 지어져 조선인 광부들이 그에게 감사했다고 한다.[62] 사할린에서 온돌방이 달린 사택을 건축하여 조선인 노동자를 모집하려고 한 것은 조선인의 요구에 답하기 위함이었고, 1940년대 야쿠모 광산 사택이나 그 전부터 지어진 온돌식 사택도 인력이 부족한 상황에서 조선인 노동자를 확보하기 위해 취한 배려였다. 홋카이도의 스미토모본사住友本社 고노마이광업소鴻之舞鑛業所는 숙소문제에 대해 "조선인은 내지인 사택"에 수용하고 그들을 위한 난방으로 "온돌을 축조하지는 않는다"라는 방침을 세웠는데,[63] 이것은 다시 말하면 이 회사에서 조선인을 위한 온돌 축조가 논의되었다는 것을 뜻하며, 또 그러한 검토가 상당히 일반적인 경향이었음을 시사해준다.

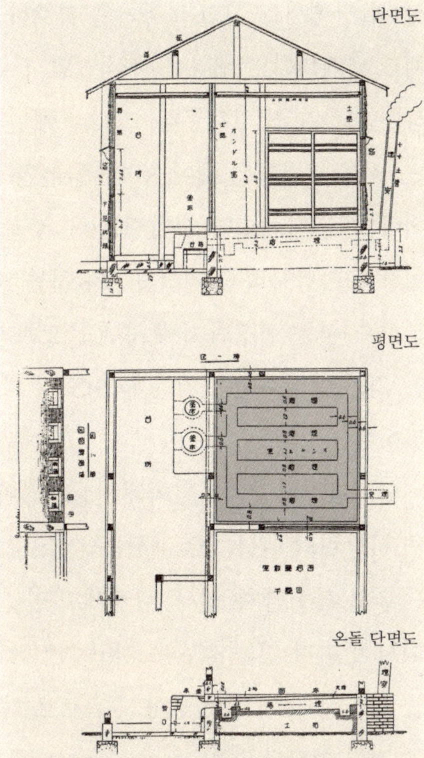

그림 6-12 **온돌이 설비된 야쿠모 광산 사택의 설계도** 온돌방을 설치해주면서까지 조선인 노동자를 확보하려 했다는 사실이 놀랍지만, 그만큼 당시에 인력 확보가 중요했음을 알 수 있다.

조선인들이 일본에 건너가서도 온돌을 사용했다거나, 일본 내의 광산·탄광에서 조선인 노동자를 확보하기 위해 온돌 채택이 논의되고 실제로 채택되기도 했다는 사실은 당시 조선인의 생활 속에서 온돌이 차지하던 위상을 잘 말해준다. 그러나 재일조선인 대부분은 철저하게 온돌과는 무관한 생활을 해야 했다. 일본인들과 마찬가지로 일본 본토에서는 히바치, 홋카이도나 사할린 같은 추운 지역에서는 스토브에 의존했다. 일본의 북방문화를 건설하고자 하는 사람들 사이에서 난방기구로서 충분한 가치를 인정받지 못하던 스토브가 당시의 조선인에게 만족스러웠을 리는 더더욱 없겠지만, 적어도 추위를 견디는 데는 문제가 없었던 모양이다.

일제강점하강제동원피해진상규명위원회가 조사한 구술기록집을 보면 사할린의 탄광 숙소에서는 스토브를 사용했고 연료로는 석탄을 땠다는 것을 확인할 수 있다. 탄광에서 일을 끝내고 귀가하는 길에 돌 등이 섞여서 버려져 있는 석탄을 지고 가서 썼다는 것이다.[64] 또 다른 증언으로는 석탄이 많고 질이 좋아서 스토브 하나로 따뜻한 생활을 할 수 있었다는 것이 확인된다.[65]

나오며

끝으로 바다를 건넌 온돌의 현주소를 살펴보며 이 글을 맺고자 한다.

현재까지 확인된 바로는 사할린에 재래식 온돌이나 개조온돌은 사용되고 있지 않다. 해방 후 계속해서 사할린에 거주해온 조선민족이 자택에 온돌을 축조하려 했으나 모두 실패한 것 같다고 한 조사보고가 있다.[66] 한편 홋카이도에서는 현재도 개조온돌의 흔적을 다수 확인할 수 있다. 2004년 재건축으로 해체된 80년 이상된 오타루시小樽市의 저택에 온돌이 있었다는 보도가 있었고,[67] 아사히카와시의 80년 이상된 한 저택에도 온돌의 흔적이 남아 있다고 한다.[68] 이것들은 1920년대에서 1945년 사이에 설치된 온돌로 추측된다. 또한 기술이 축적됨으로써 그 이후로도 계속해서 보급되어 현재 사용되고 있는 온돌도 다수 존재한다. 홋카이도의 중심 도시인 삿포로시札幌市에 거주하는 한 노인이 늦가을이면 온돌에 쓸 땔감을 주우러 다닌다는 보도도 있었다. 신문기사에 따르면 온돌방은 2층에 있으며, 나무나 석탄 등 무엇이든 연료로 사용할 수 있다고 한다.[69] 또한 야마나시시山梨市에도 온돌을 설치한 민가가 있다. 일본의 민가에 관한 연구에 따르면 만주에 출정했다가 돌아간 한 대학 교수가 "만주에 사는 한족韓族의 장작을 연료로 하는 연도식 온돌"을 만들어서 사용 중이라고 한다.[70]

전후에 홋카이도에 공급된 온돌 중에는 '나카지마식 온돌'이라고 일컬어지는 것이 있다. 삿포로시에 있는 요시다공업소의 요시다 겐지吉田健司 씨

그림 6-13 **나카지마식 온돌 아궁이** 전후에 홋카이도에 보급된 나카지마식 온돌로서 다카스기식 온돌과 비슷한 구조이다. 이 온돌은 지금까지도 사용되고 있는데, 사진을 제공한 요시다 겐지 씨는 부친의 대를 이어 홋카이도에서 나카지마식 온돌을 수선하고 있다.

는 현재 부친의 대를 이어 홋카이도의 나카지마식 온돌을 수선하고 있다. 요시다 씨가 보여준 주택 도면을 보면 나카지마식 온돌은 지하에서 열을 발생시켜 1층 거실 바닥을 데우게 되어 있고 무엇이든 연료로 사용할 수 있다. 굴뚝이 아궁이와 인접해 있으며, 필요에 따라 취사전용으로 전환할 수도 있게 되어 있다. 즉 앞에서 소개한 다카스기식과 같은 구조이다.

이것은 재래식 온돌을 개조한 개조온돌로 일본에서는 '온도루' 또는 '온도루시키溫突式'라고 불린다. 현재 일본에서 흔히 말하는 '유카단보床暖房'라는 바닥난방은 이와 구별된다. 유카단보라는 말은 1934년에 건축가 야마코시 구니히코山越邦彦가 명명한 것이다. 야마코시의 유카단보에 관한 논문에 따르면, 바닥면의 복사열을 이용하는 난방법은 1913년에 서양에서 고안된 바가 있고 현재도 온수순환법이나 전기를 이용한 것이 유럽에 조금씩 채택되고 있었는데, 당시 보급되고 있던 것은 주로 천정이나 벽을 데우는 방법이었다. 한편 일본에서 의식적으로 이 바닥난방을 시도한 것은 1930년 난방 전문가 야나기마치 마사노스케柳町政之助가 자택에 설치한 것이 처음이다. 그 이후로 이시모토 기쿠지石本喜久治의 설계로 게이한京阪 빌딩에 설치되었고, 야마코시 자신이 관계하여 설치한 것도 있었다. 모두 바닥난방인데 이것을 야마코시가 야나기마치에게 유카단보라고 명명할 것을 제창하여 유카단보라고 부르기로 했다.[71]

야마코시는 바닥난방이 로마의 하이퍼코스트나 조선, 중국의 온돌에 가까운 것이라고 했는데, 직접적으로는 서양에서 시험되고 있던 패널히팅panel heating(복사식 난방)의 영향으로 인식하고 있었던 것 같다. 이뿐만 아니라 야나기마치 마사노스케도 영국을 패널히팅의 '본가'라고 단언한 바 있다.[72] 따지고 보면 서양에서 시험되던 패널히팅이 온돌의 영향을 받은 것으로 볼 수도 있는데 단정할 수는 없는 복잡한 문제이다.

이와 같이 유카단보를 도입한 당사자들은 그것이 서양의 영향이라고 했으나, 일본에서 이러한 난방법이 등장한 배경 중 하나로서 역시 일본인들이 20~30년 동안 관찰하고 연구해온 온돌이 무관하다고 보기는 어렵다. 또 한 가지 미국의 건축가 프랭크 로이드 라이트Frank Lloyd Wright가 제국호텔 욕실에 설치했다고 하는 전기 바닥난방을 참고했을 수도 있다. 라이트는 1914년 도쿄의 데이코쿠호텔 설계를 위해 일본으로 가서 데이코쿠호텔 건축을 추진하던 오쿠라 기하치로大倉喜八郎의 저택에서 '한국방Korean room'의 온돌을 체험하고 데이코쿠호텔 욕실에 바닥난방을 도입했다고 한다.[73]

야마코시는 복사열의 매력을 피력하였으나, 유카단보에 사용되던 석탄보일러는 하루에도 몇 번씩 빈번히 석탄을 투여해야 하는 기술적인 문제가 있어서 주택에 이용하기 위해서는 작으면서도 능률적인 보일러의 출현을 기다려야 했다.[74] 1938년 단계에서는 기술적으로 많은 개선이 이루어졌는지 온수순환식 유카단보를 "국책적으로 실시할 수 있다면 더 이상 좋을 것이 없다"라고 할 정도였다.[75] 그러나 유카단보가 보급되기 시작한 것은 1980~1990년대 이후이며, 현재도 주택의 일반적인 난방법이라고 하기는 어렵다. 만약 주택에 설치하더라도 보통은 거실이나 식당에만 설치한다. 유카단보의 보급에서 가장 큰 걸림돌은 비용이다. 무엇보다도 온돌설비를 하는 데 드는 비용을 우선적으로 생각해야 하는 한 폭발적인 보급은 기대할 수 없다. 이와 비교해볼 때 그러한 계산법 없이 새로 집을 지으면 당연히 모든 방을 온돌로 완비하는 현대 한국의 온돌문화가 얼마나 특징적인지를 알 수 있다.[76]

근대 또는 식민지기에 수많은 조선인이 국경을 넘고 바다를 건넜다. 어떤 지역에서는 온돌문화를 유지했고 또 어떤 지역에서는 다른 난방문화에 의존하면서 온돌을 그리워하는 일상을 살기도 했다. 재일조선인들은 불과 현해탄 하나를 사이에 두고 온돌과 단절되어 극히 일부에서 제한적으로 온돌생활을 영위하는 데 그쳤다. 조선민족이 영위하던 온돌생활의 시련을 의미하는 이러한 단절은 온돌의 역사에서 하나의 사건이라고 할 만하다. 또 일본인들이 북방에서 온돌의 문화적 가치를 오래도록 추구하고 갈망해왔다는 것 또한 온돌 역사의 한 단면이다. 그러나 일본인들이 하나의 문화로서 갖게 된 바닥난방법은 끝내 '온돌'이 아니었다.

일본의 유카단보는 온돌을 포함한 여러 가지 영향 속에서 생겨났다고 보는 것이 옳을 것이다. 그것은 현재 한국에서 일반적으로 사용되는 온돌과도 큰 차이가 없다. 그럼에도 필자가 느끼는 차이는 분명하다. 따뜻하고 어디에나 자연스럽게 존재하는 현대 한국의 온돌이 오래 입어서 몸에 익숙해진 평상복이라면, 일본의 유카단보는 새로 구입해서 어색하고 또 격식 차린 정장과도 같다. 아무리 구조와 형태가 비슷하다고는 해도 역사가 다르고 환경과 취향이 다른 일본인들의 생활 속에서 유카단보는 결코 온돌이 될 수 없었다.

미주

들어가기에 앞서

1_ 손진태, 「온돌예찬」, 『별건곤』 12 · 13, 1928, 188~189쪽.

2_ 주강현, 『우리 문화의 수수께끼』 2, 한겨레신문사, 1997, 253쪽.

3_ 이규태, 「온돌방〈상〉 속살에 닿는 따스함, 온돌은 우리 삶과 넋의 바탕」, 『현대주택』 104, 1984, 42쪽.

4_ 생활문화로서의 온돌의 가치에 대해서는 수많은 지적이 있다. 대표적인 예로 온돌에 관한 건축학적 기술과 그 문화적 가치에 대한 연구인 김준봉 · 리신호 · 오홍식 공저, 『온돌 그 찬란한 구들문화—자랑스런 우리의 문화유산』(청홍, 2008)이 있다.

5_ A.H. 새비지 랜도어 지음, 신복룡 · 장우영 역주, 『고요한 아침의 나라 조선』(한말 외국인 기록 19), 집문당, 1999, 133~134쪽.

6_ 「朝鮮式住宅建築改善座談會」, 『朝鮮と建築』 10-10, 1931, 15쪽.

7_ 류영준, 「外國에 가서 생각나든 朝鮮 것—溫突과 김치」, 『별건곤』 12 · 13, 1928, 150쪽.

8_ 林水哉, 「溫突統制論」, 『朝鮮山林會報』 176, 1939, 17쪽 ; 慶尙北道山林課, 『溫突の改良』 1925, 1쪽.

9_ 飛永庄次, 「農山村の燃料問題」, 『朝鮮』 266, 1937, 41쪽.

10_ 최현배, 『朝鮮民族 更生의 道』, 정음사, 1962, 67~68쪽(원저는 1930년 출간).

11_ 한홍교, 「我國 溫突의 利害」, 『大韓興學報』 3, 1909, 58쪽.

12_ 「誰를 위한 林政—산림도 兼併된다」, 『동아일보』 1924년 3월 21일자.

13_ 이우연, 『한국의 산림 소유제도와 정책의 역사, 1600~1987』, 일조각, 2010, 90~96쪽.

14_ 손진태, 「溫突文化傳播考」, 『신민』 24, 1927.

15_ 김남응, 『문헌과 유적으로 본 구들 이야기 온돌 이야기』, 단국대학교출판부, 2004, 331~332쪽. 이 외의 관련 연구로는 주남철, 「'온돌'의 역사적 고찰」, 『설비공사』 3, 1990 ; 여명석 · 석호태 · 장경호 · 김경우, 「전통온돌의 시대적 변천과 형성과정에 관한 연구」, 『대한건축학회논문집』 11-11, 1995 ; 김광우 · 여명석, 「온돌난방의 변천과 현황」, 『설비』 209, 2002 ; 송기호, 「송기호의 역사이야기 11—따뜻한 아랫목」, 『자연과 문명의 조화—대한토목학회지』 308, 2005 등이 있다. 온돌의 기원에 대해서는 2007년 알래스카에서 3,000년 전의 온돌이 발굴되었기 때문에 정확한 판단이 어려운 상태이다(「문화재야화[18]」,

『조선일보』 2007년 10월 22일자).

16_ 김남응, 앞의 책, 336쪽. 이 외에 온돌의 발전단계에 관한 상세한 기술은 주남철, 「온돌과 부뚜막의 고찰」, 『문화재』 20, 문화재관리국 문화재연구소, 1987 ; 김광우 · 여명석, 앞의 글을 참고.

17_ 김남응, 앞의 책, 440~463쪽.

18_ 위와 같음, 448쪽.

19_ 대한주택공사, 『大韓住宅公社 二十年史』, 1979, 175~176쪽 ; 홍형옥, 『한국 住居史』, 민음사, 1991, 294~300쪽.

20_ 안성호, 「일제강점기 속복도형 일식주택의 이식과 영향에 관한 연구」, 부산대학교 박사학위논문, 1997, 41~120 · 164~169쪽.

21_ 위와 같음, 121~156쪽 ; 김성우, 「새로운 도시주택의 형성과 생활의 변화」, 연세대학교 국학연구원 편, 『일제의 식민지배와 일상생활』, 혜안, 2004, 96~109쪽.

22_ 權寧旭, 「朝鮮における日本帝國主義の植民地的山林政策」, 『歷史學硏究』 297, 1965 ; 박경석, 「일제임정의 시기별 구분에 따른 특징분석」, 『산림과학논문집』 55, 1997 ; 동부지방산림관리청, 『국유림 경영 100년사』, 2002. 단 일본에서의 연구 중에는 조선총독부의 산림정책을 옹호하는 연구도 있다. 土井林學振興會, 『朝鮮半島の山林』, 1974.

23_ 강영심, 「일제의 한국삼림수탈과 한국인의 저항」, 이화여자대학교 박사학위논문, 1997, 195~238쪽. 배재수도 조선에서의 산림소유구조의 변화를 논하고 일본에 의한 "일련의 산림소유제도의 확립과정"을 통해서 "전 조선농가의 56퍼센트가 산림의 무소유자이고 44퍼센트가 산림의 이용권을 박탈" 당한 상태가 되었다고 지적했다. 배재수, 「일제의 조선 산림정책에 관한 연구—국유림정책을 중심으로」, 서울대학교 박사학위논문, 1997, 202~209쪽.

24_ 강상훈, 「일제강점기 일본인들의 온돌에 대한 인식변화와 온돌개량」(『대한건축학회논문집 계획계』 22-11, 2006)은 잡지 『朝鮮と建築』을 살펴봄으로써 일본인들의 온돌 인식의 변화와 온돌 '개량' 등에 대해 논한 것으로 온돌에 관한 새로운 관심을 나타내는 보기 드문 예라고 할 수 있다. 그러나 이 연구도 한 잡지에 의존하여 표면적으로 나타난 사실을 확인하는 데 그쳤다는 한계가 있다.

25_ 김진균 · 정근식 편저, 『근대 주체와 식민지 규율권력』, 문화과학사, 1997.

26_ 신기욱 · 마이클 로빈슨 편저, 도면회 옮김, 『한국의 식민지 근대성』, 삼인, 2006.

27_ 前川一郎, 「「植民地近代」を考える—イギリス帝國史再考のための覺書き」, 『歷史學硏究』 802, 2005, 46쪽.

28_ 마쓰모토 다케노리松本武祝는 글자 그대로 조선 농촌의 '식민지 근대 경험'을 논한 저서에서 식민지 주체의 경험을 논하고자 하는 의식을 확실하게 밝혔다. 松本武祝, 『朝鮮農村

の〈植民地近代〉經驗』, 社會評論社, 2005, 10쪽. 주윤정, 「일상생활연구와 식민주의」(공제욱·정근식 편저, 『식민지의 일상—지배와 균열』, 문화과학사, 2006, 96~99쪽)에는 여러 연구에서 파악한 식민지기 조선인의 경험이 정리되어 있어 참고할 만하다.

29_ 공제욱·정근식 편저, 앞의 책. 정근식은 이 책에 수록된 「식민지 일상생활 연구의 의의와 이해」에서 일상생활에 대한 관심에 대해 "주체의 경험을 어떻게 보다 적극적으로 인식할 수 있는가라는 문제의식의 산물"이라고 설명했다(17쪽). 이에 앞서 일상적인 생활에 주목하여 식민지기 개인의 경험과 전통의 변화를 논한 연구로 연세대학교 국학연구원 편, 『일제의 식민지배와 일상생활』(혜안, 2005)이 있다.

30_ 공제욱·정근식 편저, 앞의 책. 윤해동은 일찍이 식민지민 자신의 이익을 위해 행해지는 식민지 권력에 대한 "일상적인 저항"에 주목하고, 그러한 노력을 통해 "식민질서를 강화하는 권력으로 떨어질 위기에 처하는 이율배반의 존재"가 바로 "식민지의 존재형식"이라고 지적했다. 윤해동, 『식민지의 회색지대—한국의 근대성과 식민주의 비판』, 역사비평사, 2003, 23~52쪽.

31_ 윤해동, 앞의 책, 27~38쪽.

32_ 趙景達, 『植民地朝鮮の知識人と民衆』, 有志舍, 2008, 14쪽.

33_ 윤해동, 앞의 책, 31쪽.

34_ テッサ·モーリス=スズキ, 小林英里 譯, 「植民地思想と移民—豊原の眺望から」, 小森陽一ほか, 『岩波講座近代日本の文化史 6 擴大するモダニティ 1920~1930年代』 2, 岩波書店, 2002, 187쪽.

35_ 水野直樹, 「植民地支配政策史研究の現状と課題」, 『世界の日本研究 2002—日本統治下の朝鮮, 研究の現状と課題』, 國際日本文化研究センター, 2003, 60~62쪽.

36_ 板垣龍太, 「〈植民地近代〉をめぐって—朝鮮史研究における現状と課題」, 『歷史評論』 654, 2004, 43쪽.

37_ 에드워드 W. 사이드 지음, 박홍규 옮김, 『문화와 제국주의』, 문예출판사, 2005.

38_ 平田雅博, 「新しい帝國史とは何か」, 歷史學研究會 編, 『シリーズ歷史學の現在10 帝國への新たな視座—歷史研究の地平から』, 青木書店, 2005, 204~211쪽. 이와 관련되는 것으로 에드워드 W. 사이드의 다음과 같은 글이 있다. "지금 우리는 거의 누구나 제국주의라는 역사적 체험을 공통의 것으로 보아야 한다. 그렇다면 지금 우리가 해야 할 일은, 제국이라는 것을, 설령 그것에 의해 공포, 유혈, 복수가 발생되었음에도 불구하고 인도인과 영국인, 알제리아인과 프랑스인, 서양인과 아프리카인, 아시아인, 라틴아메리카인, 오스트레일리아인 쌍방에 관련되는 것으로 서술하는 일이 된다." 에드워드 W. 사이드 지음, 박홍규 옮김, 앞의 책, 37쪽. 한편, "제국의 틈새"에서 생각하고 일본을 포함한 각 제국의 "식민지주의를 하나로 묶어서 비판하는 관점"을 구축해야 한다고 한 고마고메 다케시駒込武

는, 제국사 연구를 한 단계 더 큰 틀로 보았다. 駒込武, 「「帝國のはざま」から考える」, 『年報 日本現代史』 10, 現代史料出版, 2005, 17쪽.

39_ 여기서 말하는 제국주의 과정이란 한 국가가 제국주의 국가로서 발전하고 그에 따라 제국주의 정책이 수행되는 과정을 말한다.

제1장 조선의 명물 민둥산과 온돌

1_ 김경숙, 「온돌과 주거 생활의 변화」, 한국고서문서학회 엮음, 『조선시대 생활사 3—의식주, 살아있는 조선의 풍경』, 역사비평사, 2006, 293~295쪽.

2_ 權寧旭, 「朝鮮における日本帝國主義の植民地的山林政策」, 『歷史學硏究』 297, 1965, 2~3쪽.

3_ 이우연, 「18, 19세기 산림황폐화와 농업생산성」, 이영훈 엮음, 『수량경제사로 다시 본 조선후기』, 서울대학교출판부, 2004.

4_ G. Hardin, "The Tragedy of the Commons", *Science* 162, 1968, 1243~1248쪽.

5_ 이영훈, 「총설: 조선후기 경제사 연구의 새로운 동향과 과제」, 이영훈 엮음, 앞의 책, 382·386쪽.

6_ I.B. 비숍 지음, 신복룡 역주, 『조선과 그 이웃 나라들(한말 외국인 기록 21)』, 집문당, 2000, 55쪽.

7_ 퍼시벌 로웰 지음, 조경철 옮김, 『내 기억 속의 조선, 조선 사람들』, 예담, 2001, 42쪽.

8_ L.H. 언더우드 지음, 신복룡 역주, 『상투의 나라(한말 외국인 기록 15)』, 집문당, 1999, 83~86쪽.

9_ 矢津昌永, 『朝鮮西伯利紀行』, 丸善, 1894, 11쪽.

10_ 藤田佳久, 「舊韓國時代の朝鮮における森林資源と林野利用—『韓國森林視察復命書』からの復元」, 『愛知大學國際問題硏究所紀要』 85, 1988, 18~20쪽.

11_ 위와 같음, 29쪽.

12_ 齊藤音作, 「韓國政府時代の林籍調査事業」, 朝鮮山林會 編, 『朝鮮林業逸誌』, 朝鮮山林會, 1933. 인용은 영인본 『朝鮮林業逸誌』(アジア學叢書 144), 大空社, 2005, 55쪽.

13_ 道家充之·長倉純一郎, 「南韓森林調査書」, 『韓國森林調査書』, 農商務省山林局, 1906, 17~18쪽.

14_ 藤田佳久, 「舊韓國時代末の朝鮮における森林資源の評價と經營管理プラン—『韓國森林調査書』にあらわれた日本側からの分析」, 『愛知大學國際問題硏究所紀要』 87, 1989, 12~13쪽.

15_ 河合弘民, 「韓國談」, 『東洋時報』 126, 1909, 29~30쪽.

16_ 제주도에서 말똥을 말려서 땔감으로 썼다는 것은 이미 잘 알려진 사실인데, 난바 센타로 難波專太郎는 『朝鮮風土記』(建設社, 1942)에서 말똥을 땔감으로 이용하는 것을 조선의 일반적인 경향으로 기술하고 있다(256쪽).

17_ 鈴木外代一, 「朝鮮溫突と林業」, 『朝鮮農會報』 15-1, 1920, 2~5쪽.

18_ 한흥교, 「我國 溫突의 利害」, 『大韓興學報』 3, 1909, 47쪽.

19_ 「온돌폐해론」, 『조선중앙일보』 1934년 10월 18일자.

20_ 林水哉, 「溫突統制論」, 『朝鮮山林會報』 176, 1939, 17쪽.

21_ 三宅正久, 「朝鮮半島林野の特性」, 土井林學振興會 編, 『朝鮮半島の山林―二○世紀前半の狀況と文獻目錄』, 土井林學振興會, 1974, 260쪽.

22_ 齊藤音作, 「朝鮮森林令及付屬法令制定の事情」, 朝鮮山林會 編, 『朝鮮林業逸誌』, 朝鮮山林會, 1933, 205쪽.

23_ 정비석, 『故苑 · 愛情無限 · 기타』(한국문학전집 20), 민중서관, 1960.

24_ 『성종실록』 268권, 1492년 8월 5일.

25_ 『연산군일기』 60권, 1505년 12월 28일.

26_ 齊藤音作, 「朝鮮の山林に就て」, 『朝鮮及滿州』 36, 1911.

27_ 『광해군일기』 37권, 1611년 1월 26일. 또한 『광해군일기』 163권(1621년 3월 21일)에도 전쟁 후에 여러 차례 철저한 산림 관리를 명했음에도 제대로 이행되지 않아 도성 사방에 있는 산들이 볼품없는 민둥산이 되었다는 기록이 있다.

28_ 『숙종실록』 49권, 1710년 9월 5일.

29_ 『고종실록』 22권, 1885년 8월 26일.

30_ 渡邊爲吉, 「朝鮮治山史」, 『朝鮮』 266, 1937.

31_ 정긍식, 「법과 제도로 보는 복식 문화」(한국고서문서학회 엮음, 『조선시대 생활사 3—의식주, 살아있는 조선의 풍경』, 역사비평사, 2006)에 따르면 조선시대에는 연산군을 제외하고 모든 왕조기 근검절약정책을 폈으나 성종 대부터 사치 풍조가 나타나기 시작하여 17세기 이후로는 통제가 어려운 상태였다고 한다(91~92쪽).

32_ 『중종실록』 87권(1538년 7월 27일)의 기록을 보면, "왕자녀의 저택에 대해서는 사치와 백성에 대한 폐를 막기 위해 국법으로 규정해 놓은 바가 있음에도 그것이 지켜지지 않고 있을 뿐만 아니라 큰 재목만을 좋아하여 백성에게 폐를 끼치고 있으며, 재목을 공출한 군현에는 민둥산이 생겨나는 형편" 이라고 나와 있다. 양반 가옥의 거대화가 산림에 영향을 미친다는 것은 충분히 납득할 수 있다.

33_ 『효종실록』 10권(1653년 2월 4일), 『현종실록』 7권(1663년 12월 17일) 등에 "화전의 세금이 수령의 수입이 되고 있기 때문에 화전 금령이 시행되지 않는다" 라는 지적이 있다.

34_ 『성종실록』 263권(1492년 3월 4일), 『성종실록』 284권(1493년 11월 11일).

35_ 화전에 관한 기록에 대해서는 이미 언급하였다. 1931년에 조선의 화전에 대해 연구 발표한 김재석의 글에서도 이와 같은 견해를 확인할 수 있다. 김재석, 「朝鮮의 火田과 火田民의 生活」 8, 『조선일보』 1931년 3월 25일자.

36_ 김재석, 「朝鮮의 火田과 火田民의 生活」 9, 『조선일보』 1931년 3월 26일자.

37_ 위와 같음.

38_ 『현종실록』 7권, 1663년 12월 17일.

39_ 『영조실록』 61권, 1745년 4월 14일.

40_ 三宅正久, 『朝鮮半島の林野荒廢の原因』, 農林出版株式會社, 1976, 136 · 146쪽.

41_ 미야케 마사히사는 『경국대전』에 나타나 있는 1485년부터 시행된 산림제도의 정비를 높이 평가하면서, 그러한 정비는 이 시대에 이미 임산물 수요에 대한 생산량의 부족현상이 나타나 산림이 황폐할 우려가 생겼기 때문이었던 것으로 보았다. 三宅正久, 앞의 책, 117쪽.

42_ 三宅正久, 앞의 책, 61~64쪽.

43_ 只木良也, 『森の文化史』, 講談社學術文庫, 2004, 48~55쪽.

44_ 위와 같음, 45~46쪽.

45_ 三宅正久, 앞의 책, 74쪽.

46_ 淺川巧, 「分院窯跡考」, 『大調和』 1927. 인용은 『淺川巧全集』, 草風社, 1996, 332쪽.

47_ 『국역비변사등록』 25권, 1725년 1월 7일.

48_ 淺川巧, 「朝鮮窯業振興に關する意見」, 『工藝』 1931. 인용은 『淺川巧全集』, 347쪽.

49_ 박지원 지음, 리상호 옮김, 『열하일기』 상, 보리, 2004, 87~88쪽.

50_ 미야케 마사히사에 따르면, 제철에 필요한 용광로는 다른 가마를 만들 때보다도 더 많은 땔감이 필요해서 로爐 1기를 만드는 데 31,000관 이상의 장작이 사용되었다고 한다. 三宅正久, 앞의 책, 75쪽.

51_ 주강현, 『우리 문화의 수수께끼』 2, 한겨레신문사, 1997, 258~259쪽 ; 김경숙, 앞의 글, 280~281쪽.

52_ 『태종실록』 33권, 1417년 5월 14일.

53_ 『세종실록』 29권, 1425년 7월 19일.

54_ 『인조실록』 22권, 1630년 1월 28일.

55_ 『인조실록』 1권, 1623년 3월 24일.

56_ 까를로 로제티 지음, 서울학연구소 옮김, 『꼬레아 꼬레아니』, 숲과나무, 1996, 52쪽.

57_ 『인조실록』 5권, 1624년 3월 5일.

58_ 김경숙, 앞의 글, 282쪽.

59_ 성대중 지음, 김종태 외 옮김, 『국역 청정잡기』 4, 민족문화추진회, 2006, 256쪽.

60_ 이익, 『성호사설』(인사문 권 16 「침어판청寢於板廳」).

61_ 道家充之 · 長倉純一郎, 앞의 글, 24쪽.

62_ 道家充之 · 長倉純一郎, 앞의 글, 19～24 · 29～31쪽.

63_ 道家充之 · 長倉純一郎, 앞의 글, 23쪽. 이 조사서에 따르면 당시 일본인은 부산에 15,000명 이상, 평양에 2,000명 이상, 인천에 12,000명 이상 거주하고 있었다. 한편 1905년 현재, 서울에 거주하는 일본인은 5,323명이었다. 京城府, 『京城府史』 2, 1936, 727쪽.

64_ 田中喜代次, 『韓國森林視察復命書』, 農商務省山林局, 1903, 50～51쪽.

65_ 渡邊爲吉, 앞의 글, 14쪽.

66_ 田中喜代次, 앞의 책, 50～51쪽.

67_ 田中喜代次, 앞의 책, 84쪽.

68_ 道家充之 · 長倉純一郎, 앞의 글, 16쪽.

제2장 온돌의 영광과 오욕

1_ I.B. 비숍 지음, 신복룡 역주, 『조선과 그 이웃 나라들』(한말 외국인 기록 21), 집문당, 2000, 55쪽.

2_ 村山智順, 『朝鮮の服裝』, 朝鮮總督府, 1927, 38쪽.

3_ H.B. 헐버트 지음, 신복룡 역주, 『대한제국멸망사』(한말 외국인 기록 1), 집문당, 1999, 321쪽.

4_ I.B. 비숍, 앞의 책, 85쪽. 한국어판에서 10명이라고 되어 있는 것은 10세의 오역이다.

5_ E. 와그너 지음, 신복룡 역주, 『한국의 아동 생활』(한말 외국인 기록 14), 집문당, 1999, 27～28쪽.

6_ H.N. 알렌 지음, 신복룡 역주, 『조선견문기』(한말 외국인 기록 4), 집문당, 1999, 64쪽.

7_ G.W. 길모어 지음, 신복룡 역주, 『서울풍물지』(한말 외국인 기록 17), 집문당, 1999, 94쪽.

8_ S. 베리만 지음, 신복룡 · 변영욱 역주, 『한국의 야생동물지』(한말 외국인 기록 22), 집문당, 1999, 62쪽.

9_ H.B. 드레이크 지음, 신복룡 · 장우영 역주, 『일제 시대의 조선 생활상』(한말 외국인 기록 23), 집문당, 2000, 57～58쪽.

10_ L.H. 언더우드 지음, 신복룡 · 최수근 역주, 『상투의 나라』(한말 외국인 기록 23), 집문당, 1999, 70쪽.

11_ I.B. 비숍, 앞의 책, 150쪽.

12_ I.B. 비숍, 앞의 책, 155쪽.

13_ I.B. 비숍, 앞의 책, 153쪽. 6월 초순의 기온이 32도에서 38도를 오르내린다는 것은 믿기

어려우나 상당히 더운 시기였던 것만은 틀림이 없는 것 같다.

14_ L.H. 언더우드, 앞의 책, 70쪽.

15_ E. 와그너, 앞의 책, 27쪽.

16_ G.W. 길모어, 앞의 책, 95쪽.

17_ G.W. 길모어, 앞의 책, 93쪽. 『韓國誌』(農商務省山林局, 1905)에도 부유층은 여름용 주거로 난방이 없는 방을 둔다는 기록이 있다(576쪽).

18_ 金田楢太郎, 「朝鮮探検の結果」, 東邦協會 編, 『復刻版 韓國併合史研究資料 22 朝鮮彙報』, 龍渓書舍, 1996, 112쪽.

19_ H.B. 드레이크, 앞의 책, 111쪽.

20_ H.N. 알렌, 앞의 책, 124쪽.

21_ 長倉純一郎, 「溫突築造法に就て」, 『山林彙報』, 1920, 13쪽.

22_ 이하 일본인들의 흰옷에 대한 평에 대해서는 權錫永, 「〈白衣〉という表象」, 『日本近代文學』 65, 2001.

23_ 末廣鐵腸, 『北征錄』, 青木嵩山堂發賣, 1893 ; 『明治北方調查探検記集成』 3, ゆまに書房, 1988, 20~21쪽 ; 乾坤布袋(=松原岩五郎), 「朝鮮社會觀」, 『韓國寫眞帖 寫眞畵報臨時增刊』 25, 1905, 인용은 琴秉洞 編, 『資料 雜誌にみる近代日本の朝鮮認識』 1, 緑陰書房, 1997~1999, 395~396쪽.

24_ 釋尾春芿, 「韓人論」(上), 『朝鮮』 1908, 인용은 琴秉洞 編, 앞의 책 2, 442~443쪽.

25_ 釋尾春芿, 「竹越氏の韓國に於ける統監政治を讀む」, 『朝鮮』 1908, 인용은 琴秉洞 編, 앞의 책 2, 501쪽.

26_ 萩野由之, 「七八百年前の日本風俗は朝鮮その盡」, 『新公論』 1910, 인용은 琴秉洞 編, 앞의 책 4, 77~78쪽.

27_ 僉刃道人, 「化物屋敷」, 『韓國寫眞帖 寫眞畵報臨時增刊』 25, 1905, 인용은 琴秉洞 編, 앞의 책 1, 394쪽.

28_ 和田義睦, 「韓國に對する管見」(講演), 『新人』 1905, 인용은 琴秉洞 編, 앞의 책 1, 471쪽.

29_ 柳宗悅, 「朝鮮の美術」, 『新潮』 1922. 후에 『朝鮮とその藝術』(叢文閣, 1922)에 수록. 『柳宗悅全集』 6, 筑摩書房, 1981, 100~107쪽.

30_ 趙景達, 「近代日本における朝鮮蔑視觀の形成と朝鮮人の對應」, 三宅明正·山田賢 編著, 『歷史の中の差別ー「三國人」問題とは何か』, 日本經濟評論社, 2001, 79쪽.

31_ 權錫永, 「新渡戶稻造の朝鮮亡國論」, 『北海道大學文學研究科紀要』 126, 2008.

32_ 田中喜代次, 『韓國森林視察復命書』, 農商務省山林局, 1903, 64~47쪽.

33_ 道家充之·長倉純一郎, 「南韓森林調查書」, 『韓國森林調查書』, 農商務省山林局, 1906, 24쪽.

34_ 玉利喜造, 「炬燵三大害」, 『衛生新報』 19, 1905. 한편 『滑稽新聞』도 1905년 11월 20일자에

「炬燵廢止論」이라는 글을 싣고 다마리 기조의 글을 인용하면서 고타쓰 폐지를 논했다.

35_ 玉利喜造, 「大和民族寒地發展策(東北地方振興策)」, 『實業之日本』 8-11, 1905, 10~13쪽.

36_ 鈴木外代一, 「朝鮮溫突と林業」, 『朝鮮農會報』 15-1, 1920, 2~5쪽.

37_ 林水哉, 「溫突統制論」, 『朝鮮山林會報』 176, 1938, 17쪽.

38_ H.B. 헐버트, 앞의 책, 321쪽.

39_ 和田義睦, 「韓國に對する管見」, 『新人』 1905, 인용은 琴秉洞 編, 앞의 책 1, 468~469쪽.

40_ シャルル・ダレ 著, 金容權 譯, 『朝鮮事情』, 東洋文庫, 1979, 290쪽.

41_ 三枝生, 「韓國下等之民情」, 『朝鮮之實業』 1905, 인용은 琴秉洞 編, 앞의 책 1, 433쪽.

42_ 趙景達, 『植民地期朝鮮の知識人と民衆—植民地近代性批判』, 有志舍, 2008, 42쪽.

43_ 공업화 사회 이전의 '일본인의 노동'을 서양인들이 어떻게 비평했는지에 대해서는 渡邊京仁, 『逝きし世の面影』, 平凡社ライブラリー, 2005, 6장을 참조.

44_ 橋本毅彦・栗山茂久 編著, 『遲刻の誕生—近代日本における時間意識の形成』, 三元社, 2001 참조.

45_ 鳥越靜岐・薄田貞敬, 『朝鮮漫畵』, 日韓書房,1909. 인용은 『復刻版韓國併合史研究資料 18 朝鮮に於ける支那人/朝鮮漫畵』, 龍溪書舍, 1996, 76~79쪽.

46_ 道家充之, 「森林と同化」, 『朝鮮及滿州』 45, 1911, 18쪽.

47_ 岡崎遠光(談), 「溫突に就て」, 『朝鮮及滿州』 52, 1912, 32쪽.

48_ 鳥越靜岐・薄田貞敬, 앞의 책, 5~7쪽.

49_ 高橋喜七郎, 「溫突の築き方と燃料(二)」, 『朝鮮』 94, 1923a, 141쪽.

50_ 笹慶一, 「朝鮮に於ける住宅の變遷—附けて住宅採暖法の變遷」, 『朝鮮と建築』 17-2, 1938, 3~4쪽.

51_ 薄田貞敬, 『ヨボ記』, 日韓書房, 1908, 112~129쪽.

52_ 長倉純一郎, 앞의 글, 11쪽.

53_ 高橋喜七郎, 「內地人の應用を主眼とせる溫突築造法」, 『朝鮮』 95, 1923b, 109~110쪽.

54_ 鈴木外代一, 앞의 글, 7쪽.

55_ 藤田嗣章, 「南より北へ北へ」, 『朝鮮及滿洲』 50, 1912, 40쪽.

56_ 高橋喜七郎, 앞의 글, 1923a, 142쪽.

57_ 「溫突座談會」 1・2, 『朝鮮と建築』 19-3, 1940, 40~55쪽.

58_ 豊島貞樹, 「朝鮮に於ける兒童保護に就て」, 『朝鮮社會事業』 8-5, 1930, 16쪽.

59_ KY生, 「借家生活一面相」, 『朝鮮と建築』 10-12, 1931, 13~14쪽.

60_ 藤田嗣章, 「將に北進せんとする大和民族の覺悟」, 『朝鮮及滿洲』 65, 1912, 10~15쪽.

61_ 中村誠, 「本會の使命」, 『朝鮮と建築』 11-3, 1932, 41쪽.

62_ 中村誠, 앞의 글, 40~41쪽.

63_ 小河弘道, 「氣象と朝鮮の建築物」, 『朝鮮』 195, 1931, 137~140쪽.

64_ 葛西重男, 「溫突概觀」, 『朝鮮と建築』 19-3, 1940, 23쪽.

65_ 앞의 글, 「溫突座談會」 1, 43쪽.

66_ 長倉純一郞, 앞의 글, 11쪽.

67_ 高橋喜七郞, 앞의 글, 1923a, 142쪽.

68_ 「京城府內에 空家 三千, 재계 불황으로」, 『동아일보』 1924년 12월 30일자. 일본인들이 방한을 위해 온돌을 이용했다는 점에 대해서는 김정아, 「日帝時代 住宅改良에 관한 硏究」(연세대학교 석사학위 논문, 1992)에 지적이 있다(43쪽).

69_ 조선에 지어진 관사에 대해서는 안성호, 「일제강점기 속복도형 일식주택의 이식과 영향에 관한 연구」(부산대학교 박사학위논문, 1997)를 참조.

70_ 小倉辰造, 「鐵道官舍の過去と現在」, 『朝鮮と建築』 6-5, 1927, 2~11쪽.

71_ 앞의 글, 「溫突座談會」 1, 42~43쪽.

72_ 赤木周三, 「陸軍官舍に就て」, 『朝鮮と建築』 6-5, 1927, 21~25쪽.

73_ 앞의 글, 「溫突座談會」 1, 42~43쪽.

74_ 「總督府官舍」, 『朝鮮と建築』 6-5, 1927, 33~55쪽.

75_ 中村誠, 「朝鮮殖産銀行舍宅に就て」, 『朝鮮と建築』 6-5, 1927, 56~65쪽.

76_ 可水生, 「兪吉濬氏と語る」, 『朝鮮及滿洲』 52, 1912, 43쪽.

77_ 한홍교, 「我國 溫突의 利害」, 『大韓興學報』 3, 1909, 55~60쪽.

78_ 이광수, 「溫突」, 『조선일보』 1934년 1월 9일자. 인용은 『이광수 전집』 13, 삼중당, 1962, 407~408쪽.

79_ 「溫突弊害論」, 『조선중앙일보』 1934년 10월 18일자.

80_ 최현배, 『朝鮮民族 更生의 道』, 정음사, 1962, 64~68쪽(원저는 1930년 출간).

81_ 손진태, 「온돌예찬」, 『별건곤』 12·13, 1928, 188~189쪽.

82_ 「朝鮮式住宅建築改善座談會」, 『朝鮮と建築』 10-10, 1931, 14쪽.

83_ 葛西重男, 앞의 글, 24쪽.

84_ 朴吉龍, 「朝鮮式住宅改善の問題」, 『朝鮮と建築』 16-8, 1937, 24쪽.

85_ 김성우, 「새로운 도시주택의 형성과 생활의 변화」, 연세대학교 국학연구원 편, 『일제의 식민지배와 일상생활』, 혜안, 2004, 104~106쪽.

86_ 대한주택공사, 『대한주택공사 30년사』, 1992, 58~60쪽.

제3장 산림을 둘러싼 일상적 투쟁

1_「朝鮮式住宅建築改善座談會」,『朝鮮と建築』 10-10, 1931, 15쪽.

2_ 鈴木外代一,「朝鮮溫突と林業」,『朝鮮農會報』 15-1, 1920, 6~7쪽.

3_「溫突用燃料消費見込額調」,『朝鮮總督府月報』 1-6, 1911, 65~67쪽.

4_ 高橋喜七郎,「溫突の築き方と燃料(三)」,『朝鮮』 95, 1923, 134~136쪽.

5_ 위와 같음, 134~138쪽.

6_ 위와 같음, 136~138쪽.

7_ 위와 같음, 146쪽.

8_ 齊藤音作,「朝鮮森林令及附屬法令制定の事情」, 朝鮮山林會,『朝鮮林業逸誌』, 1933, 198~199쪽.

9_ 蜷川新,「殖民地森林保護と民情習慣」,『朝鮮及滿洲』 51, 1912, 13~14쪽.

10_ 강영심,「日帝의 한국삼림수탈과 한국인의 저항」, 이화여자대학교 박사학위 논문, 1998, 220~223쪽.

11_ 土井林學振興會 編,『朝鮮の山林』, 土井林學振興會, 1974, 12~13쪽.

12_ 飛永庄次,「農山村の燃料問題」,『朝鮮』 266, 1937, 45쪽.

13_「보호를 명령할 국유삼림조사상 주의사항」 1916년 3월, 조선임업협회, 임경빈 외 옮김,『조선임업사』 상, 산림청, 2000, 355~356쪽.

14_「국유삼림보호명령 신청요령」 1918년 3월 7일(영업 제218호), 위와 같음, 358쪽.

15_「국유림보호명령에 관한 건」 1915년 2월, 위와 같음, 354~355쪽.

16_ 朝鮮總督府農林局,『朝鮮の林業』, 1921, 43쪽 및 권말의「附表」 5쪽.

17_ 太田勇次郎,「朝鮮林業に關する調査」,『山林彙報』 21-3, 1926, 27~28쪽.

18_「국유림삼림보호명령에 관한 건」 1932년 9월 8일(임정을 제207호), 조선임업협회, 앞의 책, 354쪽.

19_ 보호명령제도의 어떤 결점을 보완하기 위한 것인지, 평안남도는 1935년부터 이를 해산하고 '치산계治山契'를 새롭게 조직했다.「森林保護組合を治山契に改創組織」,『西鮮日報』 1934년 12월 31일자. 평안남도의 경우가 통계에 포함되어 있었는지는 분명하지 않다.

20_「森林保護組合 組費 醵出 不良」,『동아일보』 1932년 6월 8일자.

21_「삼림령 제10조의 규정에 의한 보호명령에 관한 건」 1934년 4월, 조선임업협회, 앞의 책, 361~361쪽.

22_「국유림보호조합규약원칙」, 조선임업협회, 앞의 책, 363쪽.

23_「삼림령 제10조의 규정에 의한 보호명령에 관한 건」, 조선임업협회, 앞의 책, 361쪽.

24_ 樋口雄一,『戰時下朝鮮の農民生活誌 1935~1945』, 社會評論社, 1998, 92~93쪽.

25_ 조림대부의 문제점과 반대투쟁에 대해서는 강영심, 앞의 글, 202~220쪽 참조.

26_ 이우연, 『한국의 산림 소유제도와 정책의 역사, 1600~1987』, 일조각, 2010, 115쪽.

27_ 위와 같음, 116~118쪽.

28_ 土井林學振興會 編, 앞의 책, 41쪽.

29_ 土井林學振興會 編, 앞의 책, 43쪽.

30_ 연고림으로 양여된 총 면적은 2,770,826정보였고 양여받은 연고자, 즉 산림의 소유자별로 보면, 사인私人이 2,463,555정보, 사찰이 2,128정보, 부면府面 기타가 305,143정보로 되어 있다. 박경석, 배재수 편역, 『日帝時代의 國有林 管理—保護·處分·經營을 중심으로』, 임업연구원, 1997, 154쪽.

31_ 土井林學振興會 編, 앞의 책, 8~9쪽.

32_ 土井林學振興會 編, 앞의 책, 79쪽.

33_ 「從來の民有林指導方針は誤謬」, 『釜山日報』 1933년 7월 9일자.

34_ 土井林學振興會 編, 앞의 책, 78쪽.

35_ 掛場定吉, 「殖林運動の過去と將來」, 『朝鮮』 266, 1937, 15~21쪽.

36_ 土井林學振興會가 펴낸『朝鮮の山林』에서는 농용임지 설영계획이 수립되었다는 정도의 지적에 그쳤고(83~84쪽), 강영심의 「日帝의 한국삼림수탈과 한국인의 저항」(앞의 글)에서도 7년이 지난 1942년 단계에서도 경기도 이남 7개 도와 황해도에 4만 정보가 설영된 정도였다는 언급이 있을 뿐이다(227쪽). 그런데 뒤에서 다루겠지만 강영심의 글에 언급된 4만 정보는 처음에 시험적으로 설영한 것이고 실제로는 34만 정보까지 확인이 된다.

37_ 山本榮, 「農村振興と農用林地設營の重要性」, 『朝鮮行政』 2-12, 1938, 26~32쪽.

38_ 야마모토는 논밭을 일구는 용도 외에 농업에 필요한 퇴비의 자급자족을 위해서도 가축 사육이 필요하다고 하였다. 가축의 대소변을 퇴비 원료로 하는 것이 바람직하다는 것인데, 이런 의미에서 농가의 가축 사육을 장려하는 것이 '유축농업의 장려'이다. 위와 같음, 203쪽.

39_ 이는 당시의 신문기사에 쓰인 표현을 빌려서 말하자면, '농림업합체주의'이다. 「農用林地設置計劃」, 『조선중앙일보』 1934년 7월 1일자.

40_ 경상북도 산림과에서는 이미 1933년부터 영세농가에 산을 구입시키기 위한 방책을 강구한 상태였다. 사방공사에 출역한 인부들의 임금을 떼어서 저금한 것이 1인당 평균 10~15원이니 그것으로 1정보당 8~9원 정도의 산을 매입하도록 권장한다는 것이었다. 「山林盜伐 防止에 一石二鳥의 妙案」, 『동아일보』 1933년 12월 10일자. 이와 같은 방법으로 산을 매입시키는 것이 영세농가의 생활에 어떤 영향을 미쳤을지에 대해서는 판단하기 어려우나, 이처럼 자력으로 산을 구입하게 하는 방법은 각지에 적잖은 예가 있었을 것이다.

41_ 「每農家 一町步 目標, 公有林 設定計劃」, 『동아일보』 1934년 9월 3일자.

42_ 「朝鮮農政의 자랑인 農用林地의 設定」, 『每日申報』 1935년 3월 5일자.

43_「約八萬町步に亘る農用林地を設く」, 『京城日報』 1934년 9월 2일자.

44_ 장기적인 계획으로는 다음과 같은 예가 있었다. 경상남도의 13개년 계획(「慶南道農用林野の採草地造成事業」, 『朝鮮新聞』 1936년 1월 22일자), 함경남도의 5개년 계획(「五年間七萬四千戶에 農用林地設定計劃」, 『동아일보』 1937년 6월 19일자), 경상북도의 10개년 계획(「道內農家를 目標로 農用林地를 設定」, 『동아일보』 1937년 7월 4일자), 충청북도의 5개년 계획(「農山村の生命線 農用林地の施設經營を語る」, 『群山日報』 1937년 12월 10일자), 평안남도의 10개년 계획(「農用林地 施設 平南道의 計劃」, 『동아일보』 1938년 5월 22일자). 아울러 전라남도의 경우는 매년 계속할 계획이라고 보도되었다(「道內十郡十面에 農用林地 創定」, 『동아일보』 1938년 4월 21일자).

45_「明十一年度의 農用林地設定」, 『동아일보』1936년 1월 12일자. 조선임업회, 임경빈 외 옮김, 『조선임업사』 하, 산림청, 2001, 146~147쪽에 따르면, 1935년에는 39,113정보가 설영되고, 계획하고 있던 39,932정보의 설영이 완료된 것은 1938년으로 되어 있다.

46_ 山本榮, 앞의 글, 32쪽.

47_「全南道에 山林金養, 農用林地를 新設」, 『동아일보』 1935년 12월 12일자. 한편, 1936년부터는 1정보당 '임차 보조'를 40전에서 3원 50전씩으로 인상하여 그 예산으로 34,000원을 계상하였다는 보도도 있었으나, 실제로 어떻게 전개되었는지는 확인되지 않는다. 「農用林地設定, 明年부터 擴充」, 『동아일보』 1935년 11월 1일자.

48_「燃料 肥料問題의 緩和策으로 八道에 農用林 設定」, 『조선중앙일보』 1934년 12월 15일자.

49_「燃料, 肥料, 飼料 採取 農用林地, 全 朝鮮 實施」, 『동아일보』 1939년 3월 25일자.

50_ 조선임업회, 임경빈 외 옮김, 『조선임업사』 (하)에는 '농용임지 설영의 실적'이 게재되어 있는데, 그것은 실제로 연도별 설영면적이 아니라 1935년에 시험적으로 설영된 면적의 내역과 그 시설로부터의 연도별 '수납량'을 기록한 것이다. 1938년, 1939년의 '농용임지 사업성적표'에 기입된 설영면적이 39,932정보로 완전히 같은 것은 그 때문이다(146~147쪽). 다시 말하면, 1935년의 시험적 설영에 관한 정보밖에 없는 이 책으로는 농용임지 설영면적을 확인하기에 불충분하다. 한편 1938년 이후로는 평안남도가 1940년에 731 정보를 예정하고 있었던 것이 확인된다(「林野 없는 農家 爲해 農用林地 擴張 計劃」, 『동아일보』 1940년 3월 11일자). 강원도가 1940년에 도내 농용임지 12,000정보를 치산에 관계없는 한도로 전부 개방하여 산의 야초를 녹비로 자급자족하게 할 예정이라는 보도가 있었는데, 이것은 농용임지가 새로 설영됨을 의미하는 것이 아니라 이미 설영되어 금양 중인 곳까지 개방하여 이용하게 한다는 뜻일 것이다(「江原道의 農用林地 萬二千 町步를 開放」, 『동아일보』 1940년 5월 18일자).

51_「農山村の農用林地の施設經營を語る(古江忠北山林課長談)」, 『群山日報』 1937년 12월 10일자.

52_ 山本榮, 앞의 글, 32쪽.

53_ 야마모토 사카에는 5년간은 증산시설에 의한 수익을 올리는 것이 불가능하다고 했고(山本榮, 앞의 글, 32쪽), 함경남도의 농용임지에 관한 신문 기사에서는 새로 심은 싸리에 대해 3년 후의 이용이 예정되어 있음을 전했다(「咸南 全郡에 農用林地設定」, 『동아일보』 1936년 2월 27일자).

54_ 『조선임업사』(하)에 1938년과 1939년의 '농용임지 사업성적표' 가 게재되어 있다. 이것은 1935년에 시험적으로 설영된 농용임지(제2종 농용임지)로부터의 '수납량' 을 나타낸다(146~147쪽). 즉, 이 예를 통해서도 증산 시업한 것은 3년이 경과한 후에나 이용이 가능했다는 사실을 확인할 수 있다.

55_ 樋口雄一, 앞의 책, 94쪽.

56_ 「低溫生活을 强調」, 『每日申報』 1940년 11월 16일자 ; 「低溫生活 實踐運動」, 『每日申報』 1941년 10월 16일자 등을 참고.

57_ 배재수, 「일제의 조선 산림정책에 관한 연구—국유림정책을 중심으로」, 서울대학교 박사학위논문, 1997, 208~209쪽.

58_ 강영심의 논문에 게재되어 있는 산림범죄 관련 표는 삼림령 위반에 대한 것으로 『朝鮮總督府統計年譜』에 의거하여 작성한 것으로 되어 있는데(강영심, 앞의 글, 225쪽), 필자가 작성한 표와는 수치상에 큰 차이가 있다.

59_ 「森林犯罪檢擧竝處理狀況」, 『朝鮮總督府調查月報』 2-4, 1931, 71~72쪽.

60_ 입회권 박탈이나 그에 동반하는 범죄 단속에 의한 '생존권의 박탈' 의 실상에 대해서는 강영심의 상세한 연구가 있다. 강영심, 앞의 글, 220~228쪽.

61_ 위와 같음.

62_ 「山林中에서 格鬪」, 『每日申報』 1921년 12월 19일자.

63_ 「玉泉寺 山林中에서 監視人을 慘殺 逃走」, 『每日申報』 1926년 1월 15일자.

64_ 「森林令違反 罰金四千圓, 충북도에 六백 五十여 건」, 『동아일보』 1934년 2월 23일자.

65_ 「森林令違反者 冷寒으로 激增」, 『동아일보』 1935년 2월 15일자.

66_ 「犯則勞役者 每日十名平均, 삼림령 위반 기타로 범칙, 昨年 伊川 罰金 통계」, 『동아일보』 1932년 3월 11일자.

67_ 「山林保護講演中 三百群衆이 喊聲騷動」, 『중외일보』 1930년 9월 28일자.

68_ 「赤貧에 罰金까지, 病妻子 두고 自殺」, 『동아일보』 1931년 6월 17일자.

69_ 「山林監督員이 良民을 無理亂打, 被害者는 呻吟하다 畢竟 死亡」, 『중외일보』 1930년 9월 30일자.

70_ 「山林禁伐한다고 洞民이 作黨 毆打」, 『중외일보』 1927년 11월 29일자.

71_ 「山林과 駐在所 襲擊, 面長의 一族 鏖殺」, 『중외일보』 1929년 9월 30일자.

72_ 林水哉, 「溫突統制論」, 『朝鮮山林會』 176, 1938, 18～19쪽.

73_ 강영심, 앞의 글, 222쪽.

74_ 「落葉採取 禁止, 郡當局의 反省을 促함」, 『동아일보』 1934년 1월 28일자.

75_ 「農用林地設定稅 끝에 私有林 採取 禁止, 薪炭價는 連日 暴騰」, 『동아일보』 1935년 10월 29일자.

76_ 강영심, 앞의 글, 223쪽.

77_ 林市藏, 「地元民をして山林保護の契約を締結せしむ可し」, 『朝鮮及滿州』 110, 1916, 42～44쪽.

제4장 온돌생활의 수난

1_ 「朝鮮における家庭燃料」, 『朝鮮山林會報』 3, 1922, 7～27쪽.

2_ 高橋喜七郎, 「溫突の築き方と燃料(三)」, 『朝鮮』 95, 1923, 138쪽.

3_ 앞의 글, 「朝鮮における家庭燃料」, 17～18쪽.

4_ 김산 · 님 웨일즈 지음, 조우화 옮김, 『아리랑』(개정 증보판), 동녘, 1993, 53쪽.

5_ 강만길, 『일제시대 貧民生活史 연구』, 창작과비평사, 1987, 85～86쪽. 당시, 전라남도와 전라북도는 조선 전체에서도 비교적 '궁농窮農'이 많은 지역이었다. 1926년 9월 현재로 보면, 조선 전체의 궁농 비율이 6.2퍼센트인 데 비해 전라남도는 8.4퍼센트, 전라북도는 11.2퍼센트였다(70쪽). 아울러, 1930년대에 들어서도 조선 농민의 생활상태는 향상되지 않았다(85쪽).

6_ 樋口雄一, 『戰時下朝鮮の農民生活誌—1939～1945』, 社會評論社, 1998, 94쪽. 『매일신보』에는 「低溫生活을 强調」(1940년 11월 29일자)라는 기사가 나온 후로 저온생활 실천에 관련된 보도가 계속되었다.

7_ 長倉純一郞, 「溫突築造法に就て」, 『山林彙報』, 1920. 나가쿠라는 조선의 온돌 사용에 대해 "9월 하순부터 4월까지는 매일 때고 그 전후는 솥을 따로 설치하여 그곳에서 밥을 짓는다"라고 했다(12～13쪽).

8_ 「溫突座談會」 2, 『朝鮮と建築』 19-3, 1940, 51쪽.

9_ 앞의 글, 「朝鮮における家庭燃料」, 21쪽 ; 吳台煥(당시 고양군수), 「殖林政策と朝鮮人生活改造に關する私見」, 『朝鮮山林會報』 2, 1921, 26쪽.

10_ 慶尙北道山林課, 『溫突の改良』 1925, 30～31쪽.

11_ 掛場定吉, 「溫突の改造に就て」, 『朝鮮』 96, 1923a, 88쪽.

12_ 田中喜代次, 『韓國森林視察復命書』, 農商務省山林局, 1903, 6쪽 ; 吉田英三郞, 『復刻版韓

國倂合史硏究資料 8 朝鮮誌』(上), 龍渓書舍, 1995, 23쪽.

13_ 앞의 글, 「朝鮮における家庭燃料」, 16쪽. 같은 설문조사에서 경기도 광주군청의 이강열도 침구문제를 제기했다(21쪽).

14_ 앞의 글, 「朝鮮における家庭燃料」, 17쪽.

15_ 高橋喜七郎, 앞의 글, 147쪽.

16_ 慶尙北道山林課, 앞의 책, 31쪽.

17_ シャルル・ダレ 著, 金容權 譯, 『朝鮮事情』, 東洋文庫, 1979, 290쪽.

18_ 農商務省山林局, 『復刻版韓國倂合史硏究資料14 韓國誌』, 龍渓書舍, 1995, 577쪽.

19_ 吉田英三郎, 앞의 책, 23쪽. 원문에는 '筵'이라고 되어 있는데 자리인지 멍석인지 정확히 판단하기는 어렵다. 또는 양쪽 다 사용되었을 가능성도 배제할 수 없다.

20_ 林水哉, 「溫突統制論」, 『朝鮮山林會報』, 176, 1938.

21_ 肥塚正太, 「朝鮮の産牛觀」, 『朝鮮及滿洲』 38, 1911, 49쪽.

22_ 「生食으로 하여 畜牛를 먹이라」(1~4), 『조선일보』 1930년 7월 31일~8월 5일자.

23_ 「朝鮮における畜牛資料調査」, 『朝鮮總督府月報』 4-6, 1914, 80~83쪽.

24_ 高橋喜七郎, 앞의 글, 146쪽.

25_ 「燃料節約을 爲하여 畜牛生食을 勵行하라」, 『매일신보』 1926년 5월 14일자.

26_ 「自力更生と畜牛の生飼」, 『朝鮮新聞』 1933년 3월 3일자.

27_ 「畜牛火食 全廢 生食飼料奬勵 坡州郡에서 일제 실행코저」, 『동아일보』 1929년 7월 26일자.

28_ 「畜牛火食을 全廢 飼料生食奬勵」, 『동아일보』 1929년 2월 3일자.

29_ 「坡州郡에도 畜牛生飼奬勵」, 『매일신보』 1934년 6월 23일자.

30_ 「燃料節約의 意味로 畜牛生飼를 奬勵」, 『매일신보』 1931년 5월 29일자.

31_ (조선총독부 농정과 축산계)「畜牛の生飼に就て」, 『自力更生彙報』 12, 1934, 10쪽 ; (資料)「有畜農業の勸奬に依り農村振興に效果を擧げたる事例」(一~二), 『自力更生彙報』 49·50, 1937.

32_ 「高原駐在所員이 作黨 良民을 亂打해 重傷」, 『동아일보』 1933년 7월 17일자.

33_ 「畜牛生飼奬勵 私有林伐採不許」, 『동아일보』 1933년 10월 27일자.

34_ 「陜川郡에서 畜牛生飼奬勵」, 『동아일보』 1932년 11월 16일자.

35_ 「丹陽郡 畜牛生飼徹底奬勵」, 『동아일보』 1933년 8월 24일자. 경상남도 선령군도 축우 생사 지도원 2명을 고용하여 각 마을을 순회하게 하면서 위약자를 발견하면 위약금을 징수하였다. 「違約金制度を設け畜牛の生飼奬勵」, 『釜山日報』 1935년 11월 29일자.

36_ 「違約金制度を設け畜牛の生飼奬勵」, 『釜山日報』 1935년 11월 29일자.

37_ 「畜牛生飼料督勵로 釜鼎과 粥桶破碎」, 『조선중앙일보』 1935년 10월 20일자.

38_「燃料節約을 目標 畜牛生飼를 獎勵」, 『동아일보』 1938년 11월 15일자.

39_「畜牛生飼品評會狀況」, 『朝鮮農會報』(新)11-5, 1937, 89쪽.

40_「畜牛生飼實施狀況」, 『朝鮮農會報』(新)9-5, 1935, 71~72쪽.

41_ 예를 들어 『朝鮮ニ於ケル林産燃料對策』(朝鮮林學會, 1941)을 보면, 상용 온돌 수의 축소라든가 저온생활 실천을 비롯하여 땔감 절약이 가능한 모든 방도가 망라되어 있고, 생사 실시나 분구개량은 그중의 일부에 지나지 않는다(24~25쪽).

42_「畜牛生飼勵行」(永興一記者), 『동아일보』 1933년 9월 5일자. 소의 기력이 쇠퇴한다는 생각은 생사 실시를 꺼리는 중요한 이유 중의 하나였는데, 이에 대해서는 약간 보충설명이 필요하다. 세키미즈 다케시 도지사의 부임으로 생사를 대대적으로 실시하기 시작하여 1935년에 70퍼센트의 실시율을 보이던 함경남도에서 그해 한 해 동안 병으로 폐사된 축우만 1,914마리나 되어 "소를 튼튼히 한다던 축우 생사 면목이 서지 못하게 되었다"라는 보도가 있었다(「축우 생사의 영향?」, 『동아일보』 1936년 4월 24일자). 또한 보은에서 열린 좌담회에서는 생사를 실시하기 시작했다가 소가 말라서 "생사가 소를 죽인다면서 당국을 원망하고 도중에 그만두는 예가 왕왕 있다"라고 보고되기도 하였다(「報恩郡主催畜牛生飼督勵座談會」, 『朝鮮中央新聞』 1933년 7월 19일자). 생사가 소의 기력에 부정적인 영향을 미친다는 인식이 폭넓게 존재했음을 알 수 있다.

43_「報恩郡主催畜牛生飼督勵座談會」, 『朝鮮中央新聞』 1933년 7월 19일자.

44_『조선일보』가 연재한 앞의 글 「生食으로 하여 畜牛를 먹이라」(1~4)에서도 생사 실시에 반대하는 이유로 이러한 목소리가 있다고 했고, 그에 대한 답변으로 그래도 쇠죽을 쑤지 않으면 불을 많이 때지 않아도 되며 군불을 땔 필요성이 크지 않은 계절에 군불을 생략할 수 있게 되므로 역시 절약이 된다고 지적했다.

45_ 掛場定吉, 앞의 글, 1923a, 87~99쪽.

46_ 掛場定吉, 「溫突改良の方法」, 『朝鮮農會報』, 18-9, 1923b, 45쪽.

47_ 앞의 글, 「朝鮮における家庭燃料」, 12쪽.

48_ 慶尙北道山林課, 앞의 책, 4쪽.

49_ 掛場定吉, 앞의 글, 1923a, 96쪽 ; 掛場定吉, 「溫突의 改造에 就하여」, 『동아일보』 1923년 6월 3일자.

50_ 慶尙北道山林課, 앞의 책.

51_「溫突改造急務, 一億萬円의 利益」, 『동아일보』 1923년 1월 22일자.

52_ 掛場定吉, 「朝鮮溫突の改良に就て」, 『朝鮮及滿洲』 241, 1927, 40쪽.

53_ 유광열, 「나 亦 求景의 榮光을 입던 이야기」, 『개벽』 41, 1923, 69~70쪽.

54_「溫突保溫機 發明」, 『동아일보』 1939년 2월 3일자.

55_ 가케바는 앞의 글, 「朝鮮溫突の改良に就て」에서는 '40퍼센트'라는 말을 쓰지 않았으나,

조선 전체로 보면 1년에 16억 관이 절약되어 금전으로 환산하면 3,200만 원이 절약된다고 하였다(40~41쪽). 이 수치는 4년 전과 똑같다.

56_ 「平壤府內의 溫突改良計劃」, 『동아일보』 1928년 9월 7일자.

57_ 강만길의 연구에 따르면, 분구개량이 본격적으로 시작된 1933년의 경우 봄철 식량 단경기에 생활이 궁한 농가 수, 즉 춘궁농민호는 "총농가 298만 호의 약 44퍼센트"로, 많은 농민들은 초근목피로 허기를 채우고 있었다고 한다. 강만길, 앞의 책, 68~91쪽.

58_ 「改良焚口蓋强制配布에 不平, 益山郡民들이」, 『동아일보』 1928년 9월 12일자. 이 무렵 다른 지방에서는 분구 구입에 대한 보조가 있는 경우도 있었다. 예를 들면, 평양의 경우에는 1928년 9월에 분구 1개당 1원을 보조했다. 앞의 글, 「平壤府內의 溫突改良計劃」.

59_ 「焚口强制配付, 南海當局에서」, 『동아일보』 1933년 3월 15일자.

60_ 「화재 방지코자 아궁이 배급」, 『동아일보』 1933년 9월 6일자.

61_ 「改良焚口 獎勵」, 『동아일보』 1934년 11월 10일자.

62_ 全羅北道, 『全羅北道の林業』 1931, 83쪽 ; 「全南愛林契七百四十個所, 개량아궁이가 천五백여 개」, 『동아일보』 1934년 1월 24일자 ; 「改良焚口獎勵 万千六百余個」, 『동아일보』 1934년 12월 5일자.

63_ 『朝鮮總督府統計年報』 1932, 266쪽.

64_ 「鐵製보다 廉價인 土製焚口獎勵」, 『동아일보』 1933년 9월 10일자.

65_ 「改良溫突焚口, 五万個를 배급」, 『동아일보』 1933년 10월 17일자.

66_ 위와 같음.

67_ 慶尙南道, 『林業統計』, 1938, 60~61쪽.

68_ 위와 같음.

69_ 위와 같음.

70_ 高市慶福, 「溫突焚口改良の一考察」, 『朝鮮山林會』 175, 1939, 43쪽.

71_ 위와 같음.

72_ 해방 후에도 경상북도의 세신철공소(대한상공회의소, 『全國企業體總覽』, 1958), 충청북도의 청주주물공장(한국산업은행, 『광업 및 제조업 사업체 명부』, 1959) 등에서는 개량분구가 생산되었다.

73_ 「畜牛生飼에 對하야」, 『동아일보』 1936년 4월 29일자. 인용은 「朝鮮文新聞紙削除記事要旨—『東亞日報』」, 『朝鮮出版警察月報』 92(발송일자 1936년 4월 29일).

74_ 조선의 민족주의 언론이 "식민지 권력과의 공범관계를 형성"했다고 한 조경달(『植民地期朝鮮の知識人と民衆』, 有志舍, 2008, 12~13쪽)의 지적은 이 문제를 생각하는 데 좋은 참고가 된다. 서민들의 묵은 생활습관을 개선해야 할 구습으로 보던 그들의 자세는 식민지 권력과 다르지 않았다. 차이는 조선인에 대한 식민지 권력의 폭력성을 인정하지 않았다

는 점뿐이다.

75_ 윤해동은 식민지 지식인은 식민지 권력과 적대적인 관계에 있었는데, 그런데도 그들의 사회적 계몽이 '사회적 합리성의 확대'라는 점에서는 식민지 권력과 일치했다고 지적했다. 尹海東, 「植民地近代と大衆社會の登場」, 宮嶋博史 ほか 編, 『植民地近代の視座一朝鮮と日本』, 岩波書店, 2004, 67~68쪽.

76_ 조경달은 민족주의 언론과는 달리 '생활주의'의 태도로 일관하여 전통문화를 고집하는 식민지 '민중'의 세계는 상대적으로 자율적이었다고 지적했다. 조경달, 앞의 책, 14쪽.

제5장 대체연료와 온돌의 변화

1_ 道家充之 · 長倉純一郎, 「南韓森林調査書」, 『韓國森林調査書』, 農商務省山林局, 1906, 24쪽.

2_ 김광우 · 여명성, 「온돌난방의 변천과 현황」, 『설비』 209, 2002, 104쪽.

3_ 高橋喜七郎, 「溫突の築き方と燃料(三)」, 『朝鮮』 95, 1923a, 131쪽.

4_ 개량분구와 관련해서는 「經濟火口 發明」, 『동아일보』 1927년 10월 2일자. 문화문판과 관련해서는 「溫突火口 發明」, 『동아일보』 1927년 10월 25일자. 마지막으로 구공조와 관련해서는 燃料 經濟되는 九功竈 發明」, 『동아일보』 1934년 5월 30일자.

5_ 高橋喜七郎, 앞의 글, 1923a, 129~132쪽.

6_ 1923년 현재 정미(상품上品) 1섬 가격이 32원 17전이었다. 『朝鮮總督府統計年報』, 1924.

7_ 첩疊은 일본 가옥에 까는 다다미를 세는 단위인데, 그것이 그대로 방 넓이를 나타내는 데 이용되었다. 1첩은 1.525평방미터.

8_ 高橋喜七郎, 「內地人の應用を主眼とせる溫突築造法」, 『朝鮮』 95, 1923b, 121쪽.

9_ 高橋喜七郎, 앞의 글, 1923a, 142쪽 ; 「平壤練炭時勢, 比昨年落」, 『동아일보』 1923년 10월 13일자.

10_ 『朝鮮總督府官報』 1919. 1. 14 ; 「練炭の簡易製造法」, 『朝鮮彙報』 1919.

11_ 高橋喜七郎, 앞의 글, 1923a, 131쪽.

12_ 高橋喜七郎, 앞의 글, 1923b, 121쪽.

13_ 위와 같음, 121쪽.

14_ 高橋喜七郎, 앞의 글, 1923a, 132쪽.

15_ 위와 같음, 132쪽.

16_ 朝鮮總督府農商工部農務課, 「燃料としての籾殼利用に關する調査」, 『朝鮮彙報』 1915, 73쪽.

17_ 위와 같음, 73~79쪽.

18_「風具 안 쓰고 겨를 때는 아궁이」, 『동아일보』 1934년 5월 19일자.

19_「겨를 使用하는 新案 焜爐 出現」, 『동아일보』 1938년 10월 5일자. 기록으로는 확인이 되지 않으나 충청북도에서는 1970년대까지 왕겨 곤로가 사용되었다는 증언도 있다.

20_「燃料問題를 解決할 改良 '풍구'」, 『조선일보』 1928년 10월 2일자.

21_「金泉 鄭基東 氏 萬年豊機 發明」, 『동아일보』 1934년 6월 13일자.

22_「自動送風機로 燃料를 大節約」, 『동아일보』 1938년 8월 28일자 ; 「燃料界에 福音, 燃糠機 發明」, 『동아일보』 1938년 8월 30일자.

23_「燃料 節約되는 送風機」, 『동아일보』 1939년 11월 26일자.

24_「自動送風機로 燃料를 大節約」, 『동아일보』 1938년 8월 28일자.

25_「舊歲末은 迫頭한데 燃料缺乏으로 困難, 빈민들은 왕겨 사느라고 야단」, 『동아일보』 1934년 2월 14일자.

26_「燃料問題를 解決할 改良 '풍구'」, 『조선일보』 1928년 10월 2일자.

27_「天井不知의 然料價 톱밥 한 구루마에 九원, 왕겨도 四원 五十전 仁川 細窮民鳴」, 『동아일보』 1938년 10월 8일자.

28_「왕겨 한 섬에 一圓 천정부지의 신탄가 二個月 前보다 四割이나 暴騰」, 『동아일보』 1938년 1월 15일자.

29_ 서울은 비교적 가격이 안정적이었던 것으로 볼 수 있으나, 1938년 초가을에 한 가마에 30전 하던 것이 4, 5개월 후인 이듬해 2월에는 그 3배가 되는 90전으로 폭등하여 그 상승폭은 마찬가지로 컸다. 「왕겨 한 섬 九十錢」, 『조선일보』 1939년 2월 5일자.

30_「天井不知의 然料價 톱밥 한 구루마에 九원, 왕겨도 四원 五十전 仁川 細窮民 悲鳴」, 『동아일보』 1938년 10월 8일자.

31_「洋行하게 된 '왕겨'」, 『조선일보』 1937년 9월 20일자 ; 「洋行 '소문'나자 왕겨價 暴騰」, 『조선일보』 1937년 9월 26일자.

32_「石炭代用에 '왕겨' 仁川 工場에서 使用」, 『조선일보』 1938년 9월 21일자.

33_「인천 세민층에 연료난, 인천에 '왕겨' 기근」, 『조선일보』 1938년 11월 9일자.

34_「정미소 휴업상태로 '왕겨'도 求之不得」, 『조선일보』 1938년 12월 18일자.

35_ 이미 언급한 바와 같이 장항에서는 1938년 1월 단계에서 왕겨 가격이 급등했는데, 그 원인에 대해서는 분명하지 않다. 여기서 말하는 가뭄에 의한 수확량 감소는 1939년의 경우이다. 「왕겨 求之不得」, 『조선일보』 1939년 1월 20일자.

36_「'왕겨'도 飢饉 必至」, 『조선일보』 1939년 9월 12일자.

37_「'왕겨' 代用品으로 '톱밥'을 大量 購入」, 『조선일보』 1939년 11월 29일자.

38_『朝鮮總督府官報』 1919년 1월 14일자.

39_「煉炭の簡易製造法」, 『朝鮮彙報』 1919.

40_ 「석유광과 란형탄」, 『권업신문』 1912년 12월 8일자.

41_ 「연탄제조강습」, 『동아일보』 1931년 9월 6일.

42_ 강상훈은 「일제강점기 일본인들의 온돌에 대한 인식변화와 온돌개량」(『대한건축학회논문집 계획계』 22-11, 2006)에서 이러한 개조온돌의 종류와 구조에 대해 논한 바 있다.

43_ 「溫突に關する 座談會」 1, 『朝鮮と建築』 19-3, 1940, 37~38쪽.

44_ 葛西重男, 앞의 글, 27쪽.

45_ 앞의 글, 「溫突に關する座談會」 1, 38쪽.

46_ 葛西重男, 앞의 글, 25쪽.

47_ 앞의 글, 「溫突に關する座談會」 1, 37~38쪽.

48_ 「溫突に關する座談會」 2, 『朝鮮と建築』 19-3, 1940, 50쪽.

49_ 葛西重男, 앞의 글, 25쪽.

50_ 앞의 글, 「溫突に關する座談會」 2, 50쪽.

51_ 「改良溫突器를 發明」, 『동아일보』 1939년 6월 3일.

52_ 葛西重男, 앞의 글, 26쪽.

53_ 위와 같음, 24쪽 ; 강상훈, 앞의 글, 259쪽.

54_ 앞의 글, 「改良溫突器를 發明」.

55_ 앞의 글, 「溫突に關する座談會」 2, 49쪽.

56_ 최영택, 『구들』, 고려서적, 1988, 145쪽.

57_ 앞의 글, 「溫突に關する座談會」 2, 50쪽. 여기서는 1시간이나 지나야 방이 따뜻해진다고 했는데, 이것은 재래식 온돌보다는 훨씬 빠른 것이다. 일본인들이 온돌 바닥을 얇게 했기 때문에 쉽게 따뜻해지고 쉽게 식는 온돌로 바뀌었기 때문이다.

58_ 한 예로 가와카미식 온돌의 특허권자인 가와카미 주사부로川上重三郞는 금속공업체 경성스미레야 본점공장을 경영하는 공장주였다. 『朝鮮工場名簿』, 1932.

제6장 바다를 건넌 온돌

1_ 「일본 고대 절터서 한반도식 연못 · 도로 유적 발견」, 『한겨레신문』 2005년 9월 15일자.

2_ 遠藤明久, 『北海道住宅史話』(上 · 下), 住まいの圖書館出版局, 1994.

3_ 司馬遼太郎, 『街道をゆく15 北海道の諸道』, 朝日文庫, 1985, 34~37쪽.

4_ 위와 같음, 206쪽 ; 『新撰北海道史』 2, 北海道廳, 1937, 814~815쪽.

5_ 司馬遼太郎, 앞의 책, 207쪽.

6_ 平松敏雄 編, 『北海道百年(上) 開拓使 · 三縣時代』, 北海道新聞社, 1967, 180~181 · 184쪽.

7_ 『新旭川市史』, 旭川市, 2002, 419~420쪽.

8_ 遠藤明久, 앞의 책 (上), 88~90, 165쪽.

9_ 玉利喜造, 『東北振興策ー大和民族の寒國に於ける發展策』, 全國農事會, 1904.

10_ 이 책의 내용을 간략하게 정리한 글로 玉利喜造, 「大和民族の寒地發展策(東北地方振興策)」(『實業之日本』 8-11, 1905)이 있다.

11_ 玉利喜造, 앞의 책, 8~9·18쪽.

12_ 북방문화 이데올로기에 대해서는 權錫永, 「「北方」論のイデオロギーと戰略ー〈南方-北方〉の對立構圖に注目して」, 『歷史評論』 658, 2005, 57~73쪽 참고.

13_ 玉利喜造, 앞의 책, 24~25쪽.

14_ 위와 같음, 23~24쪽.

15_ 長倉純一郎, 「溫突築造法に就て」, 『山林彙報』, 1920, 11쪽.

16_ 遠藤明久, 앞의 책 (上), 164~169쪽.

17_ 赤木周三, 「陸軍官舍に就て」, 『朝鮮と建築』 6, 1927, 21~25쪽.

18_ 遠藤明久, 앞의 책 (上), 143쪽.

19_ 俵孫一, 「農家模範家屋の設計に對する所感」, 『北海之農友』 9-4, 1917, 3~4쪽. 다와라의 기고문에 대해서는 遠藤明久, 앞의 책 (上), 164~166쪽에도 언급되어 있다.

20_ 俵孫一, 앞의 글, 4쪽.

21_ 여기에서 소개하는 자료는 등사판으로 된 『溫土爐ノ設備ヲ奬ム/第七師團』이라는 소책자이다. 이것은 遠藤明久에 따르면 일본 구 육군 제7사단 사령부(경리과)가 작성한 것으로, 홋카이도대학교 부속도서관 북방자료실에 소장되어 있는 것으로 되어 있는데, 이 자료의 위치가 분명치 않아 필자는 찾아내지 못했다. 이 자료에 나타난 온돌 권장에 대해서는 遠藤明久, 앞의 책, 『北海道住宅史話』 (下)를 참고로 했다(37~43쪽).

22_ 川島洋一, 「北海道のオンドル設置例と韓國のオンドルとの形態的溫究ー寒冷地旭川での3棟解體調査を中心として」,『芸術工學會誌』 21, 1999, 11. 57~60쪽.

23_ 위와 같음, 58쪽.

24_ 山下龍門, 『北海道論ー廿年後の北海道』, 旭川新聞社, 1927.

25_ 高岡熊雄, 「文化の北進性と道民の自覺」, 『北海タイムス』, 1935.

26_ 자세한 것은 權錫永의 앞의 글을 참고.

27_ 「もつと北海道向の立派な住宅考案」, 『北海タイムス』 1940.

28_ 高倉新一郎, 「北海道住宅を語る」(談話速記), 『北海道建築』 9, 1944, 13쪽.

29_ 須藤久, 「北海道に於ける農漁村住居家屋の調査成績」, 『北海道建築』 4, 1942, 57쪽.

30_ 福岡五一, 「住宅建築と新體制」, 『北海道建築』 1, 1940, 5쪽.

31_ 山本高雄, 「北海道建築の反省と建設」, 『北海道建築』 1, 1940, 2~3쪽.

32_ 須藤久, 앞의 글, 56쪽.

33_ 吉田三郎平 · 牧野恒雄, 「オンドルの話」, 『北海道建築』 2, 1941, 73쪽.

34_ 高倉新一郎, 앞의 글, 15쪽.

35_ 吉田三郎平 · 牧野恒雄, 앞의 글, 69쪽.

36_ 「溫突に關する座談會」 2, 『朝鮮と建築』 19-3, 1940, 52쪽.

37_ 「農村住宅改善に關する座談會」, 『北海道建築』 4, 1942, 76쪽.

38_ 吉田三郎平 · 牧野恒雄, 앞의 글, 73~74쪽.

39_ 「農村住宅改善に關する座談會」, 76쪽.

40_ 『開拓住居調査報告』(『滿洲建築雜誌』 23-7 · 8의 별책, 1943)에 수록된 澤島英太郎, 「開拓住居實査所感」(5~11쪽), 吉村孝義, 「東滿の開拓地を巡りて」(30~40쪽).

41_ 「溫突 돌 첫 出世, 北海道에서 注文」, 『동아일보』 1934년 6월 12일자.

42_ 다카스기식 온돌에 대해서는 吉田三郎平 · 牧野恒雄, 앞의 글, 64~74쪽 참조.

43_ 川上璉器, 「協會試案住宅に就て」, 『北海道建築』 4, 1942, 89~92쪽.

44_ 「試驗住宅 冬期試驗報告」(제1회), 『北海道建築』 4, 1942, 93쪽.

45_ 위와 같음, 93~94쪽.

46_ 池田惠, 「戰時下住宅雜感」, 『北海道建築』 8, 1944, 9쪽.

47_ 吉田三郎平 · 牧野恒雄, 앞의 글, 74쪽.

48_ 週間朝日 編, 『値段史年表 明治 · 大正 · 昭和』, 朝日新聞社, 1988, 116쪽.

49_ 高倉新一郎, 앞의 글, 13쪽.

50_ 谷口英三郎, 『樺太殖民政策』, 拓殖新報社, 1914, 163~164쪽.

51_ 中島忠, 「樺太の越年生活に適當したる住宅と暖房に就て」, 『樺太日日新聞』 1927년 11월 2일자.

52_ 九鬼左馬之助, 「樺太に於ける日本式家屋の衛生學的考察」, 『樺太』 5-6, 1934, 50쪽.

53_ 위와 같음.

54_ 「北大小野博士設計模範的耐寒住宅」, 『樺太日日新聞』 1941년 11월 8일자.

55_ 「試驗的に移入した朝鮮人夫」, 『樺太日日新聞』 1917년 9월 23일자.

56_ 「樺工と鮮人夫」, 『樺太日日新聞』 1918년 2월 24일자.

57_ 『三菱鑛業美唄炭鑛概要 · 大正七年五月一日現在』, 三菱鑛業, 1918.

58_ 이영심 · 조재순 · 이상해 · 정재국, 「러시아에 거주하는 고려인의 난방 방식에 관한 연구 — 연해주, 카자흐스탄, 우즈베키스탄을 중심으로」, 『대한가정학회지』 203, 2005, 145~165쪽 ; 정재국 · 이나영, 「연해주와 우즈베키스탄 거주 고려인의 주생활에 관한 연구」, 『전자통신논문집』 6, 2005, 75~84쪽.

59_ 근거는 제시되어 있지 않으나 김인덕의 연구에도 재일조선인이 온돌을 만들어 사용했다

는 간단한 지적이 있다. 김인덕, 『재일조선인사와 식민지 문화』, 경인문화사, 2005, 114쪽.

60_ 北海道保險福祉部保護課, 『北海道と朝鮮人勞動者ー朝鮮人動制連行實態調査報告書』, 1999, 315쪽.

61_ 위와 같음. 자세한 것은 「オンドル式鑛員住宅 設計者 八雲鑛業所長 宮崎勝」, 『北海道鑛業通信』 303, 1943, 5쪽을 참조.

62_ 앞의 글, 「オンドル式鑛員住宅 設計者 八雲鑛業所長 宮崎勝」, 5쪽.

63_ 株式會社住友本社鴻之舞鑛業所, 「半島勞務員統理綱要」(1941. 1), 小澤有作 編, 『近代民衆の記錄ー在日朝鮮人』, 新人物往來社, 1978, 485쪽.

64_ 일제강점하강제동원피해진상규명위원회, 『강제동원 구술기록집 2— 검은 대륙으로 끌려간 조선인들(사할린 강제동원의 기록)』, 2006, 99~100쪽.

65_ 일제강점하강제동원피해진상규명위원회, 『강제동원 구술기록집 8— 지독한 이별(사할린 이중징용 진상조사 구술기록』, 2007, 312·444쪽.

66_ 氏家等(硏究代表 者), 「在サハリン朝鮮民族の異文化接觸と文化變容に關する基礎的硏究」〔2004~2006年度科學硏究費補助金(基盤硏究(B)硏究成果報告書〕, 41쪽.

67_ 「御殿のような外觀が歷史を感じさせる小樽市內の民家が, 建て替えのために取り壞されている」, 『北海道新聞』 2004년 8월 25일자.

68_ 「大正時代の二棟に第七回建築賞」, 『北海道新聞』 2004년 1월 20일자.

69_ 「樂しんでます"韓流生活"」, 『北海道新聞』 2004년 12월 4일자.

70_ 花岡利昌, 『傳統民家の生態學』, 海靑社, 1991, 177~183쪽.

71_ 山越邦彦, 「床暖房の生物工學的實驗」, 『新建築』 10-5, 1934, 93쪽.

72_ 柳町政之助, 「其後の床暖房に就て」, 『衛生工業協會誌』 10-2, 1936, 77쪽.

73_ 김남응·장재원·임진택, 「프랭크 로이드 라이트의 온돌체험과 그의 건축작품에의 적용과정 및 의미에 대한 고찰」, 『대한건축학회논문집 계획계』 21-9, 2005, 157~158쪽.

74_ 山越邦彦, 앞의 글, 94쪽.

75_ 山越邦彦, 「冬期に於ける暖房の新樣式」, 『北海道樺太衛生』 5-12, 1939, 76~77쪽.

76_ 현대 한국사회에도 산림보호를 위해 '한 집에 온돌방 하나'를 권장하고(「〈한집에 온돌방 하나〉 권장」, 『조선일보』 1973년 3월 25일자) 온돌을 설치하는 데 드는 비용이 얼마인지에 대해 말하던 시대가 있었다(「전기온돌」, 『조선일보』 1972년 10월 12일자 ; 「겨울 난방」, 『조선일보』 1973년 10월 21일자).

도판 출처

0-2 김남응, 『문헌과 유적으로 본 구들 이야기 온돌 이야기』, 단국대학교출판부, 2004, 337쪽.

1-1 『사진으로 보는 조선시대 생활과 풍속(속)』, 서문당, 1987, 101쪽.

1-3 코리아니티(http://www.koreanity.com), 이돈수 제공.

1-4 『사진으로 보는 조선시대 생활과 풍속(속)』, 서문당, 1987, 35쪽.

1-5 『사진으로 보는 조선시대 생활과 풍속』, 서문당, 1986, 55쪽.

1-6 한국자동차문화연구소, 전영선 제공.

2-1 저자 소장.

2-2 『사진으로 보는 조선시대 생활과 풍속』, 서문당, 1986, 11쪽.

2-3(좌) 新穗榮藏, 『ストーブ博物館』, 北海道大學圖書刊行會, 1986, 27쪽.

2-3(우상) 『滑稽新聞』 1905년 11월 20일자.

2-3(우하) 笠間良彦 編著, 『資料 日本歷史圖錄』, 柏書房, 1992, 52쪽.

2-4 新穗榮藏, 『ストーブ博物館』, 北海道大學圖書刊行會, 1986, 23쪽.

2-5 『사진으로 보는 조선시대 생활과 풍속(속)』, 서문당, 1987, 50쪽.

2-6 鳥越靜岐·薄田貞敬 共著, 『朝鮮漫畵』, 日韓書房, 1909. 『復刻版韓國併合史研究資料 18 朝鮮に於ける支那人/朝鮮漫畵』, 龍溪書舍, 1996, 77쪽.

2-7 위의 책, 5쪽.

2-8 笠間良彦 編著, 『資料 日本歷史圖錄』, 柏書房, 1992, 55쪽.

2-9 「總督府官舍」, 『朝鮮と建築』 6-5, 1927, 50쪽.

2-10 『朝鮮と建築』 18-3, 1939, 72쪽.

2-11 『대한주택공사 30년사』, 대한주택공사, 1992, 60쪽.

4-1 국립중앙박물관 소장.

4-2 「시간도 금전도 인력까지 팔방으로 경제되는 신식 아궁」, 『동아일보』 1926년 5월 13일자.

4-3 서울시립대학교 소장.

4-4 『동아일보』 1923년 6월 3일자.

4-5 『매일신보』 1923년 6월 1일자.

4-6 慶尙北道山林課, 『溫突の改良』, 1925.

4-7 위와 같음.

4-8 高市慶福, 「溫突焚口改良の一考察」, 『朝鮮山林會報』 175, 1939.

4-9 저자 소장.

5-1 「經濟改良火口 發明」, 『동아일보』 1927년 10월 2일자.

5-2 「溫突火口 發明」, 『동아일보』 1927년 10월 25일자.

5-3 「燃料 經濟되는 九功竈 發明」, 『동아일보』 1934년 5월 30일자.

5-4 『사진으로 보는 조선시대 생활과 풍속(속)』, 서문당, 1987, 34쪽.

5-5 朝鮮總督府農商工部農務課, 「燃料としての籾殼利用に關する調査」, 『朝鮮彙報』, 1915.

5-6 위와 같음.

5-7 「自動送風機로 燃料를 大節約」, 『동아일보』 1938년 8월 28일자.

5-8 「燃料界에 福音, 燃糠機 發明」, 『동아일보』 1938년 8월 30일자.

5-9(좌) 「燃料 節約되는 送風機」, 『동아일보』 1939년 11월 26일자.

5-9(우) 저자 소장.

5-10 「煉炭の簡易製造法」, 『朝鮮彙報』, 1919.

5-11 「各種改良溫突の構造」, 『朝鮮と建築』 19-3, 1940, 31쪽.

5-12 김광우 · 여명성, 「온돌난방의 변천과 현황」, 『설비』 209, 2002, 105쪽.

5-13 「各種改良溫突の構造」, 『朝鮮と建築』 19-3, 1940, 31쪽.

5-14 柳澤藤二郎, 「溫突室內に水蒸氣配給に就て」, 『朝鮮山林彙報』 21, 1924, 27쪽.

6-1 榎本守惠, 『北海道の歷史』, 北海道新聞社, 1981, 224쪽.

6-2 나가미네 다카시永峰貴 제공.

6-3 저자 소장.

6-4 玉利喜造, 『東北振興策ー大和民族の寒國に於ける發展策』, 全國農事會, 1904.

6-5 遠藤明久, 『北海道住宅史話』 上, 住まいの圖書館出版局, 1994, 169쪽.

6-6 吉田三郎平 · 牧野恒雄, 「オンドルの話」, 『北海道建築』 2, 1941, 72쪽.

6-7 川上璉器, 「協會試案住宅に就て」, 『北海道建築』 4, 1942, 90쪽.

6-8 小野諒兄, 「寒地住宅の改善に就て」, 『北海道建築』 4, 1942, 66~67쪽.

6-9 寫眞集懷かしの千島編纂委員會 編, 『寫眞集懷かしの千島』, 圖書刊行會, 1981, 204쪽.

6-10 『三菱鑛業美唄炭鑛概要 · 大正七年五月一日現在』, 三菱鑛業, 1918.

6-11 在日韓人歷史資料館 編著, 『寫眞で見る在日コリアンの100年』, 明石書店, 2008, 35쪽.

6-12 「オンドル式鑛員住宅 設計者 八雲鑛業所長 宮崎勝」, 『北海道鑛業通信』 303, 1943, 6쪽.

6-13 요시다 겐지吉田健司 제공.

온돌의 근대사

온돌을 둘러싼 조선인의 삶과 역사

1판 1쇄 펴낸날 2010년 11월 30일
1판 2쇄 펴낸날 2013년 5월 10일

지은이 권석영
펴낸이 김시연

펴낸곳 (주)일조각
등록 1953년 9월 3일 제300-1953-1호(구 : 제1-298호)
주소 110-062 서울시 종로구 신문로 2가 1-335
전화 734-3545 / 733-8811(편집부)
733-5430 / 733-5431(영업부)
팩스 735-9994(편집부) / 738-5857(영업부)
이메일 ilchokak@hanmail.net
홈페이지 www.ilchokak.co.kr
ISBN 978-89-337-0597-1 93910
값 25,000원

* 이 도서의 국립중앙도서관 출판시도서목록(CIP)은 e-CIP 홈페이지
(http://www.nl.go.kr/ecip)에서 이용하실 수 있습니다.
(CIP제어번호 : 2010004130)